唤醒教育：
家庭、学校的育人之路

主 编 柯世民 杨 念

重庆大学出版社

图书在版编目（CIP）数据

唤醒教育：家庭、学校的育人之路 / 柯世民，杨念
主编 . -- 重庆 : 重庆大学出版社，2025. 1. --ISBN
978-7-5689-4772-5

Ⅰ . G40−03

中国国家版本馆 CIP 数据核字第 2025CX5136 号

唤醒教育：家庭、学校的育人之路

主编　柯世民　杨　念

策划编辑：章　可

责任编辑：陈　力　　版式设计：张　晗

责任校对：关德强　　责任印制：张　策

*

重庆大学出版社出版发行

出版人：陈晓阳

社址：重庆市沙坪坝区大学城西路 21 号

邮编：401331

电话：（023）88617190　88617185（中小学）

传真：（023）88617186　88617166

网址：http://www.cqup.com.cn

邮箱：fxk@cqup.com.cn（营销中心）

全国新华书店经销

重庆市国丰印务有限责任公司印刷

*

开本：720mm×1020mm　1/16　印张：19.25　字数：316 千

2025 年 1 月第 1 版　　2025 年 1 月第 1 次印刷

ISBN 978-7-5689-4772-5　　定价：58.00 元

前　言

斯普朗格说："教育的最终目的不是传授已有的东西，而是要把人的创造力量诱导出来，将生命感、价值感唤醒。"

雅思贝尔斯说："教育是一棵树摇动另一棵树，一朵云追逐另一朵云，一个灵魂唤醒另一个灵魂。"

古希腊哲学家苏格拉底说："教育不是灌输而是点燃，一万次的灌输，不如一次真正的唤醒。"

在这个日新月异、知识爆炸的时代，我们愈发深刻地体会到教育的重要性。然而，面对复杂多变的社会环境和孩子日益多样化的成长需求，传统的教育方式似乎已难以满足我们的期待。我们渴望找到一条更加科学理性的育人路径，让每个孩子都能在快乐中成长，在幸福中学习，实现自我价值。

《唤醒教育：家庭、学校的育人之路》正是这样一本引领我们重新审视与思考教育的书，是一本提出并着力解决孩子在成长学习过程中可能遇到的矛盾冲突的书。本书深入剖析了"唤醒教育"的理念和思想，以帮助家长和教师更深入地理解孩子成长的自然规律，关注孩子的内在需求和兴趣，从而充分激发他们的本体潜能，收获生命成长的智慧。 同时，《唤醒教育：家庭、学校的育人之路》也可为解决当前家庭教育、学校教育中面临的诸多难题提供思路和参考。随着人工智能时代的到来，本书还就如何培养创新型人才、如何适应新时代社会与国家对人才的需求，以及面对未来的不确定性时，教育人应有的责任与使命等问题进行了深入的探究和阐述。

当翻开本书时，您将会对教育、对孩子、对成长、对成才有着全新审视。让我们携手，成为孩子的亲密伙伴，向孩子学习，和孩子一起成长，用满满的爱和智慧去唤醒每个孩子内心深处的潜能，让学习成为孩子成长中最快乐的事，让每个孩子都能拥有一个快乐的童年、幸福的童年，将生命的力量、爱的力量撒入孩子的心田，为孩子的人生成长奠基。在这个过程中，我们也将不断更新认知，不断向他人学习、不断向生活学习，在互助、成全中完善自我，修身自我。

本书共分为五个部分：

第一部分，唤醒教育理念篇。本部分详细解读了"唤醒教育"的核心思想，包括尊重孩子的独特性、关注他们的兴趣和需求、培养他们的自主学习和创新能力等；阐述并分析了唤醒教育的三大境界，即"生命的唤醒、智慧的唤醒和灵魂的唤醒"。

第二部分，家庭唤醒成长篇。本部分分享了如何在家庭中为孩子创造一个自由、有序、纪律良好的学习环境，以及如何与学校合作，共同支持孩子的成长和学习。

第三部分，学校唤醒发展篇。本部分针对当前社会中存在的教育问题，如过度竞争、应试教育等，提出了具体的解决策略，帮助教师走出困境，为孩子创造更加健康、和谐的教育生态环境。

第四部分，唤醒教育探究篇。本部分针对孩子一生成长中最为重要的阅读力、学习力、思维力、受挫力等进行分析探究，助力家长及教育人从源头上重视并培养孩子的这些素养。

第五部分，唤醒教育课程篇。本部分探究唤醒课程的构成要素，并致力于构建唤醒主张的智慧课堂，通过课程与课堂，将唤醒教育的理念付诸学生的课堂体验中，达成对学生学科素养的构建，实现对孩子生命、智慧和灵魂的唤醒。

无论您是家长还是教师，《唤醒教育：家庭、学校的育人之路》都是一本能为您带来深刻启示和实用指导的书，它将帮助您在教育的道路上从容与自信地坚定前行。让我们一起努力，唤醒每个孩子的潜能，为他们的未来注入无限可能。

编者

2024 年 7 月

目 录

学校唤醒发展篇

唤醒教育探究篇

唤醒教育课程篇

唤醒教育理念篇

教育的现状与挑战

当今世界是一个知识呈爆炸性增长，信息瞬息万变，不确定性日益加剧的时代。随着人工智能技术的飞速发展，AI正以前所未有的速度改变着我们的生活方式。同时，自媒体的迅猛崛起，极大地拓宽了人们获取知识的渠道和方式。在这样的时代背景下，一方面，传统标准化的育人模式，已难以适应快速发展的社会需求和国家对人才的新要求，其弊端越发凸显。另一方面，教育中的"鸡娃"现象、"内卷"竞争、"焦虑"情绪等问题正冲击着每一个家庭，孩子的世界观、人生观、价值观在这样的背景下面临严峻的挑战，孩子的心理问题更是成为社会关注的焦点。因此，怎样使教育回归其本质，如何引导孩子积极面对生活、顺利步入社会，是教育人必须深入研究和探讨的问题，重新思考教育，思考学科育人机理，是教育人更要完成的一个重要课题。特别是中国的基础教育，正面临着前所未有的大变局。我们所处的时代，其不确定性、变动性远超历史上任何一个时期，这就要求我们不仅要具备前瞻性的教育视野，更要勇于探索和创新，以应对这一时代的挑战。

一、教育生态发生变化

随着九年制义务教育的深入实施，我国的教育生态正经历着前所未有的变革。家校关系、政校关系及师生关系的悄然变化，不仅反映了社会进步对教育的影响，也对教育本身提出了新的要求和挑战。同时，城镇化进程、网络时代的到来等影响，进一步加剧了教育生态的复杂性和多样性。面对这一系列变化，我们需要深入思考并构建适应新时代的教育体系。

家校关系的新态势与教育期望的提升。家校关系正经历着显著的变化，这种变化的核心在于家长教育心态的转变。过去，许多家长认为教育是家庭的首要责任，而现在，他们逐渐认为教育是学校的主要职责。与此同时，他们的观念也从"自己出资购买教育服务"转变为"国家投入资金，公民享受教育福利"。这种转变无疑体现了我国教育制度的进步，但也带来了新的问题。家庭对学校的教育期望和要求日益增加，对学校教育活动的介入和关注也越发频繁。这种高度的关注和期望无疑给学校带来了更大的压力，要求学校在教育质量、教育方法及教育管理等多个方面做出更多的努力。然而，这也为家校合作提供了新的机遇。学校应更加开放地与家长沟通，共同探讨孩子的教育问题，形成家校共育的良好氛围。

政校关系的新变化与学校自主管理的挑战。随着国家对教育的重视，政校关系也呈现出新的态势。国家在教育目标、教育质量及教育规范等方面制定了更为明确的要求，并不断加大对学校的考核和检查力度。这种变化在一定程度上体现了国家对教育的进一步关注和投入。学校应在遵循国家教育政策的前提下，积极探索适合自身发展的管理模式和教育方法。同时，政府也应给予学校更多的自主权和支持，让学校能够在保证教育质量的前提下，更加灵活地应对各种教育挑战。

师生关系的转变与教师角色的重新定位。在师生关系上，由于家长更为积极地介入以及政策层面的多重要求，教师的传统权威在一定程度上受到了影响。这使义务教育阶段的教师在学生面前的角色发生了转变，从传统的传道授业解惑者逐渐转变为更加注重素养，注重孩子终身的发展，重视孩子人格魅力形成的激励者和引领者。这种转变要求教师在保持专业性的同时，也要更加关注学生的全面发展。教师不仅需要传授知识，更需要关注学生的心理健康、情感需求及社交能力等多个方面。同时，教师也应积极与家长沟通，共同为孩子的成长和发展创造更好的环境。

城乡教育资源不均衡与青少年心理健康问题。城镇化进程的加速及社会经济的迅速发展，导致了教育资源在城乡之间的不均衡分布。这种不均衡不仅体现在硬件设施的差距上，更体现在教育理念和教学方法的落后上。为了孩子读书及未来的生活工作，很多家庭不得不进城买房，父母外出打工挣钱，爷爷奶奶隔代抚养的现象普遍存在。然而，这种抚养方式往往导致孩子在成长过程中缺乏父母直接的关爱和陪伴，从而影响到他们生来所需的安全感的建立。同时，父母的缺席也使家庭的完整性和发展性受到一定程度的损害。这些因素共同作用，使问题学生的比例不断增多。一些青少年儿童出现自卑、抑郁、暴躁、情绪不稳定等问题，他们对社会的态度冷淡，甚至抱有敌意。这些现象凸显了青少年儿童心理健康问题的严峻性，已成为当前教育领域中不容忽视的焦点。面对这一问题，我们需要从多个层面入手。政府应加大对农村教育的投入，提高农村学校的教育质量；学校应关注学生的心理健康问题，积极开展心理健康教育；家长也应尽可能多地陪伴孩子，给予他们更多的关爱和支持。

网络时代的影响与学校教育的应对。网络时代的到来，进一步增加了我国基础教育的复杂性。网络世界既丰富又复杂，几乎所有的城乡青少年儿童都与网络产生了关联。尽管网络具有一定的正向意义，但如果孩子沉迷于网络游戏，且家长、教师未能给予正面的引导和教育，那么这种沉迷可能会对孩子的成长和发展产生深远的负面影响。因此，学校教育如何有效地面对和引导这些深受网络影响的学生，成为当下基础教育工作者面临的重要挑战。学校应积极开展网络素养教育，引导学生正确使用网络；家长也应加强对孩子网络行为的监管和引导；同时，政府和社会各界也应共同努力，为青少年创造一个更加健康、积极的网络环境。

疫情的影响与未来教育的走向。近些年的疫情，对教育也产生了一定的影响。学业压力沉重、就业形势严峻日益凸显，给家长、学生及整个社会带来了前所未有的挑战。在现实生活中，升学和就业的双重压力不断升级，加剧了社会的整体焦虑情绪。面对这一问题，我们需要从多个层面入手。首先，学校应关注学生的心理健康问题，积极开展心理健康教育；其次，政府应加大对教育的投入，提高教育质量；最后，社会各界也应共同努力，为青少年创造一个更加宽松、积极的学习环境。

总之，当前的教育生态正经历着前所未有的变革和挑战。我们需要深入思考并构建适应新时代的教育体系，以应对这些变化和挑战。通过家校合作、政校合作、师生关系的重新定位、城乡教育资源的均衡配置、网络素养的提升，我们可以为青少年创造一个更加健康、积极、有益的教育环境。

二、家庭教育变得彷徨

一方面是富养和精细育儿已成为当下众多家庭的普遍选择，另一方面焦虑情绪却时常侵袭着亲子关系并阻碍孩子的健康成长。这种转变的出现，究其原因，主要有以下几点：首先，计划生育政策导致的少子化现象使家长对仅有的孩子倍加珍视；其次，随着社会经济的飞速发展，不论是城市家庭还是农村家庭，生活水平都得到了显著提升，因此家长愿意在子女教育上投入更多资源；最后，新一代家长的文化水平普遍高于上一代，加之社会流动性增强和网络信息传播的便捷性，他们得以接触到更多元化的教育方法和理念。新一代的家长不仅舍得为子女投入时间、精力和金钱，比如上培训班、陪读、托管等。同时，他们对学校教育的要求也相应地提高了，会积极介入学校教育管理中，如参与家委会、参加学校各种活动等。然而，与此同时，焦虑情绪也时常困扰着这些家长。

下面我们来看一个身边的例子。

我是一个"80后"的家长，不知道从什么时候开始，女儿的学习，已经成了压在我心中的一块重石。只要一想到她的状态和成绩，我就会瞬间焦虑。我女儿今年上初中一年级了，按理说应更加成熟懂事，可她的学习成了全家人的心病，对她而言，学习仿佛成为了一种沉重的负担，而非成长的阶梯。

自从女儿踏入校门，除了学习需要她自己努力外，生活中的一切琐事，包括衣食住行，我都悉心为她打理。只要别人家孩子有的，女儿不用开口，我就立即给她安排上。然而，尽管身处如此优越的环境中，女儿在学习上却始终缺乏主动性，她的学习状态始终难以让人满意。我督促一下，她就动一动，我要是不管，她就不闻不问，乐得躺平。

小学时，学习内容相对简单，班级里的孩子普遍都能考个90多分，大家似乎都站在同一起跑线上。然而，随着年级的增高，学习的深度和难度逐渐增加，孩子们之间的差距也开始逐渐显现。每天我陪女儿写作业时，经常被她磨蹭、逃避的学习态度弄得火冒三丈。她宁可盯着课本发呆，也不愿意动脑去解题；写作业敷衍了事，字迹潦草、错漏百出。有时我实在没有办法，就狠狠地训一顿，虽说能好上几天，但没过多久，就又现出"原形"。

上初中以来，女儿的学习状态更是每况愈下。老师经常找她谈话，反映她上课走神、发呆、不听讲，回答问题也是随意应付。当我问她为什么不听讲时，她只是说上课太累。老师表示，女儿并非智力问题，而是缺乏学习热情和专注度。听到这些，我既感到丢脸又生气。回到家，我把女儿揪出房间，狠狠地训了一顿，还忍不住抽了女儿几下。女儿被我打得哭着跑回了房间，晚饭也没吃，最后抽泣着睡着了。当天夜里，我走进女儿的房间，看到她在本子上写满了哭诉的文字："我也不知道为什么，自己就是不爱学习，可能像妈妈说的那样，我太笨了。""每天逼我学习，读完初中，还有高中，我好累啊，要是不在了，是不是就解脱了？也不会让爸爸妈妈生气了。"看完女儿的哭述，我从心底感到惊慌，我从未意识到，我的做法会给女儿带来如此巨大的心理压力。看着女儿熟睡的小脸，那一刻我深深地后悔了。我意识到自己的做法可能真的错了。

以上是一位母亲近年来在子女教育过程中的真实写照，同时也揭示了当前过度教育所引发的家庭教育不足的问题。家庭教育作为孩子成长的启蒙阶段，本应为其后天的全面发展奠定坚实基础。然而，现实中许多家长却对孩子过度溺爱，除了学习，几乎将孩子能做的所有事情都一手包办。在孩子刚有需求尚未明确提出时，家长就迫不及待地为他们扫清了一切障碍，希望孩子能在无忧无虑的环境中成长。家长以为，这样才能让孩子安全、快乐。然而，这种过度呵护往往让孩子感到空虚和无聊，因为他们缺乏了自主解决问题的机会和挑战。长此以往，孩子在成长过程中逐渐失去了自主做事的能力，对学习也失去了应有的热情和动力。厌学情绪在这样的环境下悄然滋长，对孩子的未来发展产生了负面影响。

这让我不禁想起上海社会科学院的沙拉曾发出的警示："中国父母给予孩子的爱，不是太少，而是太多了。"在我们的日常生活中，确实有许多父母，他们虽然并不富裕，却倾尽所有为孩子提供优渥的生活条件；尽管自身承受着巨大的压力，却仍无底线地满足孩子那些不切实际的要求。然而，这种过度溺爱和纵容的教育方式，最终往往导致了一个令人痛心的结果——他们拼尽全力，却无意中培养出了一个自私、懒惰的"巨婴"。

曾经还有新闻提到，在一个手机店，一位父亲带上大学的孩子来买手机，孩子丝毫不考虑家庭的经济状况，以及父亲工作的艰辛，非要买最昂贵的高端机型，父亲没有办法，只得妥协。

上述场景不仅令人心痛，也反映了当前许多中国家庭的现状。为了给孩子创造一个舒适的生活环境，父母们往往竭尽全力满足孩子的各种要求，从名牌衣物到新潮电子产品，从物质到精神，无所不包。然而，父母的这种过度溺爱和纵容，却让孩子逐渐失去了感恩之心，变得自私和贪婪。他们习惯了父母的付出和给予，却从未想过回报和体谅。父母的含辛茹苦，在他们眼中似乎变得理所当然。

这一切的根源，在父母。父母在该教会孩子感恩的年纪纵容了他们的索取，在孩子该独立的年纪选择了包办。这种教育方式，让孩子脱离了现实生活的磨砺，滋养了他们的虚荣心，同时也削弱了他们的责任感和担当精神。好的教育，从来不是让孩子泡在蜜罐里，而是尽早让他们认清生活的真相，体验生活的艰辛和不易。同时，也应该给予孩子适当的挑战和机会，让他们学会独立思考和解决问题，在生活中磨砺自己，唤醒孩子生命的良知，懂得奋斗，敢于担当。

三、应试教育的弊端日渐凸显

应试教育的问题不仅仅在于它的知识导向，更在于它对学生综合素养的忽视。这种教育模式不仅扼杀了创新能力，还有可能扭曲了学生的价值观，导致了心理障碍的出现。学生沉浸在追求高分的竞争中，很难培养出自主思考、自我管理和合作能力，最终可能导致情感问题和社会适应困难。

应试教育强调高效率的教育，导致整个教育过程被过度简化，沦为单纯的知识传递和应试技巧的训练。学生被塑造成知识的被动接受者，机械记忆的工具，他们的日常被记忆、训练和重复填满。在应试教育的指挥棒下，学生不得不分秒必争地追求知识的深度和广度，而忽视了知识的深度理解和应用。他们缺乏体验与实践的机会，从而缺少主动探索和创新的能力。每天的时间被过度占据，学生的生活似乎完全围绕着考试而存在。他们沉浸于题海中，不断重复训练以提高解题速度和准确率。这种机械化的训练虽然能在短期内提升分数，但从孩子一生的跨度上来看，却是对孩子的创生力、批判力、思维力的一种禁锢。当孩子每天步入学校的大门，就仿佛是进入了一个严格的训练营，变得统一且单调。评价标准越来越高，学生不得不紧跟老师应付各类考试和测评，就连课外活动也卷到只为升学和分数，早已失去了第二课堂原本的意义和乐趣。孩子们在繁重的课业和考试评比中迷失了自我，在大人们的协同下盲目地追求着升学。更为令人担忧的是，孩子在学校的忙碌之外，回到家还要面对更多的作业压力。作业的数量和难度常常让他们焦头烂额，几乎没有时间去体验生活的乐趣和多样性。此外，各类特长班、提高班和训练班也占据了他们周末的全部时间，让他们连喘息的机会都没有。在这样的现状下，孩子像是被安排的机器，从小就被框定在严密的时间和课程表中，失去了自主学习和自由发展的机会。他们不再需要为自己规划，也无须去思考生活中的种种问题。由于缺乏与现实世界互动的机会，缺乏实践和体验的机会，他们难以形成主动的独立思考和解决问题的能力，进入大学或工作以后，在面对真实的世界和不确定性的未来面前，他们将会力不从心，选择"躺平"，甚至做出一些常人难以想象的事情。

　　作为一名教师，我们应该践行新时代教育家的精神，心怀"国之大者"，超越个人名利的小我，把教育与国家的前途、民族的命运、人民的幸福联系在一起，让教育回归其初衷，让素质教育真正落地，让学生能够在知识的海洋中自由驰骋，将所学内化为生活的智慧，培养出有理想信念，独立担当，会思考、能创新的新一代。只有这样，我们今天的教育才富有生命力和创造力。

　　中国著名教育家陶行知提出了"生活即教育"的主张，强调教育应走进生活。因此，我们需要建立起学校与社会、家庭与社区之间的紧密联系，让孩子能够在充满活力的真实生活环境中学习、实践，实现孩子亲情、德能、品行的修炼。当教育与生活紧密相连时，孩子将更容易理解知识内在的灵魂与价值。他们将在实践中不断探索、尝试，积累经验，形成自己独到的见解和判断力。这样的教育过程不仅有助于孩子掌握学科知识，更能培养他们的互助精神、创新能力和社会适应能力。只有这样，教育才能真正发挥其应有的作用，让孩子在面对未知时能够从容应对，勇敢探索，成为有担当、有情怀的时代新人。

　　作为教育工作者，我们应该不断学习，丰富育人智慧，启智润心、因材施教。不能把冷冰冰的知识简单地装入学生的大脑，而是启迪智慧，陶冶人格，塑造灵魂。我们不能用统一的标准、统一的教材、统一的方法把本来具有无限可能的学生培养成千篇一律的"机器人"，而是因材施教，让每个学生成为最好的自己。我们应该遵从教育规律，"让花成花，让树成树"，引导孩子找到适合自己的最佳人生剧本，发挥所长，在未来的成长中发挥出自己的最大潜力。

"唤醒教育"概述

　　当我们深入探索人类成长之谜时，不可避免地会遇到"唤醒"这一核心议题。唤醒，作为教育中的关键要素，其深远影响已逐渐受到学术界的广泛关注。唤醒教育是孩子成长中不可缺少的过程，对孩子的发展有着长远的影响。从生态学的视角来看，人的成长可以被视为一个复杂生态系统中的微观过程。在这个系统中，个体与环境之间持续地进行着信息的交换与能量的流动。正如"狼孩"现象所揭示的，环境对于个体的塑造力是巨大的，甚至可以说是决定性的。在孩子的成长过程中，他们不断地从周围的环境中获得信息，形成自己的认知结构。因此，一个优质的成长环境对孩子的全面发展至关重要。从心理学的角度来看，唤醒教育实质上是一种对内驱力的激发与引导。内驱力是个体内部的一种推动力，它促使个体去追求自我实现与成长。然而，这种内驱力并不是自发产生的，而是需要外界的适当刺激与有效引导。唤醒教育的目标就是找到这种适当的刺激方式，激发孩子的内驱力，使他们能够主动地探索世界、学习新知识；发展心理学告诉我们，孩子的成长是一个连续而又分阶段的过程，在不同的成长阶段，孩子面临着不同的挑战与发展任务。唤醒教育需要紧密结合孩子的成长阶段，提供适时、适度的引导与支持。从婴幼儿的精心呵护到学龄期的谆谆教导，从小学天天的陪伴到高中学习的督促，每个阶段都是孩子成长的重要组成部分。这些阶段性的教育经历不断地唤醒孩子的潜能与智慧，推动他们向着更高的目标迈进。

　　唤醒教育不仅关乎个体的成长，更承载着社会的期望与责任。一个被成功唤醒的孩子将更有可能成为一个有创造力、有责任感的社会成员。他们将以更加积极、主动的态度面对生活中的挑战与机遇，为社会的进步与发展贡献自己的力量。因此，唤醒教育不仅是个体成长的需要，更是社会发展的必然要求。

一、唤醒教育的核心理念

唤醒教育认为每个孩子都是独一无二的个体，他们有着各自的兴趣、特长和天赋。唤醒教育尊重这种差异性，鼓励家长和教师关注孩子的内在需求，为他们提供个性化的教育支持。同时，唤醒教育更注重孩子自我认知和对美好的追求。让孩子身心健康，形成正确的价值观、责任感和使命感。另外，唤醒教育还强调培养孩子的自主学习和创新能力。在知识爆炸的时代，自主学习能力已成为衡量一个人综合素质的重要指标。唤醒教育倡导让孩子学会协调各种关系、找到获取信息、解决问题的路径，培养他们坚毅的行动力、创新力和实践能力。

二、国内外学者与教育家的观点与论断

随着全球教育领域的快速发展和变革，唤醒教育作为一种以"人"为中心的育人理念，得到了国内外学者和教育家的广泛关注。不同的学者从各自的专业领域出发，对唤醒教育进行了深入的研究和研讨，已形成了部分相关的研究成果。在国外，美国教育改革家约翰·杜威提出了"学生中心"的教育理念，强调教育的目的是帮助学生解决实际问题，而不是简单地传授知识。他提倡通过实践活动、项目学习等方式，让学生在实际操作中学习和成长。这种教育理念与唤醒教育中的注重实践、强调学生主动性的思想相契合。瑞士心理学家皮亚杰提出了认知发展理论，认为儿童通过与环境的互动，可以不断建构和重构自己的认知结构。他强调教育应该尊重儿童的认知发展规律，提供适合他们发展水平的任务和活动。这与唤醒教育中关注学生的个性发展和内在需求的理念相呼应。苏联的心理学家和教育学家维果茨基认为，儿童通过与他人的交往和合作，可以不断扩展自己的认知边界。这与唤醒教育中强调学生主体性和社交互动的理念不谋而合；在国内，著名教育家陶行知提出了"生活即教育"的主张，认为教育应该与日常生活紧密相连，通过实践活动来培养学生的能力。他提出"教、学、做"合一，强调学生在实践中学习和成长。这种教育思想与唤醒教育中的注重实践、强调学生主体性的理念相契合。中国著名教育学家叶澜提出了"新基础教育"理论，强调教育的目的是培养具有创新精神和实践能力的人。她主张改变传统的以教师为中心的教学模式，倡导学生主动参与、合作探究的学习方式。这与唤醒教育中的学生主体性和实践性的理念高度一致。中国当代著名教育学家朱永新，他发起了"新教育实验"，旨在探索符合中国国情的教育改革之路。他强调教育的目的是培养全面发展的人，注重学生的个性发展和创新精神的培养。这与唤醒教育中的关注学生个性发展和内在需求的理念相契合。

三、唤醒教育内容的诠释

唤醒教育是一种以学生个体发展为核心的教育理念，它突破了传统教育模式的局限性，强调学生的主体性、个性差异和内在需求。该理念主张尊重每个孩子的独特性，关注孩子本我的认知、自我的兴趣和需求，致力于激发其学习兴趣、内在动力和对美的追求。唤醒教育不仅注重知识的传授，更重视孩子责任感和使命感的形成，以及学习力和创新能力的培养。

想象一下，传统教育就像是一个热闹的集市，教师像摊主，不断地向学生展示和灌输各种知识，学生则像顾客，走马观花地浏览，偶尔停下来听听看看，但很少真正深入其中。在这样的环境下，学生的角色更像是被动的接受者，他们的个性和兴趣往往被忽视或压抑。唤醒教育则完全不同，它更像是一片生机勃勃的花园。每个学生都是这花园中的一朵独特的花，他们有自己的颜色、形状和香气。教师不再是单纯的灌溉者，而是园丁，他们了解每一朵"花"的生长习性和需求，帮助他们更好地生长和绽放。唤醒教育强调的是学生的主体性和内在需求，鼓励他们探索自己的兴趣，发挥自己的特长，真正成为学习的主人。

传统教育注重知识灌输和学业成绩，唤醒教育则更注重学生的全面发展和综合素质的提升。传统教育可能会让学生感到压抑和迷茫，而唤醒教育则能够唤醒他们的内在动力和激情，让他们更加热爱学习，更加热爱生活。

可以说，唤醒教育与传统教育的主要差别在于：前者以学生为中心，注重个性发展和内在需求，鼓励学生主动探索和发现；后者则更侧重知识的传递和学业的考核，学生往往处于被动接受的地位。正是这种理念和实践上的差异，使唤醒教育成为越来越多人关注和推崇的教育理念。

结合马斯洛需求层次理论，我们可以把唤醒教育分为三大境界：生命的唤醒、智慧的唤醒和灵魂的唤醒。这不仅符合马斯洛需求层次理论中的层次递进关系，也体现了教育对学生全面发展的关注。

智慧的唤醒
环节一：读懂孩子
环节二：读懂智慧
环节三：读懂教育

唤醒

灵魂的唤醒
要素一：追求美的唤醒
要素二：追求善的唤醒
要素三：高尚情操的唤醒

生命的唤醒
阶梯一：认识生命
阶梯二：体验生命
阶梯三：尊重生命

第一境界是生命的唤醒。"生命的唤醒"是唤醒教育的基石，是对学生积极生命观和心态观的唤醒。在马斯洛需求层次理论中，生理需求和安全需求是人最基本的需求。生命的唤醒即关注学生的身体健康和生命安全，为他们提供一个安全、健康的学习成长环境。通过优化家庭教育，加强家长对家庭教育的理解，给孩子提供最底层的母爱、父爱、安全感和依赖感。同时通过认识生命、关爱生命、体育锻炼、安全教育等方式，唤醒孩子对生命的敬畏与珍视，由它及己，正确认识自己，正确建构生命观和心态观，以积极的心态迎接每一天，让每一天都充满生命的激情和无穷的动力。

孩子的成长过程是一个充满好奇与探索的旅程，他们逐渐从无知到有知，从依赖到独立。在这个过程中，"生命的唤醒"扮演着至关重要的角色。生命的唤醒分为三个阶段。

第一阶段：认识生命。孩子需要了解生命的起源、生命的成长过程以及生命的多样性。通过生物课程、科普读物、自然观察等方式，孩子可以逐渐认识到生命的神奇和伟大，从而培养他们对生命的敬畏之心。

第二阶段：体验生命。孩子需要亲身参与到生命的成长和变化，体验生命的喜怒哀乐。通过养宠物、种植植物、参与社区活动等，孩子可以感受生命的脆弱和坚忍，学会珍惜和呵护生命。

第三阶段：尊重生命。以积极的心态对待生命。孩子需要明白每个生命都有其存在的价值和意义，无论是人类还是其他生物。我们应该学会尊重生命的多样性，不伤害生命，不破坏生态环境。我们要有积极的心态，用自己的生命去感化、去帮助其他的生命，通过参与志愿服务、环保活动等方式，培养孩子对生命的尊重和保护意识。

生命的唤醒不仅是关注孩子的身体健康，更是一个引导孩子认识生命、体验生命、尊重生命的过程。这个过程旨在唤醒孩子对生命的敬畏与珍视，让仁爱之心、大爱情怀感化孩子，为孩子的成长奠定基石。

第二境界是智慧的唤醒。"智慧唤醒"是对学生学习力、分析力、行动力和创造力的唤醒。学生的智慧源于知识，但不止于知识，是知识素养的升华，是面对大千世界的理性应答，是学生在追寻知识，追求美的过程中形成的正确世界观和价值观。在马斯洛需求层次理论中，社交需求、尊重需求和认知需求属于较高层次的需求。智慧的唤醒即关注学生的认知发展和智慧培养。通过知识习得、思维训练、实践探索等方式，唤醒学生的好奇心、探究欲和创新精神，促进他们的智力发展和综合素质提升。智慧的唤醒分为三个环节。

环节一：读懂孩子。智慧的唤醒始于对孩子成长的关注、对孩子禀赋的张扬及对孩子个体的尊重，通过倾听、观察、引导与发掘，体验与探索，点燃孩子内心的求知之火，唤醒他们蕴藏心底的独特智慧与潜能。智慧唤醒旨在唤醒学生不竭的学习力和应对未来不确定性的解决力、行动力和创造力，强调每个孩子都是独一无二的，都拥有自己独特的禀赋和能力。在这种理念下，"智慧的唤醒"不仅是知识的灌输，更是对孩子内在潜能的激发和尊重。

每个孩子都有自己的兴趣爱好，这些兴趣往往是他们探索世界、认识自我的起点。不同的阶段、不同的场景、不同的内容可能诱发孩子不同的兴趣，智慧的唤醒就是在引导孩子探索自我喜爱的项目过程中，认识自我、激励自我的过程。通过为孩子提供平台、提供资源、提供机会，让他们在感兴趣的领域自由探索、实践和创新，激发和保护孩子对未知世界探究的热情，构建孩子的自主学习力和创新思维力。

环节二：读懂智慧。智慧是人类文明的重要成果，也是个体成长的重要目标。在唤醒教育中，我们将智慧分为四种类型：学术智慧、实践智慧、社交智慧和情感智慧。这四种智慧相互补充，共同构成了个体的智慧体系。其中，学术智慧是指个体在学术领域中的认知能力和思维方式。通过唤醒教育，我们要培养孩子独立思考、创新研究的能力，让他们在学术领域不断探索、不断进步。实践智慧是指个体在实际操作中的应变能力和解决问题的能力。我们要鼓励孩子动手实践，培养他们的实际操作能力，让他们在实践中学习、成长。社交智慧是指个体在人际交往中的沟通能力和团队协作能力。我们要教会孩子如何与人交往、如何建立良好的人际关系，让他们在团队中发挥自己的价值。情感智慧是指个体对自己和他人情感的认知和管理能力。我们要引导孩子学会表达自己的情感、理解他人的情感，培养他们的同理心和包容心。

通过唤醒四种智慧，我们可以引导孩子构建自我智慧大厦，提升他们面对未来不确定性问题的综合决断力、分析力和应变能力。

环节三：读懂教育。什么是最好的教育？启蒙思想家卢梭在其名著《爱弥儿》中就这样说过，最好的教育就是润物无声的教育：学生虽看不到教育的发生，但他们的心灵却实实在在地受其影响，帮助他们发挥了潜能，这才是天底下最好的教育。因此，教育的最高境界是不教育，教育的智慧是自我觉醒，是师生双方智慧互助生长觉醒的过程，是自我革新的过程。这就是新时代教育的理想宏愿，也是智慧唤醒的高级目标。

教育的智慧，教育人要从传统的知识传授者转变为孩子成长的引导者和支持者。转变角色，与孩子建立平等关系，成为孩子生活、学习的伙伴，尊重他们的意见和想法，创设良好的学习环境和学习氛围，提供丰富的学习资源，支持激励他们，引导他们勇于尝试、敢于创新，学会反思和自我调整，让他们在学习过程中不断革新、不断进步，从而收获人生成长所需的宝贵智慧。

总之，智慧的唤醒就是学生综合处理问题的能力、综合素养的唤醒。通过对孩子兴趣、禀赋的发掘以及对个体的尊重，来点燃孩子内心的求知欲，唤醒他们独特的智慧潜能，从而实现自我革新和自我觉醒。这样的教育过程不仅能促进孩子的全面发展，更能让他们在未来的生活和职业发展中厘清方向，找准航向，从而习得强韧的奋斗力、不竭的竞争力和一流的创造力，能用智慧找到人生方向，用智慧明辨是非，用智慧应对复杂的世界。

第三境界灵魂的唤醒。"灵魂的唤醒"是教育的最高追求，是对学生审美情趣、审美能力，爱心、同情心，家国情怀、社会责任感、使命感的唤醒。在马斯洛需求层次理论中，审美需求和自我实现需求是最高层次的需求，强调了对学生精神世界和道德品质的深度关注。灵魂的唤醒即关注学生的精神世界和道德品质，通过文化、艺术、道德引领，榜样的力量，个体价值的自我实现，他人认同等方式，唤醒学生对美的追求、对善的认同和对真的探索，唤醒学生为人类谋福祉、为社会作贡献、服务他人的高尚灵魂，将个人的追求与社会进步和人类发展紧密相连，从而实现人格完善和自我超越。灵魂的唤醒包含三要素。

要素一：追求美的唤醒。挖掘地方、学校、生活、书本中蕴藏的文化、艺术、传承等内容，引导学生欣赏美、创造美，培养他们的审美情趣和审美能力。让学生在美的熏陶中，塑造出高尚的情操和优雅的气质，成为身心健康的人，成为有品位、有素养的人，成为宣传美、弘扬美的使者。

要素二：追求善的唤醒。通过结对帮扶、爱心资助、社区公益等活动，引导学生认同善、践行善，让善良驻守孩子的灵魂，成为有爱心、有同情心的人。学生在行善的过程中，可以体验到助人的快乐和意义，个体价值得到实现。他人认同、社会认同会让孩子的灵魂升华，道德情操和社会责任感就会不断生根发芽，帮助他人、热心社会将成为伴随孩子一生的财富。

要素三：高尚情怀的唤醒。灵魂的唤醒不仅是教育的最高追求和精神的升华，更是为了人类福祉而奉献、为社会作贡献、服务他人的高尚情怀的唤醒。通过学习参观先进的人物事迹，走近榜样、学习榜样等，让学生的灵魂得到熏陶，理解精神灵魂力量的强大，深刻感悟到个人的力量可以汇聚成推动社会进步的巨大动力；通过参与社会实践、志愿服务等活动，让学生亲身体验为社会作贡献的意义，深刻感受到通过帮助他人所获得的幸福感，从而领悟到"收获他人的幸福就是自己的幸福"这一真谛；通过鼓励学生关注社会问题、环境问题、思考解决人类面临的挑战，培养他们的使命感、责任感，学会将个人的追求与人类的命运紧密相连。

灵魂的唤醒就是精神力、幸福感、使命感、责任感的唤醒，唤醒孩子从关注自己走向关注他人，从关注眼前走向关注社会，关注人类的未来和发展，以强烈的责任感和使命感投入忘我的工作中，为人类的美好、世界的和谐贡献自己的力量。

总之，教育是唤醒，用"我有无限可能"的成长心态去激发和唤醒每个人，促进他们生命、智慧和灵魂的生长；教育是点燃、是激励。用梦想的力量，榜样的力量，让每个孩子发现自己，帮助他们成为最好的自己；教育更是包容与尊重，是理解和耐心，是在青春的脸上写下欢笑，在年轻的心灵播下希望，让孩子"眼里有光，脸上有笑，心中有爱，肩上有责"。

生命的唤醒

随着时代的进步和社会的发展，育人的目标也在不断优化。在工业时代，教育主要侧重知识技能的传授，然而，随着时代的演进，知识呈几何级数增长，使知识的获取变得前所未有的容易。特别是人工智能时代的来临，人们开始更加深刻地认识到，单纯的知识技能已不足以应对未来的挑战。在这一时代背景下，孩子的情感培养、综合素质的提升及人文情怀的涵养显得特别关键，家长和教育工作者将唤醒孩子热爱生命、尊重生命、理解生命和感悟生命作为教育的基点尤为重要。

一、生命唤醒的概述

当今社会，尽管丰富的物质生活为人们带来了前所未有的便利，但令人遗憾的是，这些丰富的物质并未带给人们精神世界的满足。相反，我们目睹了生命意识淡漠、心理健康问题频发等社会现象，这些问题的根源，或许可以追溯到人们对生命的忽视和误解。认识生命、体验生命、尊重生命是孩子成长过程中不可欠缺的精神滋养，如同滋润成长的雨露，对于塑造他们健全的人格和丰富的内心世界至关重要。

教育不仅是传授知识的过程，更重要的任务是教会孩子生活，是一个引导学生发现自我、理解生命、珍惜生命并提升生命质量的过程。正如著名心理学家卡尔·罗杰斯所深刻指出的那样，教育的真正目标，应该是培养出能够适应变化、知道如何学习，并且具有独特人格特性的人。教育就是用生命陪伴生命，用生命点亮生命，用生命影响生命，用生命成就生命的过程。

生命唤醒以学生为中心，尤其关注他们的内心世界和生命体验。它不仅是一种教育方法，更是一种人文关怀的体现。实施生命唤醒的教育，可以帮助学生建立正确的生命观和心态观，促进他们身心的健康发展，使他们在成长的道路上珍视生命、敬畏生命，以积极的心态面对生命，以乐观的心态迎接每一天。

此外，新课程改革的推进也为生命唤醒教育提供了有力的支持。新课程改革强调以学生为中心，关注学生的全面发展，这也是生命唤醒教育强调的内容，尊重学生的个性差异和生命体验，关注学生的情感、态度和价值观的培养，这是新时代教育教学改革的方向。

孩子的成长过程就是对生命的认识和觉醒的过程。不仅需要引导孩子正确认识生命，更重要的还要让孩子体验感知生命力量的强大，引导孩子尊重生命、爱惜生命，让每个孩子都能在教育中感受到生命的存在和价值，实现生命的全面、和谐、可持续发展。

二、生命唤醒教育的意义

1. 有助于提升学生的生命素养

在传统教育模式下，学生往往被视为知识的容器，而忽视了他们作为生命个体的存在和价值。生命唤醒教育则打破了这一桎梏，它强调尊重每个学生的生命体验，引导他们深入探索生命的本质和意义。在这样的教育过程中，学生不仅能够学会珍惜生命、尊重生命、保护生命，更能够提升自己的生命素养，成为具有高尚道德情操和强烈社会责任感的公民。正如印度诗人泰戈尔所言："教育的目的应该是培养一个自由的人，他的内在能力可以用来创新，而不仅仅是重复过去的事情。"生命唤醒教育正是这样一种能够激发学生内在潜能、培养他们创新精神和实践能力的教育。

2. 有助于促进学生的全面发展与个性张扬

每个学生都是一个独特的生命个体，他们有着各自的兴趣爱好、潜能和特长。然而，在传统教育模式下，这些个性差异往往被忽视或压抑。生命唤醒教育则倡导因材施教，注重学生的个性差异和兴趣爱好，为他们提供多样化的学习体验和发展机会。在这样的教育环境中，学生可以更加自由地探索自己的内心世界，发现自己的兴趣和潜能，实现个性张扬和自我价值。这不仅有助于培养学生的创新精神和实践能力，更能够为社会的进步和发展输送源源不断的人才。

3. 有助于构建孩子积极的成长心态

生命唤醒的过程，是孩子积极成长心态构建的过程，是孩子不断认识自我的过程，也是不断走向外界，不断懂得他人，认识他人，不断得到他人及社会肯定的过程。在每一次生命与生命的碰触中，积极的成长心态会带领我们克服困难，战胜困难；在每一天成长中，我们会理解生命的不易，学会尊重父母，感恩他人；在每一次收获中，我们会懂得生命力量的强大，理解生命的本质意义，让生命散发感动、散发激情与魅力。

4. 有助于推动教育的创新与社会进步

生命唤醒作为一种教育理念和实践方式，可以为传统教育注入新的活力和动力。它强调关注学生的内心世界和成长需求，注重培养学生的综合素质和人文关怀。这些内容有助于推动教育的创新与发展，实现教育目标的多元化和个性化。同时，生命唤醒教育也为解决当前教育领域面临的一些难题提供了新的思路和方法。例如，针对青少年心理健康、校园欺凌等问题，生命唤醒教育能够通过关注学生的生命体验和成长需求，帮助他们建立正确的生命观和价值观，从而有效地预防和解决这些问题。因此，生命唤醒教育不仅有助于推动教育的创新与发展，更能够为社会的和谐与进步作出积极的贡献。

综上所述，生命唤醒教育在提升学生的生命意识与素养、促进学生全面发展与个性张扬，以及推动教育创新与社会进步等方面都具有深远的意义。在新课程改革的背景下，我们应该积极借鉴和吸收前人及教育家的智慧，不断完善和丰富生命唤醒教育的理论和实践体系，让每个学生都能在教育中感受到生命的存在和价值，实现生命的全面、和谐、可持续发展。

三、生命唤醒的三层次

生命唤醒教育旨在"唤醒学生不竭生命力"，这一理念体现了教育的深层次人文关怀和对学生全面发展的高度期待，生命唤醒分为三个递进的层次：认识生命、体验生命、尊重生命。

1. 认识生命

认识生命是生命教育的起点，对于孩子来说，理解这一点至关重要。因为这不仅关乎对生命起源的科学认知，更是对自我存在根本意义的一种探寻。我们要引导孩子去思考：生命为何如此宝贵？我们的存在意味着什么？在教育中，我们应该通过生动的课堂讲述、丰富的图文资料，植物的种植、动物的饲养，甚至实地考察和科学实验，帮助孩子建立起对生命起源和演化的直观认识。让他们明白，每个生命都是自然界的奇迹，都值得被珍视和尊重。

通过直观教学激发好奇心。孩子对世界的认识首先来自他们的感官体验。因此，家长和教师可以带领孩子观察大自然，让他们通过触摸、听闻、观看等方式直观感受生命的存在。比如，在公园里观察树木的生长、花朵的绽放，或是探索昆虫的世界，都能帮助孩子形成对生命的初步认识。另外，通过种植植物或饲养小动物，更能直接让孩子认识生命成长的过程，激发孩子对生命探究的好奇心。

利用故事和绘本进行引导。故事和绘本是孩子认识世界的重要窗口。家长和教师可以选择一些富有生命教育意义的绘本和故事，通过讲述不同生命体的经历和冒险，帮助孩子理解生命的多样性和相互依存的关系。这种方式不仅能激发孩子的想象力，还能让他们在情感上与故事中的角色产生共鸣，从而更深刻地理解生命。

开展生命科学教育。在校园里，生命科学课程是帮助孩子认识生命的重要途径。教师可以通过生动的课堂活动和科学实验，向孩子介绍生命的起源、细胞的结构、遗传的原理等基础知识。这样的教育不仅能让孩子对生命有一个科学的认识，还能培养他们的逻辑思维和探究能力。

　　注重情感教育。认识生命不仅是理性认知的过程，还包含情感体验。家长和教师应该关注孩子的情感体验，让他们学会珍惜生命、感恩生命。比如，通过参与植树节、保护动物等社会实践活动，让孩子亲身体验到生命成长的艰辛与美丽，从而培养他们对生命的敬畏和爱护之心。

　　综上所述，引领孩子走近生命、认识生命是一个多维度、全方位的教育过程。家长和教师需要综合运用直观体验、故事讲述、科学教育和情感教育等多种方法，帮助孩子建立起对生命的全面认识。这样不仅能够丰富孩子的知识体系，还能培养他们的情感素养和社会责任感。

2. 体验生命

　　"体验生命"是唤醒教育中的关键层次，它要求孩子不仅从知识层面了解生命，更要从情感和实践层面深入生命的内核，亲身感受生命的起伏与变化。

　　生命的唤醒倡导情境体验，即通过具体的真实情境，实践体验项目来构建生命变化的场域，让孩子亲身参与到生命的成长和生命的情感任务中。例如，种植植物、养育小动物，观察它们的生长周期，体验生命的诞生、成长、衰老与凋亡等。这样的活动不仅能增强孩子的观察力和动手能力，更能让他们在实际操作中感受到生命的奥妙，理解生命的自然规律。此外，还应注重情境教学。通过家长和教师创设与生命相关的情境，如模拟紧急情况下的生命救援，地震中的自我救助等，不仅能让孩子了解生命的脆弱和宝贵，更能让孩子学会如何在紧急情况下保护自己和他人。

　　心理学认为，情感体验是认知和行为的重要驱动力。在"体验生命"的过程中，孩子会亲身感受到生命的喜怒哀乐。当他们看到自己养育的植物茁壮成长，或是小动物健康快乐时，会体验到喜悦和成就感；而当生命受到威胁或遭遇不幸时，他们会感受到悲伤和焦虑。这些情感体验能够促使孩子更加深刻地理解生命的价值和意义。同时，心理学还强调自我效能感的培养。通过亲身参与生命的成长和变化，孩子会逐渐认识到自己的能力和责任。他们学会了如何照顾生命、保护生命，这种实践中的成功体验会增强他们的自我效能感，从而培养出更加积极、自信的人生态度。

在"体验生命"的教育过程中，家长和教师需要担任引导者和支持者的角色。应该为孩子提供丰富的实践机会和资源，鼓励他们勇敢地尝试、探索。同时，当孩子在体验过程中遇到困难和挫折时，家长和教师要给予及时关注和支持，帮助他们建立正确的生命观和价值观。

总之，"体验生命"是唤醒教育中不可或缺的一环。通过亲身参与和情感体验，孩子能够更加深刻地认识生命的真谛，学会珍惜和呵护每一个生命。这不仅对他们的个人成长具有重要意义，也为构建一个更加和谐、有爱的社会奠定了坚实的基础。

3. 尊重生命

"尊重生命"是生命唤醒教育的最高层次，它要求孩子在认识和体验生命的基础上，进一步上升到对生命的敬畏、尊重和保护。学生不仅要关注生命、珍惜生命，更应在生命的旅程中始终秉持积极的心态，心怀感恩，感激生命的馈赠，感恩社会的滋养。

在孩子成长的过程中，家长和教师扮演着引领者的角色。首先，我们应该以身作则，展示出对生命的尊重。这包括尊重自己的孩子、他人、动植物及生态环境。通过日常行为中的点滴示范，让孩子感受到尊重生命是一种自然而然的态度。

其次，家长和教师应该引导孩子以积极的心态去理解生命的多样性。生命是丰富多彩的，每个生命都有其独特的价值和意义。家长和教师可以带领孩子接触和了解不同种类的生命，比如通过参观动物园、植物园或是自然保护区，让孩子亲身体验到生命的多样性。同时，也可以借助书籍、影片等媒介，拓宽孩子的视野，加深他们对生命多样性的认识。

此外，家长和教师还应该鼓励孩子用自己的生命去感化、去帮助、去呵护其他的生命。这可以从小事做起，比如喂养流浪猫狗、照顾家中的植物等。通过这些实践活动，孩子能够深刻体会到自己与生命的紧密联系，并从中学会关爱和呵护生命。

在培养孩子对生命的尊重和保护意识方面，家长和教师可以采取多种方法。比如，可以引导孩子参与环保活动，如植树造林、垃圾分类、节约用水等，通过这些活动让孩子亲身体验到生态环境的重要性，并明白自己的行为对自然环境的影响；也可以组织孩子观看一些关于生命保护的纪录片或新闻报道，激发他们的同情心和责任感，促使他们更加珍视每一个生命。同时，家长和教师还可以与孩子一起讨论如何在实际生活中做到不伤害生命、不破坏生态环境，这包括遵守交通规则、不随意丢弃垃圾、关爱动物等，通过这些具体的行为，孩子能够逐渐形成良好的环保意识和行为习惯。

总之，"尊重生命"是唤醒教育中不可或缺的一环。通过家长和教师的共同努力，我们可以引领孩子以积极的心态去理解生命的多样性，培养他们的同情心和责任感，让他们学会尊重和保护生命。这不仅有助于孩子的个人成长，也为构建一个更加和谐、美好的社会奠定了基础。

生命唤醒教育的目标在于唤醒学生的不竭生命力，通过认识生命、体验生命、尊重生命三个层次的递进式教育策略的实施，可以逐步实现这一目标。这一过程既体现了教育的科学性和逻辑性——从具体到抽象、从感性到理性的认知规律；又体现了教育的学术性和人文性——关注人的生命成长和全面发展。

四、生命唤醒教育的实施

1. 课程中注入生命

在当前的教育环境中，我们需要去发现并找回课程中原有的生命力。很多时候，教育走得太快，以至于我们过于关注知识的灌输，而忽视了每个学科背后深层的内涵与生命力。我们现在还有一个迫切的任务，就是带领孩子一起去重新发现并找回这些学科的灵魂，让孩子能够亲身体验到学科生命的精髓。我们需要引导孩子从最基础、最底层的角度去感受学科的生命，去感悟学科所蕴含的强大生命力。这不仅是为了学习知识，更是为了唤醒孩子们对知识的探究兴趣，培养孩子积极向善的精神。

（1）语文教学中的生命注入

在语文教学中，我们不仅要教授语言文字知识，更要引导学生感悟文字背后的生命情感。通过经典文学作品的阅读，学生可以深入体验不同人物的生命历程，理解他们的喜怒哀乐，从而在情感上与文本产生共鸣。此外，写作训练也是注入生命元素的重要途径。鼓励学生记录自己的生活感悟，表达真实情感，让文字成为他们生命的见证和载体。具体措施如下所述。

1）挖掘文本中的生命元素

语文教材中的课文往往蕴含着丰富的生命元素。教师可以通过深入挖掘文本中的生命主题、人物形象、情感表达等，引导学生感受生命的多样性和复杂性。例如，在教授描写自然景色的课文时，可以引导学生感受大自然的生机与活力；在解读人物形象的课文时，可以引导学生探究人物的性格特点和生命历程。

2）创设情境，体验生命

语文教学不应仅停留在文字层面，更应通过创设情境，让学生身临其境地体验生命。例如，可以通过角色扮演、朗读表演等方式，让学生深入体验课文中的人物情感和生命状态。此外，还可以结合课文内容，组织相关的实践活动，如观察自然、参观历史遗迹等，让学生在亲身体验中感受生命的奥秘。

3）引导反思，深化理解

在语文教学过程中，教师应积极引导学生对所学内容进行深入的反思和总结，以深化他们对生命奥秘的理解。例如，在完成一篇描写人物生命历程的课文学习后，教师可以巧妙地组织学生进行小组讨论，为他们提供一个交流的平台，鼓励他们分享个人的感受和思考。通过这样的方式，每个学生都有机会表达自己对生命历程的独特见解，同时也能从他人的观点中获得新的启发。这种交流和碰撞能够激发学生的思维活力，促使他们更加深入地思考生命的价值和意义。

4）拓展阅读，丰富生命体验

语文教学不应局限于教材内的文本，还应引导学生拓展阅读范围，丰富生命体验。教师可以推荐一些与生命主题相关的经典文学作品或优秀作文，让学生在阅读中感受不同人物的生命历程和情感体验。通过拓展阅读，学生可以更加全面地认识生命的多样性和复杂性，从而更加珍惜和热爱自己的生命。

综上所述，在语文教学中引导学生感受生命的奥秘需要教师从多个方面入手，通过这些方法的应用和实践，学生可以更加深入地理解生命的价值和意义，从而更加珍惜和热爱自己的生命。

（2）数学教学中的生命注入

数学看似是一门抽象的学科，但实际上也蕴含着丰富的生命元素。在数学教学中，我们可以通过解决实际问题来引导学生感受数学的生命力。例如，通过建模解决生态问题、经济问题等，让学生意识到数学不仅是符号和公式，更是解决实际问题的有力工具。同时，数学史的介绍也可以让学生了解到数学发展的曲折历程，感受数学家为追求真理而付出的努力。

在数学教学中引导学生感受生命的奥秘，可能是一个相对抽象的任务，因为数学本身通常被视为一门严谨、客观的学科。然而，通过创新的教学方法和深入的思考，我们仍然可以在数学教学中融入生命教育的元素。以下是一些建议。

1）联系生活实际，让数学"活"起来

教师可以设计与生活紧密相关的数学问题，让学生通过解决实际问题来感受数学的生命力。例如，在教授比例和百分比时，可以让学生计算健康饮食的配比，或者探讨人口增长与资源消耗之间的关系。这样，学生不仅能理解数学概念，还能意识到数学在解决实际问题中的重要性，从而感受到数学与生命的紧密联系。

2）通过数学史了解数学的发展过程

介绍一些数学家的故事和数学定理背后的历史背景，让学生了解到数学的发展是一个充满探索和创新的过程。这可以激发学生对数学的兴趣，并让他们意识到每一个数学公式或定理都是人类智慧的结晶，都蕴含着生命的奥秘。

3）培养学生的探究精神和创新能力

鼓励学生对数学问题进行深入的探究和创新性的思考。例如，可以组织一些数学项目或研究活动，让学生自己动手解决问题，提出新的观点和方法。在这个过程中，学生不仅能锻炼自己的思维能力，还能感受到数学探究的乐趣和创新的价值，从而更加珍惜和热爱生命。

4）注重数学的美学价值

数学中蕴含着丰富的美学元素，如对称、和谐、简洁等。教师可以通过展示数学的美学价值，引导学生感受数学与生命的共通之处。例如，在教授几何图形时，可以让学生欣赏一些美丽的几何图案，并探讨它们的美学特征和数学原理。这样，学生不仅能更好地理解数学概念，还能在数学的美学中感受到生命的奥秘。

综上所述，虽然数学本身可能看起来与生命教育没有直接联系，但是通过创造性的教学方法和深入思考，我们仍然可以在数学教学中引导学生感受生命的奥秘。这不仅能激发学生对数学的兴趣和热爱，还能让他们在数学的学习中更加珍惜和热爱生命。

（3）科学教学中的生命注入

科学教学更是与生命紧密相连。在物理、化学、生物等学科的教学中，我们可以通过实验和探究活动来引导学生感受生命的奥秘。例如，在物理教学中，通过研究力学、电磁学等现象，让学生理解自然界的奥秘；在化学教学中，通过探究化学反应的实质和规律，让学生理解生命过程中的化学变化；在生物教学中，通过观察动植物的生长过程、研究细胞的结构和功能等，让学生感受生命的多样性和复杂性。

在科学学科，尤其是物理、化学和生物学科的教学中，引导学生感受生命的奥秘是一个综合性的过程。以下是针对这三个学科的具体建议：

1）物理教学

连接生命现象与物理原理：介绍生命过程中的物理现象，如生物体内的力学结构（如骨骼、肌肉的工作原理）、生物电（如心电图、脑电波）、光学（如眼睛的成像原理）等，帮助学生理解生命现象背后的物理原理。

实验探索：设计实验让学生亲身体验，利用传感器和数据采集器进行生物电信号的测量，利用物理原理设计环保节能的装置或产品等。

物理在医疗科技中的应用：介绍物理学在 X 射线、MRI（磁共振成像）等医疗技术中的应用，让学生了解物理如何帮助人类揭示生命的奥秘。

2）化学教学

生物化学的引入：教授生命体内的基础化学反应，如光合作用、呼吸作用中的化学反应，以及生物体内酶的催化作用等，帮助学生理解生命是如何通过这些化学过程来维持的。

实验室实践：进行生物化学实验，如提取和观察植物色素、DNA 的简易提取等，让学生在实践中感受化学与生命的紧密联系。

化学药物与生命健康：介绍化学药物在疾病治疗中的作用，同时讨论化学药物的副作用和化学物质对生态环境及生命健康的影响，培养学生的生命关怀意识。

3）生物教学

生命的起源与进化：讲解生命的起源、物种的进化和多样性，让学生了解生命的奇妙历程。

生物体结构与功能：通过解剖实验和显微镜观察，让学生亲眼见证生物体内部的复杂结构和精密组织。

生态系统与环境保护：教授生物与环境之间的相互关系，以及人类活动对生态系统的影响，引导学生认识到保护生态环境和生命多样性的重要性。

4）跨学科整合

鼓励学生进行跨学科的项目式学习，如"探索光合作用中的物理与化学过程""研究环境污染对生物多样性的影响"等，让学生在解决真实问题的过程中深刻感受生命的奥秘。

通过这些具体的教学方法和活动，教师不仅能在物理、化学和生物的教学中引导学生感受生命的奥秘，还能培养他们的科学素养和生命关怀精神。

（4）人文学科中的生命注入

在人文学科的教学中，如历史、地理和思想政治，引导学生感受生命的奥秘，将这些学科的知识与生命体验、人类价值和社会环境紧密结合。以下是针对这三个学科的具体建议：

1）历史教学

生命历程与历史人物：选择重要的历史人物，讲述他们的生平事迹和生命历程，让学生通过了解这些人物的决策、成就和失败，感受生命中的抉择与影响。

历史事件中的生命体验：将焦点放在历史事件对普通人生活的影响上，如战争、革命或社会变革时期人们的生活变迁，以此来展现历史进程中的生命真实面貌。

历史的反思与人生哲学：鼓励学生对历史事件进行反思，思考这些事件如何塑造了人类的价值观和道德观，以及如何影响个体对生命意义的探索。

2）地理教学

地理环境与生命适应性：分析不同地理环境条件下生物的适应机制，强调生物多样性与环境之间的相互关系，以及这种关系对生命存续的意义。

人类活动与自然环境的互动：讲解人类活动如何影响自然环境，以及这种影响如何反作用于人类自身的生存和发展，从而引发对生命共同体意识的思考。

文化地理与生命体验：探讨不同地域文化如何塑造人们对生命的理解和体验，如何通过地理空间来展现和传承生命价值观。

3）思想政治教学

生命教育与伦理道德：将生命教育的理念融入思想政治课程，通过讨论生命权、尊严、公正等伦理道德问题，引导学生形成正确的生命观和价值观。

社会政策与生命关怀：分析社会政策如何体现对生命的关怀，如公共安全政策、医疗保障、社会福利等，让学生在理解政策的同时感受到社会的温暖和对生命的尊重。

公民责任与生命共同体：培养学生的公民责任感，让他们认识到每个人都是生命共同体的一部分，都有责任维护和增进生命共同体的利益和福祉。

4）跨学科整合与人文学科的实践

历史地理的综合实践：组织学生进行历史地理的综合考察，如探访历史遗址、了解地域文化变迁等，让学生在实地体验中感受历史的厚重和地理的生动。

思想政治与现实问题的结合：鼓励学生关注社会热点问题，运用所学的思想政治知识分析现实问题，并提出自己的见解和解决方案。

　　人文学科的项目式学习：设计跨学科项目，如"地域文化探究""历史人物的生命抉择"等，让学生在探究过程中深刻体会生命的丰富多样和价值意义。

　　通过这些具体的教学方法和活动，教师可以在人文学科的教学中引导学生更深入地感受生命的奥秘，培养他们的人文素养和生命意识。

　　（5）艺术教学中的生命注入

　　艺术是生命的直接表现。在音乐、美术等艺术学科的教学中，我们可以通过欣赏和创作活动来引导学生感受艺术的生命力。例如，在音乐教学中，通过欣赏不同风格的音乐作品、学习音乐创作的技巧等，让学生感受到音乐所蕴含的情感和力量；在美术教学中，通过绘画、雕塑等创作活动，让学生表达自己的内心世界和对生命的理解。在艺术类学科的教学中，我们还可以通过激发学生的创造力、情感表达和审美体验来引导学生感受生命的奥秘。以下是一些建议：

　　1）美术教学

　　主题创作：设定与生命相关的主题，如"生命的起源""生命的美好瞬间"等，鼓励学生通过绘画、雕塑等艺术形式表达对生命的理解和感悟。

　　材料探索：提供多种材料供学生选择，让他们尝试使用不同的媒介和技法来表现生命的多样性和复杂性。

　　作品解读：组织学生对完成的作品进行解读和讨论，引导他们深入挖掘作品中的生命元素和情感表达。

　　2）音乐教学

　　歌曲选择：选取描绘生命、情感、成长等主题的音乐作品，让学生在欣赏和学习过程中感受生命的韵律和力量。

　　创作实践：鼓励学生创作与生命相关的音乐作品，如歌曲、器乐曲等，通过音乐创作来表达对生命的感悟和思考。

　　表演体验：组织学生进行音乐表演，让他们在演奏、演唱过程中体验音乐所传达的生命情感和能量。

　　3）舞蹈教学

　　舞蹈编排：创作以生命为主题的舞蹈作品，通过舞蹈动作和队形变化来表现生命的动态美和力量感。

身体感知：引导学生通过舞蹈练习来感知身体的节奏、柔韧性和协调性，从而更加深入地理解生命的律动和和谐。

情感表达：鼓励学生在舞蹈表演中融入自己的情感和体验，通过舞蹈来传达对生命的敬畏、热爱和追求。

4）戏剧教学

剧本创作：指导学生编写以生命为主题的剧本，通过戏剧冲突和人物塑造来展现生命的丰富多样和深刻内涵。

角色体验：让学生在扮演角色的过程中深入体验角色的情感和生命历程，从而更加真切地感受生命的奥秘和力量。

观众互动：组织学生进行戏剧表演，并邀请观众参与互动和讨论，让学生在与观众的交流中深化对生命的理解和感悟。

综上所述，艺术类学科的教学可以通过多种艺术形式来引导学生感受生命的奥秘。通过激发学生的创造力、情感表达和审美体验，教师可以帮助学生在艺术学习中更加深入地理解和感悟生命的价值和意义。

2. 构建富有生命的校本课程

校本课程的构建，社团活动的开展，都要以生命的个体为中心，找到能触发学生情感，奠基学生生命的课程。不同的孩子有不同禀赋，不同的成长周期，也有不同的需求，开设多元开放的生命课程，设计不同层次的生命探究空间，用丰富的课程滋养孩子，孩子的生命力定会激发。

为了构建以生命教育为核心的校本课程，我们可从以下几个方面入手，确保课程以学生为中心，多元开放，并能够激发学生的生命力。

（1）课程目标设定

首先，明确生命教育的目标，包括探知生命、认识生命、感悟生命、尊重生命，以及激发学生对生命的热爱和激情。这些目标应贯穿所有校本课程和社团活动中。

（2）课程内容规划

生命科学基础：介绍生命的基本概念、生命的起源和进化、生物多样性等，帮助学生建立对生命的科学认知。

生命伦理与道德：探讨生命伦理问题，如生命权、尊严、责任等，引导学生形成正确的生命价值观和道德观。

生命体验与感悟：通过艺术、文学、音乐、舞蹈等多种形式，引导学生体验和感悟生命的美好与意义。

生命关怀与实践：教授学生如何关爱自己和他人的生命，包括心理健康、安全防护、急救技能等，鼓励学生参与社会实践和志愿服务活动。

（3）课程实施方式

个性化教学：根据学生的禀赋和兴趣，提供个性化的学习路径和项目选择，让每个学生都能在课程中找到自己的位置。

探究式学习：设计不同层次的探究空间，鼓励学生通过自主学习、合作学习和批判性思维来探索生命问题。

跨学科整合：打破学科壁垒，促进科学、人文、艺术等学科的融合，让学生从多角度、多层次理解生命。

社团活动与课外实践：成立与生命教育相关的社团，如生物兴趣小组、心理健康协会等，开展丰富多彩的课外实践活动，让学生在实践中深化对生命的理解。

（4）课程评价与反馈

多元评价：采用过程性评价、表现性评价和结果性评价相结合的方式，全面评估学生的学习成果和生命成长。

学生反馈：定期收集学生对课程的反馈意见，及时调整教学内容和方法，确保课程满足学生的需求。

家长参与：鼓励家长参与课程评价，促进家校合作，共同关注学生的生命成长。

（5）课程资源与支持

教师培训：加强对教师的生命教育培训，提高教师的专业素养和生命教育意识。

教学资源开发：积极开发校本教材、教学课件、案例库等教学资源，为课程实施提供有力支持。

校内外合作：与高校、科研机构、博物馆等建立合作关系，共享生命教育资源，拓宽学生的学习视野。

资金保障：为校本课程的开发和实施提供必要的资金保障，确保课程顺利进行。

通过以上几个方面的努力，我们可以构建出一套以学生为中心、多元开放、充满生命力的生命教育校本课程。这样的课程不仅能够满足学生的个性化需求，激发他们的生命潜能，还能够促进他们对生命的深刻理解和尊重。

生命唤醒教育不仅是一种教育理念，更是一种对学生身心成长深度关怀的实践。它通过一系列精心设计的教育活动，激发学生的生命潜能，引导他们正确看待生命、珍惜生命、提升生命质量，进而实现生命的全面、和谐、可持续发展，其意义深远。

智慧的唤醒

　　"智慧"一词在不同文化和学科领域中均占有重要地位，但其真正的内涵往往超越了简单的知识积累或智力表现。从深层次上讲，智慧更多地与个体的洞察力、判断力、创新力及道德认知紧密相连。在教育领域，尤其是当我们聚焦于学生的成长时，智慧不仅意味着学生能够应对问题、灵活思考，它更是一种在复杂情境中作出明智决策的综合能力。

　　要理解智慧，就要明确它与知识的关系。知识是智慧的基础，但智慧远不止于此。智慧是知识的活化，是知识与价值观、人生经验的有机结合。一个拥有智慧的人不仅能运用所学知识，还能在面对未知时，凭借其深刻的生命体验、自我认知和对世界理解，做出恰当的判断和行动。这种智慧体现在生活中的方方面面，无论是追求真理、善良、美好，还是在和谐、超越中寻求生命的真谛。

　　哲学家苏格拉底说："我没有智慧，我只是智慧的助产士。"在孩子成长的关键阶段，我们如何有效地唤醒他们的智慧呢?

一、读懂孩子

　　每个孩子都是一个独特的个体，他们拥有无限的可能和潜能。陶行知在《小孩不小歌》中所言：人人都说小孩小，谁知人小心不小。您若小看小孩子，便比小孩还要小。确实，我们应该尊重每个孩子的内心世界，将其视为一个充满宝藏的盒子。在这个宝盒里，藏着智慧、理性、意志、品格等多种生命能量。作为教育者，我们的首要任务是唤醒这些内在的良知和德能，帮助孩子认识到自己的价值和潜能。

　　"读懂孩子"不仅是一个口号，而是需要教育者摒弃传统的、刻板地看待孩子的方式，深入孩子内心，以全新的视角去理解和接纳每一个孩子。

每个孩子都是独一无二的，他们各自拥有独特的天赋、兴趣和潜能。这些潜能就像是一颗颗种子，等待着适宜的土壤和阳光去滋养它们，使它们发芽、成长，最终开出绚烂的花朵。因此，教育者不能简单地将孩子视为一张白纸，按照自己的意愿去塑造他们，而应该尊重孩子的个性差异，发现他们的闪光点，引导他们按照自己的节奏和方式去成长。

要实现这一目标，教育者需要运用多种方法和策略。

首先，倾听是关键。教育者要耐心倾听孩子的想法和感受，了解他们的内心世界，从而发现他们的兴趣和需求。通过倾听，教育者可以建立起与孩子的信任和连接，为后续的教育和引导打下坚实的基础。

其次，观察也是必不可少的。教育者要在日常生活中细心观察孩子的行为表现，捕捉他们的细微变化，从而洞察他们的潜能和发展方向。例如，一个孩子在玩耍时表现出的创造力和想象力，可能就是他未来在某个领域取得成就的基石。

再次，教育者还需要为孩子提供丰富多样的学习资源和活动机会，以激发他们的探索欲望和学习兴趣。这些资源和活动可以涵盖艺术、科学、体育等多个领域，让孩子在尝试和体验中发现自己的兴趣和优势。

最后，教育者要时刻保持开放和包容的心态。每个孩子都有自己的成长节奏和路径，教育者不能急于求成，而应该给予孩子足够的时间和空间成长。同时，教育者要接纳孩子的不足和错误，引导他们从中汲取经验和教训，鼓励他们勇敢地面对挑战和困难。

在这个过程中，教育者就像是孩子成长道路上的引路人，用爱心、智慧和耐心去开启孩子内心的智慧宝盒，让孩子在成长的旅途中不断发现自我、超越自我，最终绽放出属于自己的光芒。

以下是一些具体实用的办法，可以帮助教育者更好地认识孩子并开启他们的智慧宝盒。

1. 定期与孩子进行深度对话

设定一个固定的时间，如每周一次的"心灵交流时间"，与孩子分享彼此的想法和感受。

　　使用开放式问题，如"你今天在学校有什么有趣的经历吗？"或"你对某个话题有什么看法？""您说呢？""还有更好的办法么？""太棒了！"鼓励孩子表达自己的想法。

2. 创设多样化的学习环境

　　根据孩子的兴趣，为他们提供不同的学习材料和资源，如书籍、科学实验工具、艺术材料等。

　　鼓励孩子尝试不同的活动，如户外探险、音乐演奏、烹饪等，以培养他们的多元智能。

3. 实施个性化学习计划

　　根据孩子的学习风格和需求，制订个性化的学习计划，帮助他们在自己擅长的领域深入发展。

　　定期评估和调整学习计划，确保它始终与孩子的目标和兴趣保持一致。

4. 培养孩子的自我反思能力

　　在孩子完成一个任务或活动后，与他们一起回顾过程，讨论成功和失败的原因。鼓励孩子写日记或绘画来表达自己的情感和思考，这有助于他们更好地理解自己。

5. 鼓励孩子参与决策过程

　　在家庭或学校中，让孩子参与一些与他们相关的决策，如选择课外活动或制定家庭规则。这不仅可以增强孩子的责任感，还可以培养他们的批判性思维和决策能力。

6. 建立积极的奖励机制

当孩子表现出智慧、创造力或善良时，应给予他们积极的反馈和奖励。奖励既可以是语言上的赞扬，也可以是实质性的奖励，如一本书或一次特别的家庭活动。

7. 与孩子共同学习

作为教育者，应展示你对学习的热情和好奇心，与孩子一起探索新的知识和技能。通过共同学习，你可以与孩子建立更紧密的联系，并作为他们的榜样，激励他们不断追求智慧。

这些具体实用的办法可以帮助教育者更好地认识孩子、开启他们的智慧宝盒，并培养他们的多元智能和批判性思维。通过实施这些策略，教育者可以为孩子创造一个充满爱、尊重与支持的学习环境，让他们在成长的道路上不断发现自我、超越自我。

二、读懂智慧

在唤醒教育的理念中，"读懂智慧"是一个至关重要的环节。智慧，作为人类文明的瑰宝，不仅涵盖了知识的积累，更体现了对问题的深刻理解与独到见解。在"智慧的唤醒"过程中，我们需要引导孩子去认识、理解和培养四种不同类型的智慧：学术智慧、实践智慧、社交智慧和情感智慧。这四种智慧，如同智慧的四个支柱。学术智慧是指孩子能够掌握并运用所学知识解决问题的能力；实践智慧则强调孩子在现实生活中运用所学知识解决实际问题的能力；社交智慧要求孩子在人际交往中展现出理解力、同情心和合作能力；情感智慧则关乎孩子理解和管理自己及他人情绪的能力。这些智慧的维度相互交织，共同构成了孩子全面发展的基石。

首先，学术智慧是探索知识的海洋。学术智慧是指孩子在学术领域内的认知和思维能力。它不仅是对课本知识的简单掌握，更包括独立思考、创新研究的能力。在唤醒学术智慧的过程中，我们要鼓励孩子保持好奇心，勇于探索未知领域。通过引导孩子阅读经典著作、参与科学研究、解决复杂问题等活动，我们可以帮助他们建立起扎实的学术基础，并培养出批判性思维和创新能力。

学术智慧是孩子智慧大厦构建的根基。学术智慧的形成不仅是对课本知识的简单记忆和机械应用，更重要的是培养孩子独立思考、分析问题和解决问题的能力。在教学过程中，教育者可以采用启发式教学法，通过提问、讨论等方式激发孩子的思维活力，鼓励他们主动探索未知领域。同时，教育者还要关注孩子的兴趣爱好，为他们提供个性化的学习资源和指导，让他们在兴趣的驱使下不断拓展知识的广度和深度。

实施案例一：项目式学习

在某小学五年级的科学课上，教师采用项目式学习的方式，引导学生探究"植物生长的条件"。学生分组进行，从设计实验方案、种植植物、观察记录到分析数据，全程自主完成。教师只提供必要的指导和建议。最终，学生不仅了解了植物生长的基本条件，还学会了科学实验的设计方法和数据分析技巧。这种学习方式不仅培养了学生的学术智慧，而且也提高了他们运用所学知识解决问题的能力。

实施案例二：高中化学研究型学习

在某高中化学课程中，教师引导学生开展一项关于"当地水质污染及其防治"的研究性学习项目。学生被分成若干小组，深入实地进行调查，他们不仅收集了水样，还利用实验室设备对数据进行了详细分析。在这一过程中，学生结合所学的化学知识，深入探讨了水质污染的主要原因，并集思广益，提出了多种可行的防治方法。最终，学生撰写了内容翔实的研究报告。在班级展示和交流的环节，他们不仅分享了各自的研究成果，还就防治水质污染的策略进行了热烈的讨论。这一项目不仅让学生对化学知识有了更深入的理解和掌握，更培养了他们的学术智慧和实践能力，使他们能够运用所学知识去解决实际生活中的问题。

其次，实践智慧是智慧大厦的重要支柱。实践智慧是指孩子在实际操作中展现出的应变能力和解决问题的能力。与学术智慧不同，实践智慧更侧重"做"的能力，它要求孩子能够将理论知识转化为实际操作，并在实践中不断优化和创新。知识来源于实践，又服务于实践。教育者要引导孩子将所学知识应用于现实生活场景中，去解决实际问题。这可以通过开展各种实践活动来实现，如社会调查、科技创新、志愿服务等。在这些活动中，孩子需要运用所学知识去分析问题、设计方案、实施行动并反思总结，从而锻炼他们的实践能力和创新思维。同时，教育者还要鼓励孩子勇于尝试，即使面临失败也不要气馁，失败是成长的一部分，孩子需要学会从失败中汲取教训和经验，这将有助于培养他们的抗挫能力和坚韧品质。

实施案例一：社区服务活动

某中学组织了一次环保志愿者社区服务活动。学生分组前往社区，进行垃圾分类宣传、环境清洁和绿化种植等工作。在活动中，学生需要将所学的环保知识应用于实际场景中，与社区居民沟通交流，解决实际问题。通过这次活动，学生不仅锻炼了实践能力，还培养了社会责任感和团队合作精神。这种实践智慧的培养方式有助于学生在未来生活中更好地应对各种挑战。

实施案例二：初中科技创新活动

某初中开展了一项"智能环保垃圾分类箱"的科技创新活动。学生在教师和科技辅导员的指导下，设计并制作了一款能够自动识别和分类垃圾的智能环保垃圾分类箱。在制作过程中，学生需要运用所学的物理、数学等学科知识，解决一系列实际问题，如传感器的选择、电路的设计、程序的编写等。通过这一活动，学生不仅锻炼了实践能力，还培养了创新精神和团队合作能力。

再次，社交智慧是连接世界的桥梁。社交智慧是指孩子在人际交往中所表现出的沟通能力和团队协作能力。在现代社会，一个人的社交能力往往决定着他能否在社会中立足。人际交往是孩子成长过程中必须面对的重要课题。教育者要引导孩子学会在人际交往中表现出理解力、同情心和合作能力。这可以通过组织各种团队活动、角色扮演游戏等方式来实现。在这些活动中，孩子需要学会倾听他人的意见、理解他人的感受、协调彼此的利益冲突并共同完成任务。

教育者还要关注孩子的情感需求和社会适应能力，帮助他们建立良好的人际关系和社交网络。

实施案例一：角色扮演游戏

在某小学的心理健康课上，教师设计了一个角色扮演游戏，模拟不同社交场景，如家庭聚会、学校课堂、公园游玩等。学生分别扮演不同的角色，如家长、孩子、教师、同学等，并在游戏中进行互动。教师引导学生思考如何更好地理解他人、表达自己的想法和情感，并处理各种社交冲突。通过这个游戏，学生不仅提高了社交技能，还学会了换位思考和同理心。这种社交智慧的培养方式有助于学生在未来的人际交往中更加自信和从容。

实施案例二：高中模拟联合国大会

在某高中的模拟联合国大会活动中，学生扮演不同国家的代表，就国际热点问题展开辩论和协商。在活动中，学生需要学会倾听他人的观点、理解不同文化背景下的思维方式、协调利益冲突并寻求共识。通过这一活动，学生不仅提高了社交技能，还培养了国际视野和跨文化交流能力。这种社交智慧的培养方式有助于学生在未来的人际交往中更加自信和从容。

最后，情感智慧是智慧大厦的顶层建筑。情感智慧，是指孩子对自己和他人情感的认知和管理能力。一个情感智慧高的孩子，能够更好地理解自己和他人的情感需求，从而建立起更加和谐的人际关系。在唤醒情感智慧的过程中，我们需要引导孩子学会表达自己的情感、理解他人的情感，并培养他们的同理心和包容心。教育者要引导孩子学会理解和管理自己及他人的情绪。这可以通过情绪教育、心理辅导等方式来实现。在这些过程中，孩子需要学会识别自己的情绪、表达情感需求、调节情绪状态并理解他人的情感反应。教育者还要关注孩子的心理健康和情绪稳定性，为他们提供必要的心理支持和帮助。

实施案例一：情绪日记

某初中开设了一门情绪管理课程，其中一个重要环节是写情绪日记。教师要求学生每天记录自己的情绪变化、触发因素和处理方式。在课堂上，教师会选取一些典型的情绪事件，引导学生进行分析和讨论。通过这种方式，学生不仅学会了识别和管理自己的情绪，还学会了倾听和理解他人的情感需求。这种情感智慧的培养方式有助于学生在未来生活中更好地应对各种情感挑战，保持心理健康和积极心态。

实施案例二：初中心理健康主题活动

某初中开展了一次以"情绪管理"为主题的心理健康活动。在活动中，教师通过讲座、小组讨论、角色扮演等多种形式，引导学生了解情绪的基本知识和情绪管理的重要性。学生还分享了自己在日常生活中遇到的情绪困扰和解决方法。通过这一活动，学生不仅学会了识别和管理自己的情绪，还学会了倾听和理解他人的情感需求。这种情感智慧的培养方式有助于学生在未来生活中更好地应对各种情感挑战，保持心理健康和积极心态。

总之，智慧的构建是一个系统工程，需要教育者和孩子共同努力。通过培养学术智慧、实践智慧、社交智慧和情感智慧等多方面的能力，可以帮助孩子建立起坚实的智慧基石，为他们的未来发展奠定坚实的基础。在这个过程中，教育者需要关注孩子的个性差异和成长需求，为他们提供个性化的指导和支持；同时还需要不断更新教育观念和方法策略，以适应时代的发展和社会的变化。

三、实现自我教育

自我教育是唤醒孩子智慧的终极目标。教育的最高境界是不教育，是完成自我觉醒的过程，是教会孩子如何自我学习、自我革新的过程。当孩子掌握了自我教育的能力时，他们就会全身心地投入学习和智慧成长的体验中。这种亲身体验和知识的获取是经过他们自己验证的，是出自对生命的感悟和成长的迫切需要，来源于内在而非外部强加，因此更具紧迫性和持久性。在自我教育成长的过程中，孩子不仅收获了知识，更重要的是在自我革新中积累了独立思考、敢于创新、勇于创新的能力，这是智慧最为宝贵的体现。那怎样引导孩子实现自我教育、完成自我觉醒呢？

首先，激发孩子的兴趣和好奇心是至关重要的。教育人应该鼓励孩子积极探索自己感兴趣的领域，为他们提供相关的资源和指导，让他们在探索的过程中感受到学习的乐趣和成就感。当孩子对某个领域产生浓厚兴趣时，他们就会更加主动地去学习、去实践，从而培养起自我教育的习惯。以下是激发学生的兴趣和好奇心的实施案例。

实施案例一：城市中的野生蜜蜂保护研究

在某高中，生物教师注意到学生对城市生态和环境保护有着浓厚的兴趣。结合当地城市绿化和野生蜜蜂种群减少的问题，教师设计了一个科学研究项目。实施步骤如下。

选题与分组：教师先在课堂上介绍野生蜜蜂的重要性和它们在城市生态系统中的作用，然后让学生自行组队，选择感兴趣的研究方向，如蜜蜂的栖息地选择、食物来源、繁殖习性等。

实地调查：学生利用周末时间，在教师和志愿者的带领下，前往城市公园、花园和未开发的绿地，寻找野生蜜蜂的踪迹，记录它们的活动情况。

数据收集与分析：学生收集野生蜜蜂的种类、数量、分布等数据，并通过查阅文献、咨询专家等方式，分析影响蜜蜂生存的因素。

提出保护建议：根据调查结果，学生讨论并制定一系列保护野生蜜蜂的建议，如增加城市绿化、减少化学农药的使用、设置人工蜂箱等。

成果展示：学生将研究成果制作成海报或报告，并在学校的科学展览会上进行展示，与其他师生分享他们的发现和思考。

通过这个项目，学生不仅深入了解了野生蜜蜂的生态特征和保护意义，还培养了观察、实验、分析和解决问题的能力。同时，他们在实地调查中亲身体验了科学研究的乐趣和挑战，增强了自我教育的意识和能力。

实施案例二：编程探索者俱乐部

在某初中，信息技术教师发现一些学生对编程和计算机科学有浓厚的兴趣。为了满足这些学生的学习需求，教师决定成立一个编程兴趣小组。实施步骤如下。

招募成员：教师通过课堂宣传和课后咨询的方式，招募对编程感兴趣的学生加入小组。

基础培训：在小组成立初期，教师利用课余时间为学生提供基础的编程知识和技能培训，如 Python 语言的基础语法、算法设计等内容的教学。

项目实践：当学生掌握了一定的编程基础后，教师引导他们选择感兴趣的项目进行实践，如制作简单的游戏、开发个人网站等。学生可以根据自己的兴趣和想法自由组队，共同完成项目。

定期分享：每个月组织一次小组分享会，让学生展示他们的项目进展和成果，并邀请其他师生参加。这不仅增强了学生的自信心和表达能力，还促进了师生之间的交流与合作。

校外拓展：教师积极联系当地的科技企业或高校，为小组成员提供参观学习或实习的机会。这让学生有机会接触到更广阔的编程世界和职业发展前景。

通过这个兴趣小组的活动，学生不仅学习了编程知识和技能，还培养了自主学习、团队合作和创新思维能力。他们在项目实践中不断挑战自我、探索未知领域，感受到了编程带来的乐趣和成就感。同时，小组活动也为他们提供了一个展示自我、交流学习的平台，促进了他们的全面发展和成长。

其次，教育者需要教会孩子如何有效地自我学习。这包括教会孩子如何制订学习计划、如何寻找和筛选学习资源、如何掌握学习技巧等。教育者可以通过与孩子一起制订学习计划、引导他们利用互联网等现代科技手段获取学习资源、教授他们一些高效的学习技巧等方式，帮助孩子逐步掌握自我学习的能力。

实施案例一：初中阶段的"自主学习周"活动

为了激发学生自主学习的兴趣并培养他们独立学习的能力，某初中决定举办一次为期一周的"自主学习周"活动。实施步骤如下。

启动与培训：在活动开始前，学校组织一次启动大会，向学生介绍活动的目的、流程和要求。同时，教师为学生提供必要的自主学习技能培训，例如，如何制订目标、如何寻找资源、如何记录学习进度等。

自主选题与学习：学生根据自己的兴趣和需求，选择一个主题进行深入学习。他们可以利用图书馆、互联网等资源，自主查找资料、制订学习计划并开展学习。

成果展示与评价：在活动结束时，学生需要提交一份学习报告或展示，总结自己的学习成果和体验。学校和教师则根据学生的报告和展示，以及他们在自主学习过程中的表现进行评价和反馈。

这次活动让学生体验到了自主学习的乐趣和挑战，他们不仅学会了如何独立寻找和筛选资源，还提高了自己的问题解决能力和批判性思维能力。同时，活动也增强了学生的学习动力和自我效能感。

实施案例二：高中阶段的"学习伙伴"互助小组

针对高中生学习压力大、自主学习时间紧等问题，某高中推出了"学习伙伴"互助小组活动，旨在通过同伴互助的方式，提高学生的自主学习效率。实施步骤如下。

分组与配对：根据学生的学习成绩、兴趣爱好和性格特点等因素，将他们分成若干小组，并为每个小组配对一位指导教师。

共同学习与讨论：小组成员定期聚在一起，共同学习和讨论指定的学习内容。他们可以相互分享资源、讨论问题、检查彼此的学习进度等。指导教师则提供必要的指导和帮助。

反馈与调整：每次小组活动后，成员们需要相互评价并给出反馈意见。根据反馈意见，他们可以调整自己的学习方法和策略，以便更好地适应小组学习的节奏和氛围。同时，指导教师也会根据小组的整体表现提供针对性的建议和指导。

通过"学习伙伴"互助小组活动，学生不仅提高了自己的自主学习能力和团队协作能力，还建立了深厚的友谊和信任关系。他们在相互帮助和鼓励中共同成长和进步，为未来的学习和生活奠定了坚实的基础。

再次，教育人还应该注重培养孩子的批判性思维和自主创新能力。批判性思维能够帮助孩子更加深入地理解知识，对所学知识进行独立的思考和判断；自主创新能力则是孩子在未来社会中立足的重要能力。教育者可以通过组织讨论、引导孩子进行实践探究、鼓励他们提出新颖的观点和解决方案等方式，来培养孩子的批判性思维和自主创新能力。

实施案例一：初中阶段的历史课堂讨论

在某初中的历史课上，教师为了培养学生的批判性思维，决定组织一次关于工业革命的课堂讨论。实施步骤如下。

课前准备：教师提前为学生准备了一份关于工业革命的背景资料和不同观点的论文摘要。要求学生课前阅读并思考。

小组讨论：学生被分成若干小组，每个小组需要选择一个与工业革命相关的话题进行深入讨论。讨论中，他们需要从不同角度分析问题，并提出自己的观点。

全班交流：每个小组选出一名代表，向全班汇报他们的讨论结果和观点。其他同学可以提问或提出异议，进一步激发大家的思考和讨论。

教师总结：在讨论结束时，教师对全班的观点进行总结和评价，并引导学生思考如何将批判性思维应用到其他学科和日常生活中。

通过这次课堂讨论，学生不仅深入了解了工业革命的历史背景和影响，还学会了从多角度、批判性地分析问题。他们的历史素养和批判性思维能力得到了显著提升。

实施案例二：高中阶段的科学实验创新设计

在某高中的科学实验室里，教师为了培养学生的自主创新能力，要求学生设计一个能够解决实际问题的科学实验。实施步骤如下。

确定问题：学生首先需要选择一个与他们生活相关的科学问题作为实验的研究对象，如环境污染、能源利用等。

设计方案：学生利用所学知识，自主设计实验方案。他们需要考虑实验的可行性、创新性以及可能遇到的困难和挑战。

实验操作：在实验室内，学生根据自己的设计进行实验操作。他们可以观察实验现象、记录数据、调整实验参数等。

分析与讨论：实验结束后，学生需要对实验结果进行分析和讨论。他们需要解释实验现象、验证假设、提出改进意见等。教师和其他同学可以对他们的分析和讨论进行评价和提问。

成果展示：最后，学生需要将实验过程和结果整理成一份报告或展示，向全班或全校进行展示和交流。这可以进一步提高他们的表达和交流能力。

通过这个科学实验创新设计活动，学生不仅掌握了科学实验的基本方法和技能，还培养了自主创新能力和解决实际问题的能力。他们的科学素养和综合素质得到了全面提升。同时，这个活动也为学生提供了一个展示自我、交流学习的平台，激发了他们的学习热情和创造力。

实施案例三：社会问题研讨会

为了让学生更深入地了解社会问题，并培养他们的批判性思维和自主创新能力，某初高中决定联合举办一场"社会问题研讨会"。实施步骤如下。

选定主题：学校邀请社会科学教师、学生代表和校外专家共同商讨，选定一个当前热门且具有争议性的社会问题作为研讨会的主题，如"社交媒体对青少年的影响"。

分组调研：学生被分成若干小组，每个小组负责从不同角度调研该社会问题。他们可以设计问卷、进行访谈、收集数据等。在调研过程中，他们需要批判性地分析所收集的信息，并思考如何提出创新的解决方案。

小组研讨：每个小组根据调研结果，在组内进行研讨。他们需要就所发现的问题、可能的原因及解决方案进行深入讨论。在讨论过程中，教师鼓励学生质疑、辩论和分享不同观点。

全班汇报：每个小组选出一名代表，在全班进行汇报。汇报内容包括问题描述、原因分析、解决方案及小组的思考过程。其他同学可以提问、提出异议或分享自己的看法。

总结与反思：在研讨会结束时，教师引导学生进行总结和反思。他们可以讨论在研讨会中学到的知识、技能及思维方式的转变。同时，教师鼓励学生将所学的批判性思维和自主创新能力应用到未来的学习和生活中。

通过这场"社会问题研讨会"，学生不仅深入了解了社会问题，还学会了从多角度、批判性地分析问题。他们的批判性思维和自主创新能力得到了显著提升。同时，这个活动也增强了学生的团队合作和沟通能力，为他们未来的学习和生活奠定了坚实的基础。

最后，教育者需要为孩子营造一个积极的学习环境，让他们在一个充满爱、尊重和支持的氛围中成长。当孩子感受到自己被理解、被尊重时，他们就会更加自信、勇敢地面对学习生活中的挑战和困难。同时，教育人还应该与孩子建立良好的沟通机制，及时了解他们的学习进展和困惑，为他们提供必要的指导和帮助。

实施案例一："心灵驿站"心理咨询角

某高中注意到学生在面对学习压力、人际关系等方面的问题时，缺乏有效的沟通和解决途径。为给学生提供一个倾诉和寻求帮助的平台，学校设立了"心灵驿站"心理咨询角。实施步骤如下。

空间布置：学校选择一个安静、舒适的角落，布置成温馨、私密的咨询空间。这里摆放着柔软的沙发、温馨的灯光和一些关于心理健康的书籍和杂志。

专业咨询：学校聘请专业的心理咨询师定期在"心灵驿站"为学生提供心理咨询服务。学生可以预约咨询时间，与咨询师面对面交流，倾诉自己的困惑和问题。

日常交流：除了专业咨询，"心灵驿站"还鼓励学生在课余时间来这里休息、交流。学校可以安排一些高年级的优秀学生作为志愿者，在这里与同学们分享学习经验、生活感悟等。

活动举办：为了增进学生之间的了解和信任，"心灵驿站"还可以定期举办一些心理健康主题的活动，如心理剧表演、团体心理辅导等。

"心灵驿站"心理咨询角的设立，为学生提供了一个安全、舒适的倾诉和寻求帮助的空间。通过与专业咨询师和同龄人的交流，学生能够更好地面对学习中的挑战和困难，建立积极的学习态度和生活观。同时，这也促进了学校内部的和谐与稳定。

实施案例二：学习伙伴导师制

为了提升高中生的学习积极性和自信心，并建立一个持续的支持系统，某高中推出了"学习伙伴导师制"。实施步骤如下。

导师选拔：学校从高年级中选拔一批学业成绩优秀、社交能力强且愿意帮助他人的学生作为导师。

伙伴配对：根据学科兴趣、学习风格和个性特点，将导师与需要帮助的低年级学生进行配对。

定期交流：导师与学习伙伴每周至少进行一次面对面的交流。交流内容可以包括学习技巧分享、课程复习、疑难解答，以及关于学校生活和情感支持的非学术话题。

营造：学校为"学习伙伴导师制"提供专门的学习空间，如配备有学习资源的教室或图书馆角落。这些空间装饰温馨，鼓励自由讨论和合作。

持续培训：学校定期对导师进行培训，以提升他们的领导力和沟通技巧，确保他们能够有效地支持学习伙伴。

反馈与评估：学期末，学校组织导师和学习伙伴进行反馈，评估这一制度的成效，并根据反馈进行必要的调整。

通过"学习伙伴导师制"，低年级学生不仅获得了学术上的帮助，还在情感上得到了支持和鼓励。这种制度不仅营造了一个积极的学习环境，还增强了学生间的沟通和理解。同时，作为导师的高年级学生也通过这一经历提升了领导力和责任感。这一制度促进了学校内部不同年级学生间的互动和成长。

总之，引导孩子自我教育、自我觉醒是一个长期而复杂的过程，需要教育者具备充分的耐心、卓越的智慧和持之以恒的努力。通过激发孩子的兴趣和好奇心、教会他们有效的自我学习方法、培养他们的批判性思维和自主创新能力以及营造积极的学习环境等方式，我们可以帮助孩子逐步唤醒内心的智慧，成为未来社会的栋梁之材。

综上所述，"智慧的唤醒"不仅是当代教育的重要使命，也是培养孩子全面发展、应对未来挑战的关键所在。通过重新认识孩子、引导他们构建智慧大厦及培养他们的自我教育能力，我们可以为孩子的成长奠定坚实的基础，助力他们在未来的道路上绽放璀璨的智慧之光。

灵魂的唤醒

教育是一棵树摇动另一棵树，一朵云推动另一朵云，一个灵魂唤醒另一个灵魂。正如柏拉图所说："教育非他，乃心灵的转向。"教育不仅是知识的传授和技能的训练，更重要的是触及人的灵魂，激发其内在的潜能和力量。教育应引导学生从表面的、物质的追求转向对内在精神世界的探索和追求。一个优秀的教育者应该致力于唤醒学生内心深处的灵魂，引导他们发现自我、认识自我、超越自我。

当教育真正触及学生的灵魂时，便能创造出无数奇迹。这些奇迹不只体现在学生的学业成绩上，更体现在他们的品格塑造、情感发展和社会责任感上。一个灵魂被唤醒的学生将变得更加自信、自强和自律，他们将勇于面对挑战、追求卓越，并始终保持着对知识的热爱和对生活的热情。

下面我们来看看被誉为美国最优秀的教师之一——雷夫·艾斯奎斯（Rafe Esquith），他是如何唤醒孩子的灵魂的。

雷夫·艾斯奎斯曾受到过美国前总统奥巴马的接见，他的教育故事写成了一本书——《第 56 号教室的奇迹》。他 33 年来，都在一所非常糟糕的小学任教。这所学校有时还充满着暴力，晚上睡觉时都可以听到枪声。在教室顶棚上面有一个巨大的洞，下雨时还会漏雨，这所学校还有很多孩子加入黑社会、吸毒等。但令人瞩目的是，在雷夫·艾斯奎斯所执教的班级里，学生的品行发生了翻天覆地的改变。他们变得谦逊有礼、诚实善良，收获了人生中最为宝贵的财富——高尚的人格和坚韧的信念。这些孩子在雷夫的引导下，不仅形成了积极向上的品格，更在学术上取得了卓越的成就。他们毕业后纷纷进入哈佛、普林斯顿、斯坦福等世界顶尖大学深造，并在各自的领域取得了不凡的成就。雷夫这位心灵的导师，用他的人格魅力和教育理念，成功地唤醒了孩子的成长潜力，创造了这一令人赞叹的奇迹。

他最重要的一个观点就是：要求别人做到，自己必须首先遵守。他说：我们的一言一行，会直接影响孩子的一生，作为教师，我们是孩子最重要的一个模范学习对象，想让孩子做到的一切，我们必须以身作则。希望孩子成为善良的人，我们就必须成为孩子心中最善良、最与人为善的人，这样才能期望他们做到这一点。即使我们特别生气，甚至恨不得把他们从窗户扔出去的时候，我也绝不会这么做。我会坚守原则，用非常和善且理智的方式来处理这个问题，以此为他们树立一个良好的榜样。又如，我希望我的孩子能够成为非常勤劳的人，那么我就必须首先成为他们见过的最勤奋的教师。因此，在教书的过程中，我总是第一个到达学校，也是最后一个离开学校的。因此对于我的学生，根本不用要求他们勤奋努力，他们看到我是这样的，自然就会这么做。

他还在班上积极推行"自律六境界"，这其实就是对"灵魂唤醒"这一教育目标的深刻诠释。我将其核心精神总结如下。

第一境界是"监管做事"。实际上，我们现在的很多行为都停留在最低境界上，即通过监管和恐吓来促使孩子完成任务。比如，我们经常以"你再这么干，就不让你吃饭"或"你不做作业将来就捡垃圾"等言语来威胁孩子。这样的做法会使孩子在恐惧的驱使下，不得不按照家长和教师的安排行事，而非出于内心的驱动力或责任感。但雷夫认为：孩子来上学绝不是来接受吓唬的，我们更不能让他们学这些东西。比如做数学题，雷夫从来不采用吓唬的手段，而是在开始学习该内容时，就说明它在我们生活中的作用，让学生明白，学习数学的目的是让我们生活得更好，而不是为了分数、不是为了考试。

第二境界是"眼前利益驱动"。很多时候我们更多考虑的是眼前利益，急功近利。有些学校的教师为了激励学生，通常在学期末对考试成绩好的学生进行奖励。但雷夫不提倡这样的行为，他说孩子通过学习获得知识就是最大的奖励、最大的收获。在他所执教的班级里，发生了一件令人印象深刻的事情。校长为了提升食堂的卫生状况，对学生提出了一个条件："只要你们吃完饭把桌子打扫干净，我就给大家发冰激凌作为奖励。"然而，孩子在听到这个提议后，立刻展现出了高度的自省意识。他们纷纷表示，这样的奖励机制层次太低了。于是，他们迅速地将食堂打扫得干净整洁。当校长按照约定分发冰激凌时，孩子们却纷纷拒绝接受。他们并不是不喜欢冰激凌，而是因为他们明白，打扫食堂的动机应该是出于对个人卫生健康的考虑，而非外部的奖励。

第三境界是"博得赞许"。很多孩子在学校表现出色，只是为了博得教师喜欢，在妈妈面前表现好，也只是希望得到妈妈的更多喜爱。然而，这种外在动机驱动的行为往往不能持久。有时，我们会看到或听到这样的情况："同学们，今天有领导来视察，请大家务必遵守纪律，不要让我难堪。"雷夫说他班上经常也会出现这种情况，有学生为了得到教师的认可，会拿着自己的画作来询问："教师，这幅画好看吗？"对此，我总是微笑着回答："这是你的美术作业，代表了你的创造力和审美，只要你自己觉得满意，那就是最好的。为什么要问我呢？"

第四境界是"遵守规则"。雷夫强调，孩子学习的一个重要目标就是学会遵守规则。例如，在医院这一特定场合中，我们都能看到大家自觉地保持安静，这并不是因为墙上贴着"请保持肃静"的标语，而是因为人们深知医院内有患者需要休息，有医生在紧张地工作，因此不应大声喧哗。这种对规则的自觉遵守，体现了对他人的尊重和对环境的责任感。

第五境界是"关怀他人"。雷夫每年假期都会带孩子出去旅游，他分享道，当他们带着 50 个孩子进入酒店大堂进行登记时，除他和妻子的交谈声外，整个大堂都保持着一片安静，没有一点儿声音。他解释说："我的孩子深知在酒店内应该保持安静，这并不是因为他们期待某种奖励或为了让我高兴，更不是因为酒店贴有保持安静的标语。他们清楚地知道，酒店里可能有其他人在休息，我们不应该打扰到他们。这种自发地、出于对他人的关怀而保持的安静，正是关怀他人的具体体现。"

无论身边的人如何对待你，你都应坚守与人为善的原则；无论周围的人如何擅长谎言，你都应坚定地选择诚实。这不仅是教导孩子如何做人的最高境界，更是一次灵魂深处的唤醒。有这样一个例子可以生动地诠释这一点。

雷夫分享了他多年前的一个学生的故事。这个学生的算术和语文成绩在班上只是中等水平，但大家特别喜欢他，因为他有一头非常漂亮的长头发，而且是金色的。和其他学生一样，他经常回到学校看望雷夫老师。有一天下午，当他推门而入时，所有的孩子都惊呆了。我也感到惊讶，因为他的头上光秃秃的，一根头发都没有。我好奇地问他："这是怎么了？为什么会变成这样？是用错洗发水了吗？"他回答说："老师，不是这个原因。我们班里有一个女同学因为患癌症需要化疗，头发全掉光了。她每天戴着帽子来学校，但还是害怕被别人嘲笑。学校里有些淘气的孩子会把她推到墙上，扔掉她的帽子，还指着她取笑说：'你这个样子死定了。'我看到她这样，就决定剃光自己的头发，并做成了一个发套送给她。"

听了这个案例，我深受触动。这就是雷夫培养的第六层次的孩子，或许不是最顶尖的，但他的品格和灵魂是我们所有人最为赞赏的。这样的孩子，既是社会的宝贵财富，也是我们每个人应该学习的榜样。

育人的根本在于灵魂的唤醒和德行的教育，这是一个深入人心、触及根本的过程。在这个过程中，教师或家长应该扮演什么角色？

我们要做的是把每一个学生、孩子都当作一个完整的个体来对待，和他们建立真诚互信的关系，并为他们的学习构建一个安全试错、充满支持的环境。

在每个孩子的心灵里，都存放着求知好学、渴望知识的火种，只有教师的思想才有可能去点燃它。

教师无疑是教育的核心，但教育的成功同样离不开全社会的共同参与和支持。我们需要全社会共同解放思想，摈弃陈旧的观念，树立正确的教育观和人才观。教育改革并非一蹴而就的过程，它需要我们从实际出发，循序渐进，不断总结经验，逐步推动教育的变革与发展。

正如美国黑人民权运动领袖马丁·路德·金说的那样："一个国家的繁荣，不取决于她的国库之殷实，不取决于她的城堡之坚固，也不取决于她的公共设施之华丽；而取决于她的公民的文明素养，即在于人民所受的教育，人民的远见卓识和品格的高下。这才是真正的利害所在，真正的力量所在。"而个人品格的塑造，需要教育者的引领和示范。

比如规则意识：我们强调盛入自己盘中的食物要尽可能吃完，以培养孩子对食物的尊重和珍惜；同时，我们坚持孩子必须先吃完正餐的饭菜，再享用零食，以培养他们的饮食规律和自制力。

比如爱心：很多家庭选择在家中养一些小动物，如小狗或小猫，让孩子亲自照料它们，通过这个过程，孩子能够学会体贴入微地照顾弱小生命，从而培养出深厚的爱心。

比如坚强：当孩子不慎摔倒时，只要伤势并不严重，我们鼓励父母不要立即去帮忙，而是让孩子自己尝试站起来，这样可以锻炼他们的独立性和坚韧不拔的精神。

比如尊重：我们强调要尊重他人的隐私。在这一点上，德国家庭的做法值得我们学习，德国父母通常不会在未经过孩子同意时去翻阅孩子的东西。这样的行为旨在教育孩子尊重他人的个人空间和权利。

有这样一个案例：一位纳粹集中营的幸存者，后来成了美国一所学校的校长。每当有新教师入职时，他都会送上一封信，信中写道："我是集中营里的幸存者。我目睹了那些令人难以置信的暴行：毒气室由有学识的工程师建造；孩子被受过良好教育的医生毒死；婴儿被训练有素的护士残忍杀害；妇女和孩童被受过高中或大学教育的士兵射杀；所以我怀疑教育。我的请求是：希望你们帮助学生做一个有人性的人。"因此，以育人为核心的教育，归根结底是塑造人性、品德和灵魂的教育。

德国教育家赫尔巴特说："道德普遍地被认为是人类的最高目的，因此也是教育的最高目的。"苏霍姆林斯基认为，德育在学生全面发展中占主导地位，他说："道德是照亮全面发展的一切方面的光源。"

因此，教育首先是道德事业，道德事业超越了科学、艺术的认知，科学、艺术倘若没有道德的充盈和支撑，就不可能是真正的教育；因此学科教师首先应该是道德的教师。正如北京十一学校前校长李希贵所强调的，"教师不是教学科的，是教人的"。

中华民族历来重视德的教育，在《大学》开宗明义强调，"大学之道，在明明德，在亲民，在止于至善"。倡导"修身齐家治国平天下"的德行。正是对中华优秀传统文化的继承和弘扬，坚守道德价值，提高道德水平，适应时代要求，"立德树人"成为我国新时代教育的战略主题。

要唤醒学生高尚的德行、崇高的灵魂，教育人首先需要具备深厚的人文素养和博大的教育情怀。真正从灵魂的深处去关爱学生、关心学生、理解学生，尊重每个学生。

在李镇西老师的《爱心与教育》中，有这样一个故事。

任安妮是初一下学期从外地转学到班上的。她身材瘦弱，脸色苍白，说话细声细气，学习较差，还常请病假。但是，给人留下最深印象的是她爱迟到。我曾邀请任安妮的母亲来校，询问是不是有什么特殊困难。她母亲说，没什么，就是任安妮动作太慢。我多次找任安妮谈心，要她养成雷厉风行的好习惯。但没有看到成效。那天早晨任安妮又迟到了，我让她站在外面。大约 5 分钟后我怕校长看见，便让她进教室。进来后她走到自己的座位想坐下。我说："谁让你坐下？再站一会！"她流泪了，但仍顺从地站在自己的座位前，并拿出书和大家一起读。直到早读结束，她总共站了 15 分钟。

两节课后，任安妮来向我请假，说头昏，想回家休息。我很吃惊，问她是不是因为早晨站得太久了，她摇了摇头。第二天安妮的母亲来学校请假，说安妮病了，需要一段时间的治疗和休息。这时，我开始反思自己的做法是否有些过分：或许任安妮当时就已经生病了，而我却罚她站了那么久。

两周后，安妮的母亲再次来到学校，告诉我安妮的病情比较严重，需要休学治疗。我在吃惊的同时，内心深处暗暗庆幸自己总算甩掉了一个包袱！

半年后，安妮返校复学，但因为病情的影响，她降到了下一个年级学习。在校园遇到我时，她总是羞怯而有礼貌地和我打招呼，喊道："李老师好"。

几个月后开始期中考试，那天刚考完最后一科，有学生匆匆跑过来告诉我："李老师，安妮……她今天早晨去世了……" 我心里一颤，手中刚收上来的一叠试卷滑落一地。20 分钟以后，我和十几个学生赶到殡仪馆。安妮的母亲迎上来，用哭哑了的声音对我说："您这么忙还赶来，感谢您和同学们了！"

我心情沉重地说："太突然了，根本没想到。"

安妮的母亲说："安妮 6 岁就患上了白血病，当时医生说她最多能活 3 年。为了让她有一个宁静美好的生活，我一直没有告诉她，也没有告诉任何人。在大家的关心下，她奇迹般地活了 8 年。谢谢您啊，李老师！安妮在最后几天，还在说她想念李老师，想念同学们。她复学后一直不适应新的班级，多次说想回到原来的班级。可是，她就这么……"

这些话让我心如刀绞。在安妮纯真的心灵中，尚不知道她所想念的"李老师"曾为她降到另外一个班级而暗暗高兴。

我忍不住哭起来。这是我参加教育工作至今，第一次也是唯一的一次因愧对学生而流泪。

　　当天晚上，我写下一篇近五千字的文章《你永远 14 岁——写给安妮》。第二天，我含泪在班上为学生朗读，表达悲痛的哀思和沉重的负罪感。

　　从那以后，我发誓：绝不再对迟到的学生罚站！

　　很多年过去了，每当听到周围的人称赞我"特别爱学生""从不伤学生的自尊心"时，我总是在心里感谢永远 14 岁的任安妮，因为她那一双怯怯的眼睛时时刻刻都在注视着我……

　　李老师这段触动人心的故事，深刻诠释了何为对孩子真正的理解，何为对孩子真正的尊重。一个教师如果没有博大的爱心，就失去了对孩子灵魂的引导，失去了对孩子人性、个性的唤醒。

　　那什么是灵魂的引导？什么是品德的教育？灵魂的引导不仅是对知识的灌输，更是对学生内心世界的深度触动和启迪，是对学生价值观、人生观的塑造与引领。而品德的教育，则是通过日常生活中的点滴教育，让学生在体验中成长，形成积极向上的人格品质和道德观念。我们将这两者概括为"灵魂的唤醒"，这也是本节的主题。"灵魂的唤醒"有三大要素，分别为追求美的唤醒、追求善的唤醒及高尚情怀的唤醒，这三者相互交织，共同构成了灵魂唤醒教育的精神内核，通过唤醒学生的灵魂，教育才能真正触及孩子的内心深处，引起他们心灵上的共鸣，才能培养出有爱心、有责任感的时代新人。

　　想象一下，一个灵魂被唤醒的学生，他的眼中闪烁着对知识的渴望，对美的追求，对善的向往。他不仅在课堂上认真听讲，积极思考，更在课余时间主动探索，勇于创新。他关心社会问题，热心公益事业，用实际行动去践行自己的信仰和理想。这就是对新时代学生成长的夙愿。那我们怎样才能实现这一目标呢？

　　首先，我们要引导学生发现美并追求美。美，是人类精神的食粮，是心灵的润滑剂。在教育的旅途中，我们应该如何唤醒学生对美的追求呢？答案就在于我们的日常生活中，无论是校园的一草一木，还是书本里的一字一句，都蕴藏着丰富的美。教育者应当引导学生去发现这些隐藏在生活中的美。地方文化、学校历史、生活中的点滴细节，乃至书本中的经典文学作品，都是美的载体。通过组织丰富多样的文化活动，如艺术展览、音乐会、戏剧表演，或是开设文学赏析课程，我们可以帮助学生打开发现美的眼界，让他们在欣赏美的过程中，逐渐培养出独特的审美情趣。

其次，教育者还要鼓励学生创造美。无论是绘画、音乐、舞蹈还是文学创作，都是学生表达内心情感、展现审美情趣的途径。在创造美的过程中，学生不仅能锻炼自己的艺术才能，更能在美的熏陶中塑造出高尚的情操和优雅的气质。最终，我们期望每个学生都能成为宣传美、弘扬美的使者。他们不仅能够在日常生活中发现和创造美，更能够用自己的行动去影响和带动周围的人，共同营造一个充满美的社会环境。

再次，我们要鼓励学生追求善。善是人类社会的基石，是人与人之间和谐相处的关键。在教育过程中，我们应该如何唤醒学生对善的追求呢？答案就在于通过实际行动去体验和践行善。教育者可以通过组织结对帮扶、爱心资助、社区公益等活动，让学生亲身参与到善的实践中去。在这些活动中，学生不仅能够体会到帮助他人的快乐和意义，更能够深刻认识到个体价值在实现社会价值中的重要作用。通过行善，学生的道德情操和社会责任感会逐渐生根发芽。他们会意识到，帮助他人、热心社会不仅是一种责任，更是一种荣誉。这种对善的追求和践行，将成为学生一生的财富。这种对善的追求和践行，将让学生成为更加优秀和有担当的人。

最后，我们要激发学生的高尚情怀。高尚情怀，是人类精神的最高追求。在教育过程中，我们应该如何唤醒学生的高尚情怀呢？答案就在于通过学习和实践去体验和感悟高尚情怀的力量。教育者可以通过学习参观先进的人物事迹、走近榜样、学习榜样等方式，让学生的灵魂得到熏陶。在这些活动中，学生将深刻理解人的精神灵魂力量的强大，并认识到个人的力量汇聚起来能够成为推动社会进步的不竭动力。同时，教育者还要鼓励学生参与社会实践、志愿服务等活动。在这些活动中，学生将亲身体验为社会作贡献的意义，并深刻认识到收获他人的幸福就是自己的幸福。通过这种实践，学生的高尚情怀将得到进一步的升华。另外，教育者还要鼓励学生关注社会问题，思考解决人类面临的挑战。在这个过程中，学生的使命感、责任感将得到培养，他们将意识到个人的追求与人类的命运是紧密相连的。这种对高尚情怀的追求和实践，将让学生成为真正有社会责任感的人才。

总之，灵魂的唤醒在育人中具有不可替代的作用和意义。它不仅关乎学生的个人成长和发展，更关乎整个社会的进步和繁荣。通过唤醒学生的灵魂，我们可以培养出有审美情趣、审美能力、善良品质和高尚情怀的优秀人才，为社会的和谐与进步贡献力量。

灵魂的唤醒，不仅是对学生的个体成长负责，更是对整个社会的未来负责。只有一个灵魂被唤醒的人，才能真正理解自己的责任和使命，才能真正投身于社会的进步事业中。他们将以自己的行动，去影响和改变周围的世界，为社会的发展注入源源不断的活力。灵魂的唤醒也是教育创新的源泉。一个灵魂被唤醒的学生，他敢于质疑，勇于探索，善于创新。他们不会满足于现状，而是会积极地寻求改变和突破，为社会的进步贡献自己的力量。一个个灵魂被唤醒的学生，就像一颗颗种子，在教育的沃土中生根发芽，并最终成长为参天大树，为社会的进步撑起一片绿荫。这种创新精神，正是推动社会发展的重要动力。因此，作为教育者，我们必须将灵魂的唤醒视为教育的核心使命。我们要耐心倾听学生的心声，深入了解他们的需求和期望，为他们提供有针对性的教育服务。同时，我们还要不断创新教育方法，用更加生动、有趣的方式来激发学生的学习兴趣和创造力。让我们携手努力，用教育的力量点亮学生的心灵之光，引领他们走向更加美好的未来！

在新课程理念的指导下，教育应该更加注重学生内在精神世界的熏陶。通过唤醒学生的同情心、爱心、责任感、使命感和家国情怀，可以培养出德智体美劳全面发展的、有使命、有担当的新时代人才，为国家的发展和社会的进步发展注入新的活力。因此，作为教育人，我们应该不断探索和创新教育方法，用心灵去触动心灵，用智慧去点燃智慧，让教育真正成为灵魂的唤醒之旅。

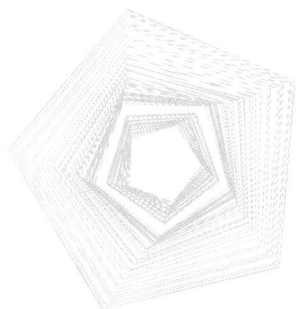

家庭唤醒成长篇

家庭教育的困境

随着国民经济水平的稳步提高和全面建成小康社会目标的顺利达成，人们的物质生活日益丰富。在这个生儿必养的时代，追求优质教育已成为大多数家长和社会的共同目标。每个家庭都渴望孩子能有一个美好的前程，一个充满希望的未来，对于如何育儿、如何让孩子健康成长，家长都有着自己的见解。然而，究竟如何实践这些理念，却是许多年轻家长及家人面临的一大难题。

一、挣钱育儿：缺失的陪伴与关爱

挣钱育儿的现象主要源于经济压力和对"美好未来"的单一理解。在当前社会，许多家长为了给子女提供更好的物质条件，选择长时间工作，甚至远离家乡，将孩子留给祖辈照顾。他们普遍认为，只要物质条件富足，就能为孩子创造一个美好的未来。然而，这种育儿方式却忽视了陪伴与关爱对孩子成长的重要性。

家长可能认为，通过提供经济支持，就能满足孩子的所有需求，但实际上，孩子的成长需要更多的情感交流和亲子陪伴。长期缺乏父母的陪伴与关爱，孩子可能会出现情感发展受阻，从而表现出孤独、冷漠等特征。他们可能无法建立起健康的情感依赖和信任关系，这对未来的社交和情感发展将产生负面影响。

此外，祖辈的教育观念和方法可能与现代社会脱节，无法满足孩子全面发展的需求。他们可能溺爱孩子，忽视对孩子的纪律教育和规则意识的培养，导致孩子缺乏自律性和责任感。在这样的环境下，孩子可能会变得任性、蛮横，无法适应社会的规范和约束。

更糟糕的是，物质至上的家庭环境可能让孩子过分追求物质享受，忽视精神层面的成长。他们可能认为金钱和物质是成功和幸福的唯一标志，从而忽视品德、情感和人际关系的重要性。这样的价值观将严重影响孩子的全面发展。

二、功利观育儿：短视的教育追求

功利观育儿源于家长对"成功"的狭隘理解和对社会竞争的焦虑。他们往往认为学习成绩和名校背景是成功的唯一标志，因此忽视孩子的个体差异和全面发展。这种育儿观念的背后，是家长对孩子未来的不确定感和对社会竞争的过度担忧。

过高的期望和成绩压力可能导致孩子出现焦虑、抑郁等心理问题。他们可能无法承受失败和挫折，从而对自己的能力和价值产生怀疑。在这样的环境下，孩子的心理健康将受到严重威胁。

同时，过分追求成绩可能忽视孩子的道德教育和品格塑造。孩子可能缺乏社会责任感、同情心和正义感，成为自私自利、冷漠无情的人。这样的孩子即使在学习上取得了成功，也难以成为一个有道德、有责任感的人。

此外，功利化的教育环境可能抑制孩子的创造力和想象力。他们可能过于注重应试技巧和知识记忆，忽视对问题的独立思考和创新能力的培养。在这样的环境下，孩子的创新能力和想象力将受到严重限制，无法充分发挥自己的潜力。

三、溺爱育儿：过度地纵容与疏于管教

溺爱育儿往往源于家长对孩子的过度保护和补偿心理。一些家长因为工作忙碌或其他原因，试图通过物质满足来弥补陪伴的不足。他们过度纵容孩子，满足他们的所有需求，导致孩子被溺爱。

长期受到溺爱的孩子可能变得自私自利，缺乏同理心和责任感。他们可能只关注自己的利益和需求，忽视了他人的感受和权益。这样的孩子在社会交往中可能会遇到困难，无法与他人建立良好的关系。

同时，过分依赖家长的孩子可能缺乏独立性和抗压能力。他们可能无法面对生活的挑战和困难，容易陷入焦虑和沮丧的情绪中。这样的孩子在面对挫折时可能会一蹶不振，无法独立解决问题。

溺爱环境下成长的孩子还可能表现出任性、蛮横等不良行为。他们可能缺

乏纪律意识和规则意识，无法适应社会的规范和约束。这样的行为可能会让他们在社会中受到排斥或被孤立。

四、专制育儿：独断专行的教育方式

专制育儿往往源于家长的传统观念和自负心理。一些家长认为自己做的一切都是对的，孩子应该无条件服从。他们忽视孩子的个体差异和独立思考能力，采取独断专行的教育方式。

长期受到压制的孩子可能产生逆反心理，与家长产生对抗情绪。他们可能表现出叛逆、不服从的行为，与家长的关系也会变得紧张和对立。这样的亲子关系将严重影响家庭氛围和孩子的成长环境。

同时，专制的教育方式可能导致孩子不愿与家长沟通，从而影响亲子关系。孩子可能会觉得家长不理解自己、不关心自己的感受和需求，从而选择沉默和逃避。这样的沟通障碍将使家长无法了解孩子的真实想法和需求，无法提供有效的帮助和支持。

此外，过分严厉的教育环境可能导致孩子出现焦虑、自卑等心理问题。他们可能对自己的能力和价值产生怀疑，缺乏自信心和自尊心。这样的心理问题将严重影响孩子的自我认知和自我发展。

五、任其发展：缺乏科学的育儿方法和经验

任其发展往往源于家长的育儿知识和经验的缺乏。一些家长没有接受过系统的育儿培训，也不懂得如何与孩子建立良好的亲子关系和进行有效的沟通。他们可能缺乏科学的育儿方法和经验，无法为孩子提供全面的教育和培养。

缺乏科学的育儿方法可能导致孩子无法得到全面的教育和培养。从而可能导致他们缺乏必要的知识和技能，无法适应社会的需求和挑战。这样的孩子在未来可能会面临就业困难、社交障碍等问题。

同时，没有设定科学合理的预期和规则，孩子可能表现出不良行为。他们可能缺乏纪律意识和规则意识，无法控制自己的行为和情绪。这样的行为可能

会让他们在社会中受到排斥和惩罚。

最后，缺乏有效的沟通和互动，亲子关系可能变得疏远。家长和孩子之间可能出现隔阂和误解，影响彼此的情感和信任。这样的亲子关系将使孩子感到孤独和无助，无法从家庭中获得温暖和支持。

为了改善这一现状，家长需要不断学习科学的育儿知识和方法，关注孩子的个体差异和全面发展需求，建立良好的亲子关系和有效的沟通机制。同时，学校、社会也需要提供更多的育儿支持和资源，帮助家长更好地履行育儿职责，为孩子的健康成长创造更好的环境。

家庭教育：塑造孩子未来的基石

家庭教育，作为孩子成长的第一课堂，其重要性不言而喻。它不仅是孩子性格、习惯、价值观形成的关键环节，更是孩子未来社会适应能力和人生幸福感的重要基石。在当今社会，随着教育理念的不断更新和家庭教育实践的深入探索，我们越发认识到，家庭教育不仅是知识的传授，更是情感的沟通、品德的熏陶和人格的塑造。

一、家庭教育的核心：爱与陪伴

家庭教育的核心在于爱与陪伴。爱是家庭教育的基石，它让孩子感受到温暖和安全，从而建立起对世界的信任和好奇。陪伴则是爱的延续，它让孩子在成长的过程中不感到孤单，学会如何与人相处，如何面对生活的起起伏伏。

爱的表达：家长应该通过言语、行动和态度，向孩子传递爱的信息，包括鼓励、赞美、理解和支持。让孩子知道，无论他们做得如何，都会得到家长的爱和接纳。

陪伴的力量：家长应该尽可能地陪伴孩子，参与他们的成长过程。这并不意味着要时刻盯着孩子，而是要在孩子需要的时候，给予他们关注和支持。通过陪伴，家长可以更好地了解孩子的需求和困惑，从而给予更有针对性的指导和帮助。

二、家庭教育的目标：培养全面发展的人

家庭教育的目标不仅是让孩子取得学业上的成功，更重要的是培养他们成为全面发展的人，包括智力、情感、社交、道德和身体等多个方面。

智力的培养：家长应该鼓励孩子探索未知，培养他们的好奇心和求知欲。

通过提供丰富的学习资源和环境，激发孩子的学习兴趣和动力。

情感的发展：家长应该关注孩子的情感需求，教会他们如何表达自己的情感，并学会理解和接纳他人的情感。通过情感的交流和共鸣，增强孩子的情感认知和情感管理能力。

社交技能的培养：家长应该鼓励孩子与他人交往，学会合作和分享。通过组织家庭活动、社区活动等，提供孩子与他人互动的机会，培养他们的社交技能和团队精神。

道德品质的塑造：家长应该通过言传身教，培养孩子的道德品质，包括诚实、善良、宽容、尊重他人等。通过日常生活的点滴细节，让孩子学会如何为人处世。

身体素质的提升：家长应该关注孩子的身体健康，鼓励他们参与体育活动和锻炼。通过培养良好的生活习惯和运动习惯，提升孩子的身体素质和免疫力。

三、家庭教育的策略：因材施教与积极引导

每个孩子都是独一无二的个体，他们有着不同的天赋、兴趣和需求。因此，家庭教育需要因材施教，根据孩子的具体情况制定个性化的教育方案。

了解孩子的特点：家长应该通过观察、交流和测试等方式，了解孩子的性格特点、兴趣爱好和学习风格。这有助于家长更准确地把握孩子的需求和潜力，从而制订更有针对性的教育计划。

制定个性化的教育方案：根据孩子的特点，家长应该制定个性化的教育方案，包括学习内容的选择、学习方法的指导及学习进度的安排等。通过个性化的教育方案，让孩子在适合自己的节奏和方式下进行学习和发展。

积极引导与激励：在家庭教育中，家长应该扮演引导者和激励者的角色。他们应该鼓励孩子探索未知，尝试新事物，并给予他们及时的肯定和鼓励。当孩子遇到困难时，家长应该给予他们支持和帮助，让他们学会如何面对挑战和困难。

四、家庭教育的挑战与应对

在家庭教育的过程中，家长和孩子都会面临各种挑战。这些挑战可能来自学业压力、人际关系、情绪波动等方面。为了有效应对这些挑战，家长需要采取一些具体的策略和方法。

学业压力的应对：家长应该与孩子一起制订合理的学习计划，避免过度压力。同时，家长也要学会调整自己的心态，不要过分焦虑孩子的学业成绩。通过鼓励和支持，让孩子学会如何平衡学习和休息的关系。

人际关系的处理：在家庭教育中，家长应该教会孩子如何处理人际关系，包括学会倾听、表达和理解他人的情感和需求。当孩子遇到人际冲突时，家长应该给予他们指导和帮助，让他们学会如何解决问题并修复关系。

情绪波动的应对：家长应该关注孩子的情绪变化，教会他们如何识别和管理自己的情绪。当孩子出现情绪波动时，家长应该给予他们理解和支持，并帮助他们找到合适的情绪调节方法。

五、家庭教育的创新与探索

随着社会的不断发展和教育理念的更新，家庭教育也需要不断创新和探索。家长应该积极尝试新的教育方法和策略，以适应孩子不断变化的需求和发展。

引入新的教育理念：家长可以关注最新的教育研究成果和教育理念，如全人教育、积极心理学等。这些新的教育理念可以为家庭教育提供新的思路和方法。

利用现代科技手段：家长可以利用现代科技手段来辅助家庭教育。例如，使用在线学习资源、教育应用程序等，为孩子提供更丰富、更便捷的学习体验。

鼓励孩子参与社会实践：家长可以鼓励孩子参与社会实践活动，如志愿服务、社区活动等。通过参与社会实践，孩子可以更好地了解社会、增强社会责任感，并培养实际操作能力和团队合作精神。

六、家庭教育的持续性与延续性

家庭教育是一个长期的过程，它伴随孩子的成长并持续进行。为了确保家庭教育的持续性和延续性，家长需要采取一些具体的措施和方法。

建立良好的家庭氛围：家庭氛围对孩子的成长有着重要的影响。家长应该努力营造一个温馨、和谐、充满爱的家庭氛围，让孩子在这样的环境中健康成长。

保持与孩子的沟通：家长应该时刻保持与孩子的沟通，了解他们的想法、需求和困惑。通过沟通，家长可以更好地把握孩子的成长动态，并及时给予指导和帮助。

不断更新家庭教育观念和方法：随着孩子的成长和社会的进步，家庭教育观念和方法也需要不断更新。家长应该保持学习的态度，不断汲取新的教育理念和知识，以更好地适应孩子的成长需求。

七、家庭教育的深远影响与未来展望

家庭教育不仅影响着孩子的成长和发展，还对整个社会产生着深远的影响。一个受到良好家庭教育的孩子，更有可能成为一个有责任感、有爱心、有创造力的人，可以为社会作出积极的贡献。

对孩子个人的影响：良好的家庭教育可以为孩子打下坚实的基础，让他们在学业、事业和人生道路上更加顺利。同时，家庭教育还可以培养孩子的品德和人格，让他们成为更加优秀、更加完整的人。

对社会的影响：家庭教育的质量直接影响着社会的未来。一个受到良好家庭教育的孩子，更有可能成为一个有道德、有法律意识、有社会责任感的人。这样的孩子在社会中会发挥积极的作用，推动社会的进步和发展。

未来展望：随着社会的不断发展和教育理念的更新，家庭教育将面临更多的挑战和机遇。未来，我们需要更加注重家庭教育的科学性和实效性，不断探索和创新适合不同孩子和家庭的教育方法和策略。同时，我们还需要加强家庭教育的宣传和推广，让更多的家长认识到家庭教育的重要性，并学会如何进行有效的家庭教育。

　　总之，家庭教育是孩子成长过程中不可或缺的一部分。它不仅是知识的传授，更是情感的沟通、品德的熏陶和人格的塑造。通过爱与陪伴、设置全面发展的目标，设计因材施教与积极引导的策略，我们可以为孩子打造一个健康、快乐的成长环境。同时，面对挑战与创新，我们需要不断探索和尝试新的教育方法和策略，以适应孩子不断变化的需求和发展。最终，我们希望每个孩子都能在家庭教育的滋养下茁壮成长，成为社会的栋梁之材。

唤醒婴幼儿成长

在婴幼儿期，孩子的身心发展极为迅速，对外界环境充满好奇和探索欲望。这一阶段是形成孩子基本认知、情感和社会行为的关键时期。因此，通过唤醒教育激发孩子的潜能和智慧至关重要。为了促进其主动发展，在婴幼儿期，唤醒教育应关注以下几个方面。

第一，感知觉的唤醒。提供多样化的感官刺激，如色彩鲜艳的玩具、不同材质的触感体验等，以促进孩子的感知觉发展。

曾有研究表明，多感官环境刺激对婴幼儿发展有着积极的影响，研究者设计了一个充满各种颜色、形状、质地和声音的婴幼儿活动室。通过定期更换和增加新的刺激元素，如悬挂移动的彩色装饰、放置不同材质的触感玩具、播放轻柔的音乐等，研究者对婴幼儿在此环境中的表现进行了详细的观察与记录。结果发现，与常规环境相比，多感官环境刺激下的婴幼儿在注意力集中、手眼协调、言语模仿及社交互动等方面表现出更显著的进步。这一研究表明，通过精心设计的多感官环境刺激，可以有效地唤醒婴幼儿的感知觉和认知能力。

在孩子的日常成长中，家长可以为孩子准备各种形状、颜色和大小的积木，鼓励孩子自由探索和搭建。通过触摸不同材质的积木，孩子不仅能锻炼手部肌肉，还能培养空间感知能力。此外，家长还可以引导孩子通过嗅觉、味觉和听觉来感知周围环境，如闻花香、品尝水果、聆听风声等。这种多元化的感官体验能够更有效地唤醒婴幼儿的感知觉发展，还可以通过以下一些游戏来完成婴幼儿感知觉的唤醒。

游戏一：触感探索游戏

为婴幼儿准备不同材质、形状和大小的物品，如软毛球、硬塑料积木、绒毛玩具等。让他们自由地抓握、摸索和感受这些物品的表面和质地。家长可以引导婴幼儿描述他们的触感体验，如"这个感觉软绵绵的，好像云朵一样"或

"这个硬硬的，像石头一样"，这种活动不仅有助于培养婴幼儿的触觉感知能力，还能丰富他们的词汇和语言表达能力。

游戏二：听觉辨别游戏

家长可以为婴幼儿播放各种声音，如动物的叫声、乐器的声音、自然界的风声雨声等。让婴幼儿尝试辨别和模仿这些声音，同时引导他们用语言描述自己的听觉感受。这种活动有助于培养婴幼儿的听觉敏感性和辨别能力，提高他们的注意力和专注力。

游戏三：视觉刺激游戏

利用色彩鲜艳、图案简单的图画或玩具，为婴幼儿提供视觉刺激。家长可以引导婴幼儿观察图画中的细节，如颜色、形状和大小等，并鼓励他们用语言描述自己的发现。此外，还可以进行简单的视觉追踪游戏，如用玩具在婴幼儿眼前移动，让他们追踪玩具的轨迹。这种活动有助于培养婴幼儿的视觉感知能力和注意力。

游戏四：味觉体验游戏

在安全的前提下，让婴幼儿尝试不同口味的食物，如甜的水果、酸的果汁、咸的饼干等。让他们尝试不同的味道，并鼓励他们用语言描述自己的味觉感受，如"这个苹果好甜啊"或"这个饼干有点咸"。这种活动有助于培养婴幼儿的味觉感知能力，同时也有助于他们形成健康的饮食习惯。

游戏五：嗅觉辨识游戏

为婴幼儿准备不同气味的物品，如香水、食物调料、花朵等。让他们嗅闻这些物品的气味，并尝试辨别和描述它们的特点。家长可以引导婴幼儿用语言描述自己的嗅觉感受，如"这个闻起来好香啊，像是花朵的味道"或"这个闻起来有点辣，像是辣椒的味道"。这种活动有助于培养婴幼儿的嗅觉感知能力和语言表达能力。

这些游戏旨在通过感知觉的唤醒来促进婴幼儿的全面发展。家长和教育者可以根据婴幼儿的实际情况和需求，灵活选择和应用这些游戏，为他们的感知觉发展提供有力的支持。同时，也要注意活动的安全性和适宜性，确保婴幼儿在轻松、愉快的氛围中健康成长。

第二，动作的唤醒。陪伴孩子，鼓励孩子多参与各类活动，通过一些有趣的亲子游戏，以及对精细动作和粗放动作项目的探索，培养孩子的协调能力和动手能力。

一项引人瞩目的实验为我们提供了有力的证据。在这项实验中，研究者选取了一组在爬行、翻滚等动作上表现迟缓的婴幼儿，并为他们量身定制了一套有针对性的早期运动训练方案。通过定期的运动训练，包括引导婴幼儿进行各种爬行、翻滚、抓握等动作，研究者发现这些婴幼儿在动作协调性、肌肉力量和平衡感等方面都有显著的改善。这一案例说明，通过提供适当的早期运动经验，可以有效地唤醒婴幼儿的动作发展潜能。下面，我们分享几个具体的动作唤醒方法。

方法一：悬吊玩具引诱抓握

对于刚开始探索世界的婴儿，可以在他们视觉上方悬挂一个颜色鲜艳、能发出悦耳声音的玩具。当婴儿挥动手臂或踢动腿时，玩具会随之轻轻摆动并发出声音，这不仅能吸引他们的注意力，还能激发他们的好奇心和抓握欲望。通过不断调整玩具的高度和位置，可以引导婴儿做出更多的伸手、抓握和拉扯等动作，从而促进手眼协调和肌肉力量的发展。

方法二：爬行垫上的挑战之旅

为鼓励婴儿爬行，可以在爬行垫上设置一系列趣味障碍物，如柔软的小枕头、彩色的软垫或迷你隧道等。家长可以引导婴儿爬过这些障碍物，或在障碍物旁放置他们喜爱的玩具作为"诱饵"，增强他们爬行的动力。这一活动不仅有助于锻炼婴儿的肌肉力量和协调性，还能培养他们的空间认知能力和初步解决问题的能力。

方法三：亲子舞蹈与模仿秀

家长可以与婴儿一起做出简单的舞蹈动作，如拍手、踩脚、旋转等，享受亲子共舞的乐趣。婴儿在模仿家长舞蹈动作的过程中，不仅能学习到丰富的身体语言和节奏感，还能增进亲子间的情感，同时促进大肌肉运动能力和协调性的发展。

方法四：积木的搭建与探索

家长可以利用大小适中的积木，与婴儿一起玩搭积木的游戏。首先引导婴儿观察家长如何搭积木，随后鼓励他们自己尝试。当积木搭到一定高度时，可以引导婴儿用手轻轻推倒，感受积木倒塌的瞬间。这个游戏不仅能锻炼婴儿的手部精细动作，还能培养他们的空间感知能力和对因果关系的初步认知。

方法五：球类游戏的引入

随着婴儿的成长，可以引入一些简单的球类游戏，如滚球、接球等。家长可以与婴儿一起滚球，并鼓励他们尝试接住滚来的球。这种游戏不仅能锻炼婴儿的手眼协调能力，还能培养他们的反应能力和注意力集中能力。

方法六：探索绘画小天地

为婴幼儿提供安全的绘画工具，如无毒水彩笔和大纸张，让他们随意涂鸦。这种活动不仅可以锻炼婴幼儿的手部肌肉，提高精细动作能力，还可以通过探索不同的颜色和线条来刺激他们的创造力和想象力。

方法七：生活自理能力培养

在日常生活中，鼓励婴幼儿参与一些简单的自理活动，如自己拿奶瓶、用小勺吃饭、尝试穿脱简单的衣物等。这些活动既可以帮助他们建立对身体各部分的控制和协调能力，同时也有助于培养他们的独立性和自信心。

方法八：户外运动体验

在天气适宜的情况下，带婴幼儿到户外进行活动，如散步、滑梯、秋千等。户外活动可以提供更广阔的空间和多样的刺激，有助于婴幼儿发展大肌肉运动能力、平衡感和空间感知能力。同时，户外的新鲜空气和阳光也有助于婴幼儿的身体健康。

方法九：动物世界模仿秀

与婴幼儿一起玩模仿动物的游戏，如模仿小猫走路、小狗跑步、小鸟飞翔等。这种游戏可以激发婴幼儿的好奇心，引导他们观察并模仿不同动物的动作特征，从而锻炼他们的身体协调性和模仿能力。

这些方法都是基于动作唤醒婴幼儿成长的理念设计的，旨在通过丰富多样的动作体验来促进婴幼儿的全面发展。家长和教育者可以根据婴幼儿的兴趣和能力水平灵活选择和应用这些案例，为他们的成长提供有力的支持。同时，也要注意活动的安全性和适宜性，确保婴幼儿在轻松、愉快的氛围中健康成长。

第三，语言的唤醒。多与孩子交流，为他们创造一个丰富多样的语言环境，如唱歌、讲故事等，以促进孩子的语言感知、理解和表达能力。下面为一些具体的操作方法。

方法一：亲子共读时光

选择适合婴幼儿年龄的绘本或图画书，家长与婴幼儿一起阅读。在阅读过程中，家长可以用生动的语言和表情为婴幼儿讲述故事，引导他们观察图画并鼓励他们发表自己的想法。这种活动不仅有助于婴幼儿词汇量的积累，还能培养他们的阅读兴趣和语言表达能力。

方法二：日常对话交流

在日常生活中，家长可以与婴幼儿进行频繁的对话交流。比如，在换尿布、喂食或穿衣等日常护理活动中，家长可以一边操作一边用简单的语言描述正在做的事情，并鼓励孩子模仿和回应。这种自然的语言环境有助于婴幼儿建立语言与日常生活之间的联系，提高他们的语言理解能力。

方法三：儿歌与童谣的熏陶

家长可以选择一些节奏明快、内容简单的儿歌或童谣，与孩子一起哼唱。在哼唱过程中，家长可以引导婴幼儿模仿歌词中的发音和节奏，帮助他们建立语音感知和节奏感。这种活动不仅能让婴幼儿感受到语言的韵律美，还能培养他们的听力理解能力和口语表达能力。

方法四：角色扮演游戏

家长可以与婴幼儿一起玩角色扮演游戏，如扮演医生、警察、教师等。在游戏中，家长可以与婴幼儿进行对话互动，引导他们用语言表达自己的想法和行动。这种游戏不仅能激发婴幼儿的想象力，还能帮助他们更好地理解和运用语言。

方法五：细致描述与观察

当婴幼儿关注某个物体或事件时，家长可以抓住机会用描述性的语言为他们提供详细信息。比如，当婴幼儿看到一只小鸟时，家长可以说："看，那是一只小鸟，它的羽毛是褐色的，它的嘴巴尖尖的，它正在树上唱歌。"这种描述性的语言输入有助于婴幼儿建立丰富的语言表象，提高他们的语言理解能力和表达能力。

方法六：手指谣与语言配合

家长可以与婴幼儿一起玩手指谣游戏，如《五指歌》等。在游戏过程中，家长边念歌谣边示范手指动作，引导孩子模仿并理解歌谣中的语言内容。这种活动不仅能锻炼孩子的手部协调能力，还能在游戏过程中促进他们的语言学习和理解能力。

方法七：言语模仿游戏

家长可以与婴幼儿进行言语模仿游戏，如模仿动物的叫声、交通工具的声音等。在游戏中，家长先发出某种声音，然后鼓励婴幼儿模仿。这种游戏可以激发婴幼儿的言语模仿兴趣，提高他们的语音感知和发音能力。

方法八：语言拼图游戏

家长可以准备一些简单的图片或物品，然后将它们的名称写在卡片上。接着，家长与婴幼儿一起玩拼图游戏，让他们根据卡片上的名称找到对应的图片或物品。这种游戏可以帮助婴幼儿建立语言与实物之间的联系，提高他们的词汇量和语言表达能力。

方法九：语言日记

家长可以为婴幼儿创建一份语言日记，记录他们每天的新词汇、新句子或有趣的对话。在记录过程中，家长可以与婴幼儿一起回顾和讨论这些内容，帮助他们巩固语言知识并提高表达能力。这种活动还能让婴幼儿感受到自己的语言成长过程，增强他们的自信心和成就感。

方法十：多媒体资源利用

家长可以利用一些适合婴幼儿的多媒体资源，如儿歌动画、教育 App 等，为婴幼儿提供丰富的语言输入和学习机会。在使用多媒体资源时，家长可以与婴幼儿一起观看、讨论和互动，引导他们理解和运用其中的语言内容。这种活动不仅能激发婴幼儿的学习兴趣，还能让他们在轻松愉快的氛围中提升语言能力。

这些案例都是基于语言唤醒婴幼儿成长的理念设计的，旨在通过丰富多样的语言体验来促进婴幼儿的全面发展。家长和教育者可以根据婴幼儿的兴趣和能力水平灵活地选择和应用这些案例，为他们的语言发展提供有力的支持。同时，也要注意与婴幼儿的互动方式和语言输入的适宜性，确保他们在轻松、愉快的氛围中健康成长。

第四，情感的唤醒：给予孩子充分的关爱和安全感，满足他们的情感需求，以培养孩子的情感表达能力和社交技能。下面为一些具体操作的方法。

方法一：亲子面部表情互动

家长可以与婴幼儿进行面部表情的互动游戏。例如，当家长做出开心、难过、惊讶等表情时，应鼓励婴幼儿模仿并理解这些表情所代表的情感。这种互动有助于婴幼儿建立情感识别和表达能力，同时增强亲子间的情感联系。

方法二：情感标签与讨论

在日常生活中，家长可以为婴幼儿遇到的情感经历贴上情感标签，如"高兴""难过""生气"等。然后与婴幼儿一起讨论这些情感的出现原因和表达方式。这种做法有助于婴幼儿更好地理解自己的情感，并学会用语言来表达和分享。

方法三：情感安抚与疏导

当婴幼儿出现负面情绪时，如哭泣、焦虑等，家长可以通过温柔的语言、拥抱或轻拍等方式进行安抚。同时，引导婴幼儿用简单的语言描述自己的感受，帮助他们疏导情绪并找到解决问题的方法。这种情感支持有助于婴幼儿建立安全感，并培养他们的情绪调节能力。

方法四：情感故事分享

家长可以选择一些富含情感色彩的故事书或绘本，与婴幼儿一起分享。在阅读过程中，家长可以引导婴幼儿关注故事中的角色情感变化，并讨论这些情感背后的原因和意义。这种活动不仅有助于婴幼儿的情感发展，还能提高他们的阅读兴趣和理解能力。

方法五：亲子共舞与情感释放

家长可以与婴幼儿一起进行舞蹈活动，选择节奏明快、情感丰富的音乐。在舞蹈过程中，鼓励婴幼儿自由表达情感，通过动作和表情来释放内心的喜悦、兴奋等情绪。这种活动不仅能增进亲子间的情感联系，还能帮助婴幼儿更好地理解和表达自己的情感。

方法六：情感日记

家长可以为婴幼儿创建一份情感日记，记录他们每天的情感变化和重要的情感经历。这可以通过简单的文字描述、绘画、照片或视频等方式来实现。例如，当婴幼儿感到开心时，家长可以拍下他们笑脸的照片或视频，并记录在日记中；当婴幼儿遇到困难或感到难过时，家长可以引导他们用简单的绘画来表达自己的情感，并将其记录在日记中。

在记录过程中，家长可以与婴幼儿一起回顾和讨论这些情感经历，帮助他们更好地理解自己的情感变化，并学会用适当的方式来表达和应对。这种活动不仅能增强家长与婴幼儿之间的情感联系，还能促进婴幼儿的情感认知和情感表达能力的发展。

此外，情感日记还可以成为家长了解婴幼儿内心世界的一个重要窗口，有助于家长更加敏锐地捕捉和回应婴幼儿的情感需求，为他们提供更加个性化的关爱和支持。同时，通过长期坚持记录情感日记，家长和婴幼儿还可以一起回顾和感受成长的点滴变化，共同创造一份珍贵的情感回忆。

这些案例旨在通过情感唤醒的方式促进婴幼儿的情感发展和健康成长。家长和教育者可以根据婴幼儿的实际情况和需求，灵活选择和应用这些案例，为他们的情感发展提供有力的支持。

唤醒婴幼儿成长是一个复杂而又富有挑战性的任务。本书只是为家长和教育者提供了一些参考和建议。然而，每个孩子都是独一无二的个体，我们需要在实际操作中不断尝试、调整和完善教育方法，以更好地促进他们的全面和谐发展。

唤醒学龄前儿童成长

在生命的画卷中，学龄前儿童时期犹如一张等待绘制的白纸，充满了无限的可能与期待。这一阶段的孩子，思想清澈透明，如同山间清泉，未经世俗的熏染，具有极强的可塑性。正因如此，幼儿园阶段的启蒙教育以及紧接着的学龄初期教育，成为塑造孩子未来人格、激发其内在潜能的关键。教育者和家长在这一黄金时期肩负着唤醒孩子潜能、引导他们正确成长的重大责任。

作为一名孩子的家长，面对这张纯净无瑕、充满无限可能的"白纸"，我们应该如何下笔，才能勾勒出一幅快乐成长、热爱学习、具有创新和智慧、富有生命情感、能换位思考、尊重他人的美好蓝图，才能在孩子的心灵深处构建起正确的生命观、成长观、学习观、价值观和人生观呢？

首先，要唤醒孩子对生命的敬畏与热爱。通过日常生活中的点滴教导，让孩子学会珍惜生命、关爱自然，培养他们的同情心和责任感。可以带孩子亲近大自然，感受生命的多样性与神奇，让他们明白每个生命都值得被尊重和呵护。

①亲子共读生命主题绘本：选择有关生命、自然、动植物的故事书，每天固定时间与孩子共读，让孩子从故事中感受到生命的神奇和美好。

②带孩子亲近自然：利用周末或节假日，带孩子到公园、动物园、植物园等地方，让孩子亲身感受大自然的生机，教导他们爱护环境、珍惜生命。

③饲养小宠物：如果条件允许，可以让孩子饲养小鱼、小龟或小猫小狗等，通过照顾小生命，培养孩子的责任感和爱心。

④生命体验游戏：设计一些简单的角色扮演游戏，如"我是小树苗""动物医院"等，让孩子在游戏中体验不同生命体的感受，培养同理心。

⑤生命日记：鼓励孩子每天记录一件与生命相关的小事，如观察到的小鸟、家中的植物变化等，培养孩子观察生命、感悟生命的习惯。

⑥环保实践：与孩子一起参与家庭垃圾分类、节约用水等环保行动，让孩子从小明白保护环境就是保护生命。

通过这些具体的方法和活动，可以唤醒孩子对生命的敬畏与热爱，为他们的健康成长奠定坚实的基础。

其次，要唤醒孩子的成长意识。在成长的道路上，孩子需要学会独立面对挑战、勇敢克服困难。教育者和家长应鼓励孩子尝试新事物，即使失败了也要给予积极的反馈，让他们明白失败并不可怕，重要的是从中学到经验和教训。同时，要培养孩子的自我管理能力，让他们学会规划时间、设定目标，并逐步养成良好的学习和生活习惯。

①日常任务委派。给孩子分配一些简单的日常任务，如整理玩具、帮忙浇花等，完成后给予正面反馈，让孩子感受到成长的喜悦和责任的重要性。比如，让孩子进行玩具分类整理，如积木类、娃娃类、车类等，并鼓励他们每次玩完后自己整理归位。这不仅能培养孩子的秩序感，还能让他们意识到自己的行为对环境的影响。也可让孩子成为家庭小帮手，根据孩子的兴趣和能力，委派一些简单的家务任务，如帮忙择菜、扔垃圾等。完成后给予具体的表扬和鼓励，如"你帮妈妈扔垃圾，真是妈妈的好帮手！"让孩子感受到自己的价值和成长。

②制作成长记录本。记录孩子的点滴进步和成长瞬间，定期与孩子一起回顾，让他们看到自己的变化和成长。比如，制作成长相册。定期拍摄孩子的照片，记录他们的身高、体重等成长数据，以及特殊的成长瞬间，如第一次走路、第一次自己吃饭等。这些照片和数据可以制作成相册或成长曲线图，让孩子直观地看到自己的成长变化；还可以写成长日记。鼓励孩子用画画或简单的文字记录每天发生的事情和自己的感受。家长可以陪伴孩子一起回顾和讨论这些记录，引导他们思考自己的行为和情绪，以及如何更好地处理问题。

③鼓励尝试新事物：提供机会让孩子尝试不同的活动和玩具，即使失败了也要鼓励他们再试一次，帮助他们建立面对挑战的勇气。比如，为孩子提供各种不同的玩具和材料，如积木、沙子、画笔等，让他们自由探索和尝试。即使孩子一开始不知道如何玩或做得不好，家长也要耐心引导，鼓励他们多尝试几次。

④还可以和孩子一起探索新事物。家长可以带孩子一起尝试一些新事物，如学习新的舞蹈动作、制作简单的烘焙食品等。在这个过程中，家长要表现出对新事物的热情和好奇心，用自己的行为感染孩子，让孩子感受到尝试新事物

的乐趣和成就感。在日常生活中，给孩子提供一些选择的机会，如选择穿哪件衣服、玩哪个玩具等。这可以让孩子感受到自己的决策能力，培养他们的自主意识；家长要学会逐渐放手。随着孩子年龄的增长和能力的提高，家长要逐渐放手让孩子独立完成一些任务，如自己穿衣服、洗手等。即使孩子一开始做得不够好，家长也要给予耐心和指导，让他们在尝试中不断成长。

通过以上具体做法，可以更好地唤醒孩子的成长意识，帮助他们在成长的道路上不断前进。

再次，要唤醒孩子对学习的热情。学习不仅是为了获取知识，更是一种探索未知世界的乐趣。家长应创设有趣的学习环境，引导孩子发现学习的乐趣，激发他们的好奇心和求知欲。同时，要尊重孩子的兴趣爱好，鼓励他们在感兴趣的领域深入探索，培养他们的专注力和创造力。

①创设互动学习环境：在幼儿活动区域设置互动墙或小黑板，鼓励孩子随意涂鸦、张贴作品，让学习空间成为他们自由表达和创造的天地。在家中设立一面涂鸦墙，允许孩子随意涂画，这不仅能满足他们的创作欲望，还能培养他们的艺术兴趣。还可设立一个作品展示区，展示孩子的画作、手工作品等，让他们感受到自己的作品被重视。

②生活即教育：利用日常细节，如一起准备食材时教孩子认识水果和蔬菜，外出时教他们观察自然环境和动植物，让学习融入生活的点滴。在准备饭菜时，让孩子参与进来，如让他们帮忙剥豆、洗菜，同时教他们认识各种食材。在外出散步时，引导孩子观察花草树木、昆虫鸟类，培养他们的自然观察力和好奇心。

③亲子共读时光：定期安排固定的亲子共读时间，选择适合幼儿年龄的有趣的图画书，通过讲述和角色扮演，激发孩子对故事和知识的兴趣，让孩子在故事中学习知识和道理。在阅读过程中，通过提问和讨论，引导孩子思考和理解故事内容。

④鼓励尝试与赞赏：当孩子尝试新事物或完成任务时，无论结果如何，都给予积极的鼓励和赞赏，让孩子感受到探索和学习的乐趣。当孩子尝试新事物或完成任务时，不要只看结果，更需要肯定过程，要给予积极的鼓励和赞赏，如"你这次有了很大的进步""我为你感到骄傲"等。另外，还可设立一个"成功罐"，每当孩子完成一个任务或学会一个新技能时，就往罐子里放一张小纸

条，记录他们的成功瞬间。

最后，要唤醒孩子的价值判断和人生追求。在孩子幼小的心灵中播下正直、善良、宽容的种子，让他们学会分辨是非、善恶，形成正确的道德观念。同时，引导孩子思考人生的意义和价值，鼓励他们追求真善美，远离假恶丑，努力成为一个有责任感、有担当、有情怀的人。

①故事引导：选择富含道德教育和人生哲理的绘本，定期与孩子共读，通过故事中的角色和情节，引导孩子初步理解善恶、美丑、真假等价值判断。在日常生活中，结合孩子遇到的实际情况，用故事中的道理来引导他们做出正确的选择。

②树立榜样：家长自身的行为和态度是幼儿最直接的模仿对象。家长应展示出积极、正直、有爱心的品质，成为孩子正面的榜样。当孩子表现出善良、分享、合作等行为时，家长要及时给予肯定和鼓励，强化这些正面价值。

③生活实践：在日常生活中，让孩子参与简单的家务劳动，培养他们的责任感和奉献精神。在购物时，教孩子比较不同品牌、不同规格商品的价格和质量，初步培养他们的价值判断和消费观念。

在孩子成长萌芽的这一黄金时段，家长如同孩子心灵的园丁，需要对孩子细心呵护、耐心引导。只有这样，才能在他们幼小心灵的深处培育出正确的生命观、成长观、学习观、价值观和人生观，最终使其茁壮成长为社会的栋梁之材。

唤醒警觉：电子产品对孩子成长的隐形侵害

在当今这个数字化、信息化高度融合的时代，电子产品已如影随形，渗透到人们生活的每个角落，尤其是在孩子的成长环境中，电子产品似乎已成为他们不可或缺的数字"玩伴"。然而，我们必须唤醒警觉，这些表面上充满吸引力的"伙伴"，实则暗藏着对孩子身心健康构成潜在威胁的阴影。因此，我们亟须积极采取措施保护孩子免受其隐形侵害，确保他们在享受科技便利的同时，也能健康成长。

对于电子产品的使用问题，不同人有不同的见解，但毫无争议的是，婴幼儿使用电子产品，弊远大于利。下面是一个鲜活的案例。

大鹏和小飞是一对年龄相仿的兄弟，由于父母工作忙，大鹏由姥姥姥爷带在身边照顾，而小飞则交由爷爷奶奶看管。尽管同出一脉，他们却因"手机管理"的不同，走上了截然不同的人生轨迹。

自幼年起，大鹏在姥姥姥爷的悉心照料下，远离了电子产品的诱惑。他们注重培养大鹏的阅读兴趣，通过亲子共读和户外活动，让大鹏的世界充满了色彩与活力。这样的成长环境，让大鹏不仅学业优异，更养成了自主学习、乐于助人和尊重他人的优良品质，成为众人眼中的小楷模。

反观小飞，在爷爷奶奶的溺爱下，手机成了他童年不可或缺的"伙伴"。起初，爷爷奶奶或许认为这只是哄孩子的权宜之计，殊不知，这一行为悄然间给小飞的成长埋下了隐患。随着时间的推移，"玩手机"成了"做作业"的交换条件，有次外出小飞与爸爸妈妈单独在一起，妈妈没给他手机，他就大哭大闹，还对妈妈大打出手，就这样小飞逐渐沉迷于虚拟世界，对学习失去了兴趣，甚至出现了逃课、对家长暴力相向等令人痛心的问题。这一切，都深刻地揭示了无节制使用手机对孩子成长的负面影响。

除此之外，电子产品对幼儿大脑的影响也是不容忽视的。0～7岁是幼儿大脑发育的关键期，此时不仅需要补充各种营养，还需要充足的睡眠时间和运动时间。其实，运动对孩子的大脑发育成长相当重要，运动能增强神经系统的协调性和灵活性、提高幼儿对外界的适应能力。但如果执迷于手机或其他电子产品（比如听天猫精灵讲故事），虽然大脑参与了，但肢体并没有加入，没有肢体与大脑两者之间的协调合作与反馈，大脑和身体就连接弱或失去连接，长此以往，孩子可能对自己身体的管控力下降，有时会做出意想不到的行为。

一、电子产品对孩子成长的隐形侵害

1. 影响孩子的参与力、社交能力、共情力以及专注力等

有的孩子长期看动画片、听音乐或听故事，貌似很认真、很专心，有时甚至吃饭、睡觉都需要这些相伴，但长期的结果就是不再愿意参与到同龄孩子的活动中，不再想去体验真实生活中的游戏、冲突、矛盾和解决方法等，从而没有了互动，没有情感的流淌，孩子的情感无从发展。越小的孩子，越需要到户外，到同龄人中，这才是最接地气的育儿理念。

2. 影响亲子关系

对于电子产品，尤其是手机，由于孩子的自控力弱，很容易让孩子产生依赖，如果处理方法不当，更易成为亲子关系的焦点，甚至还会强化孩子的错误认知，即"手机比学习更有趣"，家长错误的理念即"这孩子只爱玩手机不好好学习"，这种恶性循环，不仅会毁掉孩子，也会毁掉家庭。

3. 视力健康的严重威胁

大量研究数据表明，长时间盯着电子屏幕是导致孩子视力下降、近视率攀升的主要原因之一。电子屏幕释放的特定频段蓝光对视网膜有潜在损伤，长时间接触会导致眼疲劳、视力模糊，甚至发展成不可逆的近视。对于正处于视力发育关键期的孩子来说，这种伤害尤为严重。

4. 体态与骨骼健康的隐患

电子产品的便捷性和娱乐性使孩子越来越多地选择静态的生活方式，如长时间低头使用手机、平板电脑等。这种不良姿势会导致颈椎压力增大，引发颈椎病的风险增加；同时，缺乏运动也会影响骨骼的正常发育，增加骨折、脊柱侧弯等问题的发生概率。

5. 心理健康的潜在风险

过度依赖电子产品可能导致孩子与现实世界的互动减少，社交能力退化，情感发展受阻。虚拟世界的匿名性和距离感可能会使孩子在现实中感到孤独、焦虑，甚至产生抑郁等心理问题。此外，网络上的不良信息也可能对孩子的心理健康造成负面影响，如暴力倾向、性格扭曲等。

6. 认知与注意力的分散

电子产品中的丰富内容和不断更新的信息，会造成孩子的注意力难以集中，认知过程被频繁打断。这种碎片化的信息处理方式会削弱孩子的深度思考能力和专注力，从而影响他们的学习效果和创造力发展。长此以往，可能导致孩子在学习、工作等方面面临严重挑战。

7. 睡眠质量的显著降低

电子屏幕发出的蓝光会干扰人体内分泌系统，抑制褪黑素的正常分泌。褪黑素是一种重要的激素，负责调节人体的睡眠周期。因此，长时间使用电子产品会导致孩子的睡眠质量下降，表现为入睡困难、睡眠浅易醒等。睡眠不足会影响孩子的生长激素分泌，进而影响他们的身体发育和免疫力。

在孩子成长的过程中，我们该如何恰当使用电子产品呢？

我时常看到或听到家长喜欢用电子产品让孩子听故事，个人认为，每次听的故事不能过多，2 岁以下的孩子更要少听，2 ~ 3 岁的孩子让他们看简单的绘本或听 1 个三五分钟的故事就足够了；而 3 ~ 7 岁的孩子，倡导多购买一些故事绘本，鼓励孩子自主阅读或与家长一同翻阅，以此培养孩子的阅读习惯和加强亲子互动，每天形成习惯，尤其是晚上睡前时段。这种做法不仅能增进亲子关系，还能帮助孩子放松身心，进入良好的睡眠状态。若孩子仍希望听故事，也应将时间控制在 10 分钟以内，以免过度依赖电子产品。这些都能促进他们的身心健康和责任感培养。更重要的是，应通过日常生活中的点滴，教会孩子如何照顾自己和家人，培养他们的独立性和同理心，这将是他们成长道路上宝贵的财富。

二、理性使用手机

关于手机的使用，美国辛辛那提儿童医院医学中心的研究人员发现：学龄前儿童使用电子产品时间与大脑白质发育水平成反比线性关系，白质神经纤维是影响孩子语言学习、识字能力和认知水平的关键结构，玩手机成瘾的人，大脑白质的形成会受到影响，不仅如此，在孩子沉迷于手机时，他的心里总想着手机里的没打完的游戏、没有看完的电视、电子小说等，注意力压根儿就不能集中到学习上，无法专注于学习，更无法深入思考问题，表面看似在学习，也许大脑早已走神，严重者不能走出手机里的"世界"，很难全身心投入学习中。一旦专注力被破坏，孩子的学习效率、学习成绩乃至于智商都会受到影响。那么，在面对孩子玩手机这件事上，我们该如何处理呢？

首先，我们应理性引导孩子使用手机。

在小学阶段，不主张为孩子配备手机，可以通过以下方式解释：手机对于小学生来说，由于其体积小巧且易丢失，特别是在参与户外活动或游戏时，可能成为额外的负担，不利于孩子专注于当下的学习与探索。同时，强调手机的核心功能是沟通联系，因为家人，教师等都在身边，面对面交流更为直接有效，因此在这个阶段，完全没有必要用手机。

初中阶段，仍应鼓励孩子尽量减少手机使用。但由于受到校园环境或其他学生的影响，也不必把手机视为洪水猛兽，以免孩子产生逆反心理或被同龄人孤立。若确实认为有必要配备手机，应采取积极的管理措施：提前与孩子沟通，共同制定手机使用规则，并让孩子参与其中，增强其责任感和自我管理能力。举行家庭会议，正式宣布这些规则，如：上学期间不得使用手机；周末在完成所有作业及家庭任务后，可以使用 1 个小时；上厕所、吃饭等零碎时间不能玩；设立奖惩机制，如果违规 2 次，则减少使用时间至原来的一半；若违规三次，则暂时收回手机使用权。以此强化规则的严肃性和有效性，确保手机使用在可控且有益的范围内。

其次，最好是让孩子找到学习生活中的乐趣，带领孩子远离手机。

很多时候，孩子沉迷于玩手机、打游戏，是因为他们在现实生活和学习中找不到自己的乐趣和成就感。尤其对于学龄前的孩子而言，家长不要用手机、电视哄娃，要陪孩子出去运动、玩游戏等。在学校里，我们应开设具有链接真实生活的课程，让学生在课程中找到自己的兴趣和禀赋，凸显自己为班级、为社区、为他人服务的价值感，最终唤醒孩子的社会责任感，激发孩子不竭不灭的成长动力。

最后，家长要有良好的示范。

父母也应为孩子树立一个好的榜样，减少自己使用手机的时间，通过展示自己看书学习，为家庭美好生活而劳作的场景，带领孩子参与其中。都说父母是孩子最好的老师，只有当父母也做到了对手机的克制，才能更好地帮助孩子限制时间的使用，并且理直气壮地阻止孩子玩手机。

三、科学应对电子产品对孩子成长的侵害

面对电子产品对孩子成长的侵害，家长和教育工作者需要采取科学、系统的措施来保护孩子的健康成长。

1. 建立合理使用电子产品的时间和管理制度

家长应根据孩子的年龄和个性特点，制定合理的电子产品使用时间表。对于低龄儿童，应严格控制使用时间，避免过度接触；对于青少年，可以通过协

商和引导的方式，帮助他们建立自律的使用习惯。同时，家长也要以身作则，树立良好的榜样。

2. 引导健康使用电子产品

除控制使用时间外，家长和教师还需要引导孩子健康使用电子产品。例如，可以鼓励孩子使用电子产品进行学习、拓展知识面，选择有益身心健康的娱乐内容。同时，也要注意保护孩子的视力健康，如调整屏幕亮度、保持适当距离等。此外，还可以通过设置家长控制模式等技术手段，过滤不良信息，确保孩子在一个安全、健康的网络环境中成长。

3. 增加户外活动和体育锻炼时间

户外活动不仅可以增强孩子的身体素质，还可以增进他们与大自然的亲近感，拓宽其视野和丰富其经历。家长应该鼓励孩子多参与户外活动，如运动、旅行、社会实践等，让他们在现实世界中感受到成长的快乐和收获。同时，学校也可以增加体育课程和课间活动时间，为孩子提供更多的运动机会。

4. 加强情感交流与陪伴

面对电子产品的诱惑，孩子往往容易沉迷于虚拟世界而忽视了与身边人的情感交流。家长和教师需要注重与孩子的情感交流与陪伴，了解他们的内心世界和需求，帮助他们建立正确的价值观和人生观。可以通过定期的家庭活动、亲子阅读等方式增进亲子关系；同时，教师也可以通过课堂互动、课后辅导等方式与学生建立深厚的师生情谊。

5. 提供多元化的学习资源和成长环境

为了满足孩子全面发展的需求，家长和教育工作者需要提供多元化的学习资源和成长环境。除了传统的课堂学习，还可以利用图书馆、博物馆等公共资源拓宽孩子的知识面；同时，也可以鼓励孩子参加兴趣小组、社团活动等，培养他们的兴趣爱好和团队协作能力。此外，还可以引导孩子参与志愿服务等社会实践活动，增强他们的社会责任感和公民意识。

　　电子产品作为现代社会的重要组成部分，给我们的生活带来了诸多便利；然而对于孩子而言，过度依赖和使用电子产品会对他们的成长造成严重侵害。家长和教育工作者需要唤醒警觉并采取科学有效的措施来保护孩子的健康成长；同时也需要关注孩子的全面发展需求并为他们提供更加多元、丰富的教育资源和成长环境。展望未来，随着科技的不断进步和社会的发展变化，我们需要不断更新教育理念和方法，引导孩子合理使用电子产品并充分发挥其积极作用；同时也需要继续关注和研究电子产品对孩子成长的影响，以便及时采取有效的干预措施保障孩子的身心健康和全面发展。

唤醒小学阶段孩子成长

小学阶段是孩子成长的关键时期，这一时期的教育不仅关乎孩子基本生活技能的习得，更影响他们性格、价值观和世界观的形成。家庭，作为孩子最初接触的社会环境，其教育、示范及引领作用对孩子未来的发展具有不可估量的作用。

心理学家弗洛伊德认为，童年经历对个体性格的形成起着决定性作用。小学阶段的孩子正处于性格塑造的关键期，家庭中的亲子关系、教育方式及家庭氛围都会对孩子的性格发展产生深远影响。一个充满爱与支持的家庭环境有助于孩子形成积极、健康的性格特质。

教育家苏霍姆林斯基曾强调家庭教育在孩子成长中的重要作用。他认为，家庭是孩子的第一所学校，父母是孩子的第一任教师。在小学阶段，孩子的学习习惯、兴趣爱好及社交技能等都在逐渐形成，父母的言传身教对孩子的影响至关重要。父母的教育方式、价值观念都会潜移默化地影响孩子，成为他们未来行为的指南。

此外，许多名人学者也都强调了家庭教育的重要性。例如，中国古代著名教育家孔子提出"身教重于言教"的观点，认为父母的行为示范比言语教育更为重要。近代著名教育家陶行知也强调家庭教育在孩子成长中的基础性作用，他认为家庭教育应该注重培养孩子的独立性和创造性。

小学阶段的家庭教育对孩子未来的发展成长具有深远的影响。家庭不仅是孩子成长的港湾，更是他们人生的出发地与归宿地。在这个关键时期，父母需要给予孩子足够的关爱与支持，通过言传身教为他们树立正确的价值观、世界观和人生观，为他们的未来发展奠定坚实的基础。作为孩子的家长，我们可以采用以下的一些方法。

一、创建爱与支持的家庭环境

①提供情感支持：给予孩子无条件的爱，让他们感受到家庭的温暖和支持。建立稳固的亲子关系，成为孩子最可信赖的后盾。具体操作方法如下。

定期开展家庭活动：每周设定一个固定的家庭活动时间，如周五晚上一起看电影、玩桌游或进行其他亲子活动等。

加强情感表达：每天对孩子说"我爱你"，并在他们做得好时给予具体的表扬和鼓励。

例如，小明妈妈每天都会在孩子完成作业、帮助做家务等时候给予明确的表扬。小明因此自信心增强，更愿意尝试新事物。

②耐心倾听与沟通：耐心倾听孩子的想法和感受，鼓励他们表达自己的意见和情感。通过有效的沟通，增进彼此的理解与信任。具体操作方法如下。

每日情感交流：在晚餐时间或睡前，留出几分钟与孩子分享当天的喜怒哀乐，倾听他们的感受，并给予积极的反馈。

肢体接触：拥抱、亲吻和握手等肢体接触能够加深亲子关系。每天送孩子上学前、接孩子放学后，给孩子一个温暖的拥抱。

例如，林妈妈每天都会花时间与小林进行情感交流，并在小林遇到困难时给予鼓励和支持。小林因此成为一个自信、乐观的孩子，愿意与妈妈分享自己的所有事情。

家庭是孩子永远的避风港，一个充满爱与支持的家庭环境能够帮助孩子建立稳固的情感基础，从而更加自信地面对生活中的挑战。

二、培养自主学习的习惯与能力

①激发学习兴趣：引导孩子发现学习的乐趣，鼓励他们主动探索新知识。通过趣味性的学习方式，如游戏、实验等，激发孩子的好奇心和求知欲。

②设定学习目标：与孩子一起设定学习目标，并制订切实可行的学习计划。这有助于培养孩子的目标意识和计划执行能力。

③培养专注力：为孩子提供一个安静的学习环境，减少干扰因素。通过练

习和引导，帮助他们提高注意力和专注力水平。具体操作方法如下。

设立学习角：为孩子在家中设立一个专门的学习区域，配备必要的学习工具。

制订学习计划：与孩子一起制订每天的学习计划，完成后给予小奖励。

分解任务：将大任务（如学期作业）分解成若干小任务（如每周或每日作业），使孩子更容易完成，并逐步建立自信。

学习日志：鼓励孩子记录每天的学习进展，帮助他们看到自己的进步。例如，小马原来对学习不感兴趣，经常拖延作业。马爸爸与她一起制订了详细的学习计划，并将大任务分解成小任务。并在她完成计划后奖励她一颗星星。积累到一定数量的星星后，可以兑换她喜欢的小玩具。通过每天记录学习日志，小马逐渐看到了自己的进步，变得更加自信和热爱学习了。

自主学习是孩子未来成功的关键。通过分解任务和记录学习日志等具体方法，家长可以帮助孩子逐步建立自主学习的习惯和能力。

三、树立正确的价值观与道德观

①以身作则：作为家长，要以身作则，成为孩子的良好榜样。通过自己的言谈举止，传递正确的价值观、道德观和人生观。

②引导思考：鼓励孩子思考道德问题，培养他们的道德判断力和责任感。通过讨论和分享，引导孩子形成正确的道德观念。

③故事教育：利用寓言、历史故事或现实生活中的例子，向孩子解释正直、诚实、善良等价值观的重要性。

④角色扮演：与孩子一起进行角色扮演游戏，模拟不同情境下的道德选择，引导他们思考并做出正确的判断。

⑤家庭讨论：定期与孩子讨论新闻或身边发生的事情，引导他们从正确的角度看待问题。

⑥参与志愿者活动：带孩子参与一些志愿者活动，让他们学会关爱他人。例如，小刚妈妈经常带小刚参与社区的志愿者活动，如帮助老人、清洁环境等，还经常给小刚讲述一些关于正直、诚实的故事，并在日常生活中引导他进行道

德思考。小刚因此学会了关心他人，成为一个有爱心、有责任感的孩子。

正确的价值观和道德观是孩子成长为优秀社会成员的基础。通过故事教育和角色扮演等具体方法，家长可以帮助孩子树立正确的价值观和道德观。

四、鼓励实践与探索

①提供实践机会：为孩子提供参与家务、社会实践等活动的机会，让他们在实践中学习和成长。这有助于培养孩子的动手能力和解决问题的能力。具体操作方法如下。

家务参与：让孩子参与家务劳动，如做饭、打扫卫生等。

科学小实验：购买一些简单的科学实验套装，与孩子一起进行实验。例如，小黄爸爸购买了科学实验套装，每周与小黄一起进行一次实验。在这个过程中，小黄不仅学到了科学知识，还培养了动手能力和解决问题的能力。

②鼓励探索精神：支持孩子的好奇心，鼓励他们勇于尝试新事物和探索未知领域。通过探索和发现，培养孩子的创新意识和批判性思维。具体操作方法如下。

项目式学习：鼓励孩子选择一个感兴趣的主题，进行深入研究和实践。家长可以提供资源和指导，让孩子主导整个过程。

周末探险：利用周末时间带孩子参观博物馆、动物园或进行户外探险等活动，激发他们的好奇心和探索欲望。例如，赵爸爸发现小赵对植物特别感兴趣，于是鼓励他进行一个小型植物研究项目。在赵爸爸的指导下，小赵选择了自己感兴趣的植物种类，进行了种植、观察和记录。通过这个项目，小赵不仅学到了很多关于植物的知识，还培养了实践能力和探索精神。

实践与探索是孩子成长的重要途径。通过项目式学习和周末探险等具体活动，家长可以鼓励孩子动手实践、勇于探索，从而培养他们的创新能力和解决问题的能力。

五、建立家校合作与沟通机制

①积极参与学校活动：参加学校的家长会、亲子活动等，了解孩子在学校的表现和进步。通过参与学校活动，增进与教师和孩子的互动与了解。

②与教师保持沟通：定期与教师沟通孩子的学习情况、行为表现等，共同关注孩子的成长需求。通过家校合作，形成教育合力，促进孩子全面发展。具体操作方法如下。

定期与教师沟通：每月至少与孩子的教师沟通一次，了解孩子在学校的情况。

家长信箱：设立一个家长信箱，方便孩子与家长、教师与家长之间的沟通。

定期家长会议：与教师约定固定的会议时间，讨论孩子的学习进展、行为表现等，共同制定教育策略。

共享信息平台：利用电子邮件、微信群等工具，及时与教师分享孩子在家的学习情况，了解孩子在学校的表现。例如，孙妈妈与小孙的班主任建立了良好的沟通关系。她们每周都会通过电子邮件交流小孙在学校和家里的表现。当发现小孙在数学上遇到困难时，孙妈妈及时与班主任沟通，并得到了有针对性的辅导建议。经过一段时间的共同努力，小孙的数学成绩有了明显的提高。

家校合作与沟通是保障孩子全面发展的重要手段。通过定期家长会议和共享信息平台等具体方式，家长可以与教师建立紧密的合作关系，共同关注孩子的成长需求，并为他们提供有针对性的教育支持。

总之，作为家长，要时刻关注孩子的情感需求、培养他们的自主性和责任感、成为他们的道德榜样并鼓励他们探索世界。通过这些具体的操作和案例的启示，我们相信每位家长都能为孩子搭建一个优质的成长空间并进行良好的教育引导。

良好的亲子关系：教育的前提

在教育的广阔天地中，亲子关系犹如一块肥沃的土壤，孕育着孩子成长的每一刻。当谈论教育时，我们会更多地关注学校、教师、资源等外部因素，但往往忽略了最重要的一点——家庭，尤其是亲子关系。良好的亲子关系，不仅是教育的起点，更是教育得以顺利进行的前提。

一、良好的亲子关系是情感交流的桥梁

构建亲子关系首先是情感的交流。当孩子感受到父母的关爱、理解和尊重时，他们会更愿意敞开心扉，分享自己的喜怒哀乐。这种情感的交流不仅有助于增进亲子间的了解，还能够培养孩子的情感表达能力和同理心。在这样的情感基础上，教育自然能够事半功倍。

有这样一个案例：小陈城是一个对绘画充满热情的孩子。每当有空闲时间，他都会拿出纸和笔，沉浸在自己的绘画世界里。有一天，他画了一幅自己认为非常棒的画——一座五彩斑斓的梦幻城堡，他迫不及待地想要展示给爸爸看。

当小陈城兴奋地跑到爸爸的书房，将画放在爸爸正在工作的电脑旁时，爸爸只是简单地瞥了一眼，然后说："嗯，很好，陈城，你继续努力。"说完，爸爸又继续埋头于他的工作中。小陈城感到有些失落，他觉得自己的画并没有得到爸爸真正的关注和认可。

如果爸爸能够暂时放下手中的工作，认真地欣赏小陈城的画，并给予他具体的赞美和建议，情况就会完全不同。想象一下，如果爸爸说："陈城，这幅画真的很棒！我喜欢这个城堡的设计和颜色的搭配。你看，这里的天空颜色渐变得非常自然。我很好奇，这个城堡里住着什么样的王子和公主呢？你可以给我讲讲他们的故事吗？"

这样的回应不仅会让小陈城感到被重视和认可，还会激发他更多的创造力和想象力。他可能会继续完善这幅画，甚至开始构思一个关于城堡和王子公主的故事。更重要的是，他学会了如何与他人分享自己的作品和想法，并从他人的反馈中获得成长和进步。

这个案例再次强调了情感交流在亲子关系教育中的重要性。当父母能够真正关注孩子的兴趣和努力，并给予他们积极的反馈和支持时，孩子会感到被尊重和鼓励，从而更有信心和动力去探索和发展自己的潜能。

二、良好的亲子关系有助于价值观的塑造

价值观的塑造在亲子教育中占据着举足轻重的地位。父母不仅是孩子的第一任教师，更是他们价值观的塑造者。孩子从小就会观察并模仿父母的行为和态度，因此，父母的一言一行都在无形中向孩子传递着对世界的认知、对人生的观念以及对道德规范的理解。

这种价值观的传递并非一蹴而就，也不是通过简单的说教就能完成。相反，它是一个长期而潜移默化的过程，需要父母在日常生活的点点滴滴中去实践、去引导。当亲子关系和谐融洽时，孩子会更容易接受并内化父母的价值观，从而将其转化为自己的行为准则和道德标准。

案例： 一个周末的下午，小强和爸爸一起去公园散步。公园里绿树成荫，鸟语花香，小强兴奋地在前面奔跑着，不时地停下来观察路边的花草。突然，他看到了一朵特别漂亮的花，想要摘下来带回家。

察觉到这一举动的爸爸，立即严厉地批评小强："你不能这样做！这是公共场所的花草，你不能随意采摘！"虽然这样的教育方式能够迅速制止小强的行为，但可能会让他感到害怕和困惑，不明白为什么自己不能摘花。

如果爸爸能够以更加温和和引导性的方式来进行教育，效果可能会截然不同。他可以走到小强身边，指着那朵花说："小强，你看这朵花多漂亮啊！它在这里生长，是为了让更多的人能够欣赏到它的美丽。如果我们把它摘下来带回家，那么其他人就失去了欣赏它的机会。更重要的是，每朵花都有它的生命和使命，它们是大自然的一部分，我们应该学会珍惜和尊重每一个生命，

共同守护我们美丽的家园。"

这样的教育方式不仅让小强明白了保护公共环境的重要性，而且还培养了他的同理心和尊重生命的价值观。在今后的生活中，他可能会更加注意自己的行为举止，避免对他人和环境造成不必要的伤害。同时，这种价值观的塑造也会在他的成长过程中发挥积极的作用，引导他成为一个有责任感、有道德感的人。

三、良好的亲子关系是学习动力的源泉

学习动力的源泉在于孩子内心对于知识的渴望，以及对于自我实现的追求。然而，这些内在的动力往往需要在良好的亲子关系中得到滋养和激发。当孩子感受到父母的关爱、支持和鼓励时，他们会更加自信地面对学习中的困难和挑战，勇往直前地追求自己的梦想。

父母的理解和鼓励，对孩子来说是一种无比宝贵的精神力量。它让孩子感到自己不是孤独的，知道有人在背后默默地支持着他们。这种安全感和归属感，能够激发孩子内心的勇气和探索精神，让他们敢于尝试新事物、挑战自我，从而不断地拓展自己的知识领域和技能范围。

案例：小梅是一名初中生，她对数学一直感到很头疼。尽管她学习很努力，但成绩总是提不上来。这让小梅感到很沮丧，甚至开始怀疑自己的能力。然而，她的父母并没有因此责怪她，而是选择了一个周末，带她去郊外爬山。在爬山的过程中，父母与小梅进行了深入的交流。他们了解了小梅的困惑和担忧，并告诉她："小梅，我们知道你对数学感到很困难。但你要相信，每个人都有自己的优势和不足，关键是要找到适合自己的学习方法。我们一直在你身边支持你，无论你遇到什么困难，我们都会陪你一起面对。只要你肯努力，就一定能够克服这些困难，取得进步。"

这样的支持和鼓励让小梅感到非常温暖和感动。她意识到，自己并不孤单，有父母在背后默默地支持着她。这种安全感和归属感让她重新找回了学习的动力。在父母的帮助下，小梅开始尝试不同的学习方法，并逐渐找到了适合自己的方式。经过一段时间的努力，她的数学成绩开始有了明显提升。

这个案例证明了良好的亲子关系对于激发孩子学习动力的重要性。当孩子感受到父母的支持和鼓励时，他们会更加自信地面对学习中的挑战，并努力寻求解决问题的方法。这种积极的学习态度不仅能够帮助他们在学业上取得进步，还能够培养他们的自信心和解决问题的能力，为未来的成长奠定坚实的基础。

四、良好的亲子关系有助于性格的培养

性格的培养是孩子成长过程中至关重要的一环，它关乎着孩子未来的命运和人生轨迹。而性格的形成，与亲子关系有着密不可分的联系。在和谐、温馨的亲子关系中，孩子能够感受到父母的关爱和支持，从而更容易形成积极、开朗的性格。这样的孩子更愿意与人交往，更能够自信地面对生活中的各种挑战，勇于追求自己的梦想。

相反，如果亲子关系紧张或冷漠，孩子可能会变得孤僻、内向，缺乏自信，甚至产生自卑心理。这样的性格不仅会影响孩子的人际交往能力，还可能阻碍他们在学习和工作中的发展。

案例：小芳是一个内向、腼腆的孩子，总是不愿意在人前表达自己的意见和情感。在学校，她也很少与同学交流，总是默默地坐在角落里。小芳的父母注意到了她的性格特点，决定采取措施来帮助她变得更加自信和开朗。

为了培养小芳的自信心和表达能力，她的父母开始鼓励她参加一些课外活动，如朗诵比赛、舞蹈表演等。起初，小芳很抗拒，觉得自己没有能力做好这些事情。但她的父母并没有放弃，而是耐心地引导她，帮助她准备比赛和表演，让她逐渐感受到自己的进步和成就。

同时，小芳的父母也在家里创造了一个积极、鼓励的氛围。他们经常与小芳分享自己的工作和生活中的经历，鼓励她表达自己的看法和感受。在家庭聚会上，他们也会让小芳担任一些重要的角色，如主持人、表演者等，让她有机会展示自己的才华和能力。

随着时间的推移，小芳逐渐变得自信和开朗。她开始主动与同学交流，积极参与课堂讨论，在学校的文艺比赛中多次获奖。她的变化和成长判若两人。

这个案例从侧面说明了亲子关系在性格培养中的重要性。当孩子感到被父

母理解和支持时，他们会更加自信地面对自己的不足和挑战，并努力寻求改进和成长。父母的鼓励和支持，不仅能够帮助孩子克服内心的恐惧和不安，还能够培养他们的自信心和表达能力，让他们成为更加积极、开朗的人。同时，这也需要父母在日常生活中注重与孩子的沟通和交流，了解他们的内心需求，为他们提供必要的帮助和指导。通过这样的亲子互动，孩子的性格将得到更加全面和健康的培养。

五、良好的亲子关系是心灵的港湾

在漫长的人生旅途中，孩子难免会遭遇风雨的洗礼和挫折的考验，而家庭便是他们最可靠的避风港。良好的亲子关系不仅能为孩子提供物质上的满足，更重要的是给予他们精神上的慰藉和支持。

父母的理解、关怀与支持，如同温暖的阳光，照亮孩子前行的道路，让他们在遇到困难时能够感受到家的温暖和力量。这种力量是无穷的，它能够激发孩子的内在潜能，让他们在面对生活的挑战时更加勇敢和坚定。

案例：小美在一次学校的才艺比赛中没有获得理想的成绩，她感到十分沮丧，甚至开始怀疑自己的能力。回到家中，她默默地坐在沙发上，一言不发。

小美的父母察觉到了她的情绪，轻轻地走到她身边坐下。母亲温柔地抚摸着小美的头发，轻声说道："小美，我们知道你这次比赛很努力，结果并不代表一切。每个人都有失败的时候，但失败不是终点，而是新的开始。你要相信自己，相信未来还有更多的机会等待你去挑战。"

父亲也鼓励道："小美，我们看到你为了这次比赛付出了很多心血，你已经做得很好了。记住，成功需要时间和努力，不要轻易放弃。我们会一直支持你，陪伴你成长。"

听到父母的话，小美的眼眶湿润了。她感受到了家庭的温暖和支持，重新找回了自信和勇气。她明白，失败只是暂时的，只要自己不放弃，就一定能够迎来成功的曙光。

这个案例强调了家庭作为孩子心灵港湾的重要性。当孩子遇到挫折和困难时，父母的关怀和支持是他们最宝贵的财富。这种支持和理解不仅能够帮助孩子走出困境，更能够培养他们的坚韧品质和自信心，为未来的成长奠定坚实的基础。

六、良好的亲子关系有助于培养孩子的独立性和自主性

亲子教育还需要注重培养孩子的独立性和自主性。父母应该给予孩子适当的自由和责任，让他们学会自我管理和决策。这样不仅能够培养孩子的自信心和责任感，还能够促进他们的全面发展。

案例：小乐是一个十分依赖父母的孩子，无论遇到什么问题，他总是习惯性地寻求父母的帮助。他的父母意识到了这个问题的严重性，决定采取措施来培养他的独立性和自主性。

第一，他们从小事做起，让小乐自己完成一些力所能及的家务，如整理房间、洗碗等。起初，小乐并不愿意，但在父母的鼓励和引导下，他逐渐学会了承担责任和自我管理。

第二，他们也开始尊重小乐的意见和选择。在购物时，他们会询问小乐想要什么，并让他自己做出选择。在学习上，他们也会尊重小乐的兴趣和爱好，让他自主选择学习的内容和方式。

随着时间的推移，小乐逐渐变得更加独立和自主。他开始主动思考问题，寻找解决问题的方法，而不再总是依赖父母。他的父母也为他的变化和成长感到骄傲和欣慰。

这个案例表明，亲子教育中培养孩子的独立性和自主性至关重要。通过给予孩子适当的自由和责任，让他们学会自我管理和决策，父母能够帮助孩子建立自信心和责任感，促进他们的全面发展。同时，这也需要父母在日常生活中注重与孩子的沟通和交流，了解他们的内心需求，为他们提供必要的引导和支持。

综上所述，良好的亲子关系不仅是教育的起点，更是孩子健康成长的基石。良好的亲子关系在情感交流、价值观塑造、学习动力激发、性格培养和心灵港湾营造等方面发挥着重要作用。作为父母，我们应该时刻关注与孩子的关系，用心去感受他们的内心世界，用爱去温暖他们的成长之路。亲子教育不是父母

对孩子的单向教育，更是一种双向的情感交流和成长过程。父母也要以身作则，成为孩子的良好榜样，通过自己的言行来影响和塑造孩子的性格和价值观。只有这样，我们才能培养出既有知识，又有情感，更有品格的下一代。

家庭教育同频共振，唤醒孩子成长

那是一个寻常的夜晚，却孕育着一场不平凡的教诲。孩子本应安然入梦，迎接次日的晨曦与学业的挑战，然而，直至深夜，他仍沉溺于游戏的虚拟世界，背对着父母，沉浸在无尽的刺激与快感中。若这一幕不幸被你撞见，愤怒与失望或许会如潮水般涌来，你可能会毫不犹豫地掀开被子，一顿严厉的斥责，或是长篇大论的道理，企图将他从迷失中拽回。但往往，这样的努力只换来孩子的冷漠与抗拒，手机成了亲子间一场无尽的"猫鼠游戏"，收效甚微，令人痛心。

然而，有这样一位父亲，他的处理方式截然不同。凌晨2:30，父亲起身，无意间发现了孩子的秘密。面对这突如其来的一幕，他没有选择指责，只是轻轻走到孩子床边，轻声地说："起来吧，我带你去个地方。"他的语气中没有丝毫的责备，只有深深的关爱和期待。

雨丝绵绵，夜色朦胧，父亲驱车前往蔬菜批发市场。一路上，他默默地开着车，没有多说什么，只是偶尔通过后视镜，观察着孩子的神情。到达市场后，父亲带着孩子走进那个喧嚣而繁忙的世界。那里，与外面的寂静不同，市场内灯火通明，人声鼎沸。有人身披雨衣坚守摊位，有人正忙着搭建货架，等待第一缕晨光带来顾客。每个忙碌的身影，都在为生活奔波，为梦想奋斗。

父亲让孩子走近一位卖菜的老人，让他触摸那双因劳作而布满裂痕的手掌，感受生活的艰辛。老人沧桑的面容和那双布满老茧的手，无声地诉说着生活的不易。还有一位慈祥的奶奶，用温暖的目光和话语，如同对待自己的孙子一般，叮咛着："孩子，要好好读书啊！"她的声音里充满了对未来的期许和对孩子的深深关爱。

一圈走下来，父亲轻声问道："看看这些为了生活无法安眠的人，你知道他们为什么如此努力吗？"孩子若有所思地回答："为了生活，为了子女。"父亲再次温柔地反问："那你呢？"那一刻，孩子眼中闪过一丝羞愧，低声道：

"我错了。"没有一句责备，没有长篇大论，但这份体验，却比千言万语更有力量。

当孩子行为偏离正轨时，我们或许该深思这位父亲的行为。他没有选择简单的说教和惩罚，而是用一种更加深刻和有意义的方式来引导孩子。他用自己的行动告诉孩子：生活不仅有游戏和娱乐，还有责任和奋斗。他带孩子去市场，让他亲眼看到那些为了生活而努力的人们，让他感受到生活的艰辛和不易。这种亲身体验比任何言语都更能触动孩子的心灵。

家庭教育不仅在于言传，更重要的是身教；不仅在于责骂，还应有共鸣。当我们与孩子同频共振、用心去感受、用行动去引导时，奇迹便在不经意间悄然绽放。

一、避免空洞地说教

道理对孩子而言往往成了耳边风甚至是情绪的宣泄口。久而久之只会让孩子更加逆反、更加厌倦。正如李玫瑾教授所言："说教对孩子来说不过是噪声罢了。"

二、放下父母的权威

别让自己成为孩子眼中不可触及的高山、独断专行。我们都是凡人，都有局限。给孩子一个发声的机会、倾听他们的心声、与他们并肩作战共同面对问题。多一份理解、多一份倾听，亲子关系自然更加和谐。

三、让生活成为最好的课本

放手让孩子去体验、去感受劳动的乐趣与价值、去理解生活并非总是一帆风顺。正如老话所说："人教人教不会；事教人一教就会。"亲眼所见只是浮光掠影；亲耳所闻不过一时之声；唯有亲身经历方能刻骨铭心。那位父亲用市场的喧嚣与辛劳无声地告诉孩子生活的真谛比任何言语都更能触动心灵、激发孩子内在的成长动力。

四、走进孩子的心灵

要俯下身来，真正走进孩子。每个孩子的内心世界，如同一个"小宇宙"，需要父母的认真探索，家长要学会倾听，要读懂孩子。

网上有这样一个故事，说一个 11 岁的男孩过生日，妈妈在送给儿子的生日蛋糕上，插满了课本卡片，最让人扎心的是蛋糕上的那行字："地球一天不毁灭，你就得写作业。"看到这个生日蛋糕后，原本想开心放松一下的孩子，顷刻间情绪崩溃，号啕大哭。这个望子成龙的妈妈因为不懂得孩子，忽视孩子内心感受，结果适得其反。

其实在生活中，走进孩子心灵的办法，最好的就是陪伴。

有这样一位妈妈，在女儿 18 岁前，无论生意多忙，每周都会安排和女儿独处的聊天或玩耍时间。她会关闭手机，放下一切工作，和女儿聊同学、聊校园流行的新玩意、吐槽自己的烦恼等。因此，女儿和她的关系非常亲密，任何想法都愿和她分享，她也很轻松地陪伴女儿度过了青春、恋爱等敏感时期。孩子不但得到了爱的滋润，更学会了尊重长辈，尊重父母。

诗人纪伯伦在其深邃的诗篇中，有这样一段触动人心的文字："你的儿女，其实不是你的儿女。他们是生命对于自身渴望而诞生的孩子。他们借助你来到这世界，却非因你而来，他们在你身旁，却并不属于你。你可以给予他们的是你的爱，却不是你的想法，因为他们有自己的思想。"

尊重孩子，倾听孩子心声，和孩子做朋友，走进孩子内心，才有机会实施对孩子的教育。无数事实证明，那些尊重孩子感受的父母，不但亲子关系亲密，而且大多孩子长大后很有出息。

五、用正能量激励孩子

生活中你可能经常会碰到下面的情况。

"你怎么这么笨，这道题目别人都做得出，就你做不出，我怎么生了你这个没用的东西！"

父母内心：愤怒，对孩子失望。

孩子感受：否定自己，产生羞愧。

"教了你多少遍，你是大的，要让着弟弟妹妹，你就不能让他们玩会儿，真是个自私的孩子。"

父母做法：指责，给孩子下不良定义。

孩子内心：因不被理解而愤怒，对父母失望。

"哭哭哭，就知道哭！爸爸妈妈为了你，没日没夜地工作，你就考这个分数，对得起我们吗？"

父母行为：否定，打击孩子。

孩子内心：羞愧内疚，产生悲伤。

以上是满满的负能量，作为家长，我们要学会从正面来引导激励孩子，而不是从反面讥讽激化孩子。著名心理学家大卫·霍金斯认为：当父母带着情绪和怨怒对待孩子时，立即会把孩子带入羞愧、内疚、悲伤、恐惧的负能量层级中，孩子还会把本应向外探索世界的能量，利用到自我内心的情绪对抗内耗中，长此以往，孩子会出现迷茫、失落、无价值感，甚至抑郁等。如果我们改变上面的处理方式，就会收到不一样的结果。

"这道题这么多人都做出来了，说明并不难，你只是没找到窍门罢了。来，尝试一下，相信你也可以的。"

父母内心：接纳孩子，鼓励孩子尝试。

孩子感受：获得勇气和安全感，产生学习主动性。

"弟弟妹妹抢了你的玩具，你觉得很委屈对不对？那你想出解决的办法了吗？需要妈妈帮帮你吗？"

父母行为：看见孩子情绪，引导孩子想办法。

孩子感受：被认同后变得淡定，主动寻找解决之法。

"这次考试不理想，爸爸妈妈看到你很难过，哭出来会好受一些，学习上遇到困难是再正常不过的事。"

父母做法：接纳孩子情绪，引导孩子克服困难。

孩子内心：获得安全感，缓解情绪后从挫败感中走出。

家长换个教育方式，就能把孩子带到勇气、淡定、主动解决问题的正能量层级。所以，"尊重、爱都是有能量、层级和等级的，拥有不同的爱的能力层次和等级的人就会活出不同的状态。"聪明的父母，要时刻觉察孩子生命状态，因势利导，让孩子始终保持在正能量层级上。

只有父母不断学习，不断丰富成长自己，不断觉察纠偏，让自己的情绪和心态始终保持积极稳定，营造和谐温馨的家庭氛围，才能滋养我们的孩子，引领我们的孩子快乐成长。

倾听与引导：唤醒并陪伴孩子走过
"奇思妙想"的成长旅程

孩子的世界总是充满了无尽的奇思妙想，这些独特的想法和观念，如同星星点点的灯火，照亮了他们认识自然、探究自我的成长道路。正如爱因斯坦所说："想象力比知识更重要，因为知识是有限的，而想象力概括着世界上的一切，推动着进步，并且是知识进化的源泉。"

在孩子的成长过程中，这些奇思妙想并非无中生有，而是他们与生俱来的天性。孩子天生就是探索者，他们对周围的一切都充满了好奇和疑问。这些疑问和好奇，促使他们不断地去想象、去尝试、去创新。正如毕加索所言："每个孩子都是艺术家，问题在于如何保持他们的创造力。"

孩子的奇思妙想，是他们认识自然的一种方式。他们通过想象，将自然界中的万物赋予了生命和情感，构建了一个属于他们自己的童话世界。在这个世界里，他们与动植物对话，与星辰共舞，感受着大自然的奥妙和美丽。这种与自然的亲密接触，不仅丰富了孩子的内心世界，也培养了孩子对自然的敬畏和热爱。

同时，孩子的奇思妙想也是他们探究自我的一个过程。通过想象，他们尝试着扮演各种角色，体验不同的情感和经历。这种角色扮演的过程，不仅让他们更好地理解了自己，也让他们学会了换位思考和理解他人。正如心理学家皮亚杰所说："儿童的思维是在活动中、在操作中形成和发展的。"孩子的奇思妙想，正是他们在思维和情感上的一次次尝试和突破。

每个孩子都是一颗独特的星辰，他们的内心充满了无尽的奇思妙想。作为家长，我们如何唤醒并陪伴孩子走过这段充满想象力的成长旅程呢？

首先，我们需要学会倾听。当孩子向我们述说他们的奇思妙想时，无论多么离奇或不可思议，我们都要耐心倾听，不要打断或嘲笑他们。因为这些想法正是他们认识世界、探索未知的方式。通过倾听，我们可以了解孩子的内心世界，感受他们的喜怒哀乐，从而更好地陪伴他们成长。

其次，我们要鼓励孩子发挥他们的想象力和创造力。当孩子提出一些奇思妙想时，我们可以与他们一起探讨、拓展这些想法，让他们的思维更加开阔。同时，我们还可以为孩子提供丰富的素材和工具，如彩笔、纸张、积木等，让他们在实践中发挥自己的创造力。这样，孩子的奇思妙想不仅能得到充分的表达，还能在不断地尝试和创新中得到发展。

再次，我们也要注意引导孩子将想象与现实相结合。虽然孩子的奇思妙想充满了无限的可能性，但过于脱离现实的想象可能会让他们陷入虚幻的世界。因此，我们要在尊重孩子想象力的基础上，引导他们关注现实生活中的事物和问题。例如，当孩子提出一些不切实际的想法时，我们可以与他们一起探讨这些想法的可行性，并引导他们思考如何在现实生活中实现这些想法。这样，孩子不仅能在想象中畅游，还能在现实中找到实现梦想的途径。

最后，我们还要培养孩子的批判性思维和解决问题的能力。在孩子的成长过程中，他们可能会遇到各种问题和挑战。这时，我们要引导他们学会独立思考、分析问题，并寻找解决问题的方法。通过这样的过程，孩子不仅能学会如何应对生活中的挑战，还能在不断地探索和尝试中发展自己的奇思妙想。

案例一：小丽的奇幻花园

小丽是一个五岁的小女孩，她总是喜欢沉浸在自己的幻想世界里。有一天，她告诉妈妈她想在家里的阳台上建造一个"奇幻花园"，里面有会说话的植物、能唱歌的石头和会飞的魔法地毯。

耐心倾听：小丽的妈妈没有嘲笑或忽视她的想法，而是耐心地倾听她描述这个奇幻花园的每个细节。她了解到，这个花园不仅是小丽对美好事物的向往，还是她内心情感的一种表达。通过倾听，妈妈感受到了小丽对大自然的热爱和对未知世界的好奇。

鼓励与陪伴：在了解小丽的想法后，妈妈鼓励她大胆地去实现这个梦想。她陪伴小丽一起挑选花盆、种子和装饰品，帮助她在阳台上布置这个小花园。虽然真实的花园里并没有会说话的植物和会飞的魔法地毯，但妈妈用童话故事和角色扮演的方式与小丽互动，让她感受到这个花园真的充满了奇幻和魔力。

引导孩子与现实结合：她告诉小丽，虽然现实中的植物不会说话，但我们可以通过观察它们的生长变化来了解它们的需求。她还教小丽如何照顾这些植物，让它们茁壮成长。通过这样的引导，小丽逐渐明白了奇幻花园的实现需要时间和努力，并学会了承担责任。

培养批判性思维与解决问题能力：在建造奇幻花园的过程中，小丽遇到了一些问题，如有的植物生病了、装饰品被风吹落等。这时，妈妈并没有直接帮她解决问题，而是引导她独立思考和分析原因。通过一起查找资料、请教专家等方式，小丽学会了如何诊断植物的病状并采取措施进行治疗，也学会了如何固定装饰品以防止再次被风吹落。在这个过程中，她不仅锻炼了自己的批判性思维和解决问题的能力，还增强了对自己亲手打造的奇幻花园的热爱和责任感。

总的来说，小丽的妈妈通过倾听、鼓励、陪伴、引导和培养等方式，成功地唤醒了小丽的奇思妙想并陪伴她走过了这段充满想象力的成长旅程。她不仅让小丽感受到了无尽的乐趣和成就感，还帮助她建立了对现实世界的认知和责任感，为她的全面发展奠定了坚实的基础。

案例二：独特之路——小女孩的白发梦想

一天，一位13岁的小女孩兴致勃勃地回到家，对妈妈提出了一个特别的请求："妈妈，我想把我的头发染成白色。"当妈妈听到这个提议时，内心稍感惊讶，便好奇地询问："宝贝，为什么你突然想染白发呢？"女孩天真地回答："因为很多人都染棕色、红色或黄色的头发，但没有人染成白色。我想成为一个独一无二的人。"

耐心倾听：妈妈意识到这是青春期孩子对世界的探索和渴望与众不同的表现。她没有立即拒绝，而是耐心倾听女儿的想法，并给予她表达的空间。

鼓励与陪伴：妈妈面带微笑地告诉女儿："给我几天时间考虑一下，好吗？"她知道这是孩子成长中的一个重要时刻，需要谨慎处理。三天后，当女儿再次询问时，妈妈没有试图回避或搪塞，而是提出了一个建议："这件事情其实应该由你自己来决定。如果你还是想染白发，那妈妈就陪你一起去。"

引导孩子与现实结合：在染发店里，妈妈巧妙地与老板合作，用试戴假发的方式让女儿看到了白色头发的效果。她们一起站在镜子前，欣赏不同的发型和颜色。妈妈特意换上了事先准备好的白色假发，让女儿看到实际效果。这一过程不仅让女儿放弃了染白发的想法，还让她意识到外表并不是衡量一个人是否独特的唯一标准。

培养批判性思维与解决问题能力：在妈妈的引导下，女儿开始重新审视自己的想法。她意识到，真正的独一无二不在于外表，更在于个人的内在特质和能力。妈妈趁机告诉女儿："宝贝，要想成为一个独一无二的人，并不一定要通过染发来实现。你有很多别人不具备的特长和优点，比如你的欣赏力、学习力等，这些才是真正让你与众不同的地方。"通过这样的引导，女儿不仅学会了独立思考问题，还找到了更加有意义的方式来展现自己的独特性。

案例三：飞飞的太空探险梦

飞飞是一个对太空充满好奇的孩子。每当夜晚来临，他都喜欢仰望星空，想象着自己驾驶宇宙飞船在太空中探险的情景。有一天，他兴奋地告诉爸爸，他长大后想成为一名航天员，去亲自探索宇宙的奥秘。

耐心倾听：飞飞的爸爸并没有因为飞飞年纪小就忽视他的梦想，而是坐下来认真倾听他对太空探险的向往和计划。他了解到飞飞对宇宙的好奇心和对探索未知世界的渴望，这让爸爸深感欣慰。

鼓励与陪伴：在了解飞飞的梦想后，爸爸鼓励他勇敢追求自己的目标，并承诺会陪伴他一起努力。他们一起观看关于宇宙的纪录片，阅读相关的科普书籍，甚至动手制作了一个简易的望远镜来观测星空。这些活动不仅增进了父子之间的感情，也让飞飞对宇宙有了更深入的了解。

引导孩子与现实结合：同时，爸爸也注意引导飞飞将梦想与现实相结合。他告诉飞飞，成为一名航天员需要良好的身体素质、丰富的科学知识和坚韧不拔的毅力。为了实现这个梦想，飞飞需要努力学习，锻炼身体，培养自己的综合素质。通过这样的引导，飞飞逐渐明白了实现梦想需要付出努力和汗水。

培养批判性思维与解决问题能力：在追求太空探险梦的过程中，飞飞遇到了一些困难和挑战。比如，他在学习科学知识时遇到了难题，或者在制作望远镜时遇到了技术障碍。这时，爸爸并没有直接帮他解决问题，而是引导他独立思考、分析问题，并寻找解决问题的方法。通过这样的过程，飞飞不仅学会了如何应对挑战，还培养了自己的批判性思维和解决问题的能力。

　　总的来说，飞飞的爸爸通过倾听、鼓励、陪伴、引导和培养等方式，成功地唤醒了飞飞的太空探险梦并陪伴他走过了这段充满想象力的成长旅程。他不仅让飞飞感受到了追求梦想的乐趣和成就感，还帮助他在实现梦想的道路上不断成长和进步。

　　总之，唤醒并陪伴孩子走过 "奇思妙想" 的成长旅程需要我们做到倾听、鼓励、引导和培养。只有这样，我们才能真正成为孩子成长过程中的良师益友，陪伴他们一起探索这个充满无限可能的世界。

唤醒初中阶段孩子成长

　　初中阶段是孩子不断认识自我，个性人格动荡形成的时期。由于孩子的身心都在发生急剧的变化、伴随孩子青春期的出现，很多孩子可能出现紧张、焦虑、自卑等不健康心理或者出现对抗情绪、逃避、说谎、破坏、暴力等不良行为。为此，作为一名初中阶段的学生家长，我们应怎样来健康引导孩子成长，快乐度过青春期；怎样帮助孩子认识自我；怎样唤醒孩子生命和智慧的成长；怎样建构高远的人生目标和远大的志向呢？以下是一些建议。

一、建立有效的沟通机制

　　耐心倾听孩子的想法和感受，理解他们的内心世界，避免一味地说教。设定固定的交流时间，如每周一次的家庭会议，让孩子感受到家长的关心和支持。尊重孩子的意见和选择，培养他们的自主意识和自信心。在与孩子沟通时，尽量避免打断或提前给出建议。让他们完整地表达自己的想法和感受。不要在孩子分享时给予负面评价，这会让他们感到不安，进而"关闭"沟通渠道。真诚地告诉孩子你听他诉说时的感受，这样可以帮助他们更好地理解自己的情感。鼓励孩子深入思考，而不是简单地回答"是"或"不是"。下面是相关具体做法及实践案例。

　　有效沟通的具体做法：

　　①深度倾听。安排固定的"分享时间"，让孩子主导谈话内容，家长则全神贯注地倾听。使用肢体语言和面部表情来表达对孩子的关注和理解，如点头、微笑等。避免在孩子分享时打断他们，即使你有很强烈的反应或建议。

　　②情感共鸣。尝试站在孩子的角度理解问题，表达对他们的感受的共鸣。使用"我"语句来表达你的感受和对孩子行为的看法，以减少指责和批评。

③清晰表达：用简单明了的语言表达你的观点和需求，避免使用模糊或复杂的词汇。给孩子提供具体的反馈和建议，帮助他们理解并改进行为。

有效地沟通的实践案例。

1. 定期家庭会议

设定固定的时间和地点，召开家庭会议，让每位家庭成员都有机会发言。鼓励孩子分享自己的喜悦、困惑和需求，同时家长也分享自己的工作和感受。会议结束时，总结大家的发言，确保每个人的声音都被听到和理解。

2. 家庭晚餐分享会

每周设定一个固定的晚餐时间，全家人围坐在一起分享一周的经历和感受。家长率先分享自己的工作和生活，既为孩子树立榜样，同时也让孩子感受到家长的关心和理解。鼓励孩子分享学校发生的事情，无论是好事还是坏事，都给予积极的倾听和反馈。

3. 亲子共读书籍

选择一本适合孩子年龄的书籍，每天或每周设定固定的时间，与孩子一起阅读。在阅读过程中，鼓励孩子提问、发表看法，并与他们讨论书中的主题和人物。通过共读书籍，增进亲子间的情感联系，同时培养孩子的阅读兴趣和思考能力。

二、关注孩子的心理健康

密切关注孩子的情绪变化，及时发现并处理孩子的紧张、焦虑、自卑等情绪。在孩子面临困难时，给予他们鼓励和支持，帮助他们建立积极的心态。如有必要，可寻求心理咨询师的帮助，对孩子进行专业的心理辅导。除了要了解孩子明显的情绪变化，还要注意孩子的日常行为是否有异常，如睡眠、饮食、社交等方面的改变。家里可以设立一个舒适、放松的角落，供孩子在学习之余放松身心。家长还可教孩子一些简单的自我调整技巧，如深呼吸、冥想等，以帮助他们快速从负面情绪中恢复。下面是相关具体做法及实践案例。

关注孩子心理健康的具体做法：

①日常观察。注意孩子的情绪变化、社交互动和学习态度等方面的细微变化。记录孩子的行为模式，以便在需要时与专业人士分享。

②情绪支持。给孩子提供一个安全、无威胁的环境，让他们表达自己的感受和担忧。教孩子识别和管理自己的情绪，如通过情绪日记或情绪卡片等活动。

③专业资源。如果孩子的情绪或行为问题持续存在或加重，考虑寻求心理健康专家的帮助。了解并利用学校和社会提供的心理健康资源和服务。

关注孩子心理健康的实践案例：

①情绪日记。为孩子准备一个专门的日记本，鼓励他们每天记录自己的情绪变化。家长定期查看日记，了解孩子的心理状态，并在适当的时候给予支持和引导。通过情绪日记，孩子可以学会表达自己的情感，家长也可以更及时地发现和解决问题。

②心情墙。在家中的显眼位置设立一面心情墙，使用彩色便笺纸和笔。鼓励孩子每天在便笺纸上写下自己的心情或简短感受，并贴在心情墙上。家长可以定期查看心情墙，了解孩子的情绪变化，并在适当的时候与孩子进行交流，提供支持和理解。

③情绪卡片游戏。制作一套情绪卡片，每张卡片上写有一种情绪（如快乐、悲伤、愤怒等），并配备相应的表情或图案。与孩子一起玩情绪卡片游戏，让他们随机抽取一张卡片，并表演出卡片上的情绪。通过游戏，帮助孩子更好地识别和表达自己的情绪，同时增强他们对他人情绪的理解。

④户外心情散步。当孩子感到焦虑或压抑时，提议与他们一起进行户外心情散步。在散步过程中，鼓励孩子描述周围的景色、感受大自然的美好，并分享自己的心情和想法。通过户外活动和自然环境的疗愈力量，帮助孩子缓解压力、放松心情。

三、引导孩子认识自我

引导孩子经常进行自我反思，认识自己的优点和不足，明确自己的兴趣和目标。为孩子提供多种活动和体验机会，如参加兴趣小组、社会实践等，帮助他们发现自己的潜能和兴趣所在。教孩子学会独立思考，对事物保持批判性态度，不盲目跟从他人。可以鼓励孩子定期写自我反思，可以以日记形式，让他们记录自己的感受、经历和成长。家长要善于发现并支持孩子的兴趣和强项，这不仅可以增强他们的自信心，还可以为将来的职业规划打下基础。当孩子面对困难或失败时，鼓励他们从中学习，认识到每个人都有不完美的一面，失败是成功的垫脚石。下面是相关具体做法及实践案例。

引导孩子认识自我的具体做法：

①自我反思活动。通过写日记、绘画或创作音乐等方式，鼓励孩子表达自己的内心世界。定期与孩子进行"我是谁"的讨论，帮助他们探索自己的价值观、兴趣和目标。

②提供多元体验。为孩子提供参加兴趣小组、夏令营、志愿者活动等机会，让他们接触不同的人、事、物。鼓励孩子尝试新的技能和活动，即使他们一开始并不擅长或感兴趣。

③发现强项与兴趣。发现并支持孩子的兴趣和强项，这不仅可以增强他们的自信心，还能为将来的职业规划打下基础。

④正确面对挑战。当孩子面对困难或失败时，鼓励他们从中学习，认识到每个人都有不完美的一面，失败是成功的垫脚石。

⑤提供建设性的反馈。给孩子提供具体性、建设性的反馈，帮助他们了解自己的优点和不足。教孩子如何接受和处理他人的反馈，以促进他们的个人成长。

引导孩子认识自我的实践案例：

①我的成长档案。为孩子准备一个专门的文件夹或盒子，作为他们的成长档案。鼓励孩子收集自己的作品、获奖证书、感谢信等，记录自己的成长历程。定期与孩子一起回顾成长档案，讨论他们的进步和成就，以及未来的目标和计划。

②我的优点树。为孩子准备一张大纸和彩色笔，让他们画出一棵大树的轮

廓。鼓励孩子在大树上写下或画出自己的优点和特点，每个优点都可以是一个果实或一片叶子。将这棵"优点树"挂在孩子的房间或家中显眼的地方，让孩子时刻看到自己的闪光点和价值。

③角色扮演游戏。设定一个主题或场景，让孩子扮演自己喜欢的角色进行游戏。在游戏过程中，观察孩子的表现和行为，了解他们的兴趣、价值观和决策方式。游戏结束后，与孩子一起讨论他们的感受和经历，帮助他们更深入地认识自我。

④兴趣探索活动。为孩子提供多种兴趣小组或课程的体验机会，如绘画、音乐、体育等。鼓励孩子尝试不同的活动，并让他们分享自己的感受和收获。通过这些活动，孩子可以发现自己的兴趣和潜能，进而更清晰地认识自我。

四、唤醒孩子的生命成长和智慧成长

引导孩子认识学习和成长的重要性，激发他们的内在动力，让他们主动追求进步。帮助孩子养成良好的学习习惯和生活习惯，如定时作息、独立完成作业等。鼓励孩子勇于尝试新事物和探索未知领域，培养他们的创新精神和实践能力。家长可以为孩子提供各种学习资源，如图书、在线课程等，激发他们的求知欲。同时，鼓励孩子将所学知识应用到实际生活中，如做科学实验、参与社会实践等。最后还要教孩子多角度思考问题，不轻易接受表面信息，学会质疑和求证。下面是相关具体做法及实践案例。

唤醒孩子生命成长和智慧成长的具体做法：

①构建兴趣学习内容。为孩子提供感兴趣的各种学习资源，如图书、兴趣课程等，激发他们的求知欲。

②积极参加实践与应用。鼓励孩子将所学知识应用到实际生活中，如做科学实验、参与社会实践等。

③鼓励探索创新。鼓励孩子勇于尝试新事物和探索未知领域，培养他们的创新精神和实践能力。

④激发内在动力。帮助孩子设定明确、可实现的短期目标和长期目标，并制订实现这些目标的计划。鼓励孩子追求自己的兴趣和激情，即使这些兴趣与

学业或职业道路不完全相关。

⑤培养良好习惯。与孩子一起制订日常作息和学习计划，并确保他们有足够的休息和娱乐时间。通过榜样和奖励制度来强化积极的行为和习惯。

⑥鼓励批判性思维。教孩子如何提出问题、寻找证据并评估信息的真实性和可靠性。通过参与辩论、阅读具有挑战性的书籍或文章等方式来锻炼孩子的批判性思维能力。

唤醒孩子生命成长和智慧成长的实践案例：

①自主学习计划。与孩子一起制订一个自主学习计划，包括每天的学习时间和内容。鼓励孩子按照计划自主学习，并给予适当的监督和指导。通过自主学习，孩子可以培养自己的学习能力和自律性，同时也可以提高自己的自信心和成就感。

②家庭种植项目。选择一种易于种植的植物或蔬菜，与孩子一起进行家庭种植项目。让孩子负责照顾植物，包括浇水、施肥和观察生长情况。通过种植项目，培养孩子的耐心、责任感和观察力，同时让他们体验生命的成长过程。

③ DIY 手工制作。选择一些适合孩子年龄和兴趣的手工制作项目，如制作纸飞机、编织小篮子等。提供必要的材料和工具，与孩子一起进行手工制作。在制作过程中，鼓励孩子发挥创意、尝试不同的方法，并解决问题。通过手工制作，培养孩子的动手能力、创造力和解决问题的能力。

④家庭科学实验日。每月选择一个周末作为家庭科学实验日，选择与孩子兴趣相关的科学实验或项目。准备必要的材料和工具，与孩子一起进行实验，观察并记录结果。在实验过程中，鼓励孩子提问、思考并寻找答案，培养他们的好奇心和探究精神。

五、唤醒孩子建构高远人生目标和远大志向

与孩子一起设定明确、具体的人生目标，如学业目标、职业目标等。鼓励孩子大胆追求自己的梦想，培养他们的热情和毅力。教育孩子学会承担责任和担当义务，培养他们的社会责任感和公民意识。为孩子提供正面的榜样人物和激励故事，让他们从中学到积极向上的精神力量。在安全的环境下，鼓励孩子

尝试新事物，即使失败了，也要赞扬他们的勇气和努力。如果有条件，家长可以为孩子提供机会，让孩子参与团队活动或社区服务，以培养他们的团队合作和领导能力。通过日常生活中的例子，向孩子传授正直、诚信、尊重他人等价值观。下面是相关具体做法及实践案例。

唤醒孩子建构高远人生目标和远大志向的具体做法：

①探索职业兴趣。带孩子参观不同的工作环境，与从事各种职业的人交谈，以了解不同的职业道路。鼓励孩子尝试不同的兼职工作或实习机会，以获取实际工作经验并了解自己的喜好。

②设定明确目标。帮助孩子将长远目标分解为可实现的短期目标，并制订具体的行动计划。定期回顾和更新目标，以确保它们仍然与孩子的兴趣和价值观相一致。

③培养坚韧品质。教孩子如何面对挫折和失败，并从中汲取经验和教训。通过参与具有挑战性的活动或项目来锻炼孩子的坚韧品质和解决问题的能力。

④强调社会责任。教育孩子关注社会问题，并积极参与志愿者活动或社区服务。培养孩子的同理心和尊重他人的态度，让他们成为有社会责任感的公民。

⑤提供榜样与激励。为孩子提供正面的榜样人物和激励故事，让他们从中学到积极向上的精神力量。

唤醒孩子建构高远人生目标和远大志向的实践案例：

①目标可视化板。为孩子准备一个目标可视化板，可以是一块大纸板或软木板。鼓励孩子将自己的长期目标和短期目标写在便笺纸上，并贴在可视化板上。让孩子定期更新可视化板上的目标进展情况，并添加新的目标。通过可视化板，帮助孩子清晰地看到自己的目标和进度，激发他们的积极性和动力。同时家长也可以给予及时的鼓励和支持。

②职业体验日。联系当地的企业或机构，安排孩子进行一天的职业体验活动。让孩子亲身体验不同职业的工作环境和内容，了解职业的特点和要求。体验结束后，与孩子一起讨论他们的感受和收获，帮助他们更清晰地了解自己的职业倾向和目标。这样的体验可以激发孩子对未来职业的兴趣和好奇心，为他们的人生规划提供有益的参考。同时家长也可以结合孩子的兴趣和特长为他们提供更具体的职业指导和建议。

③未来规划研讨会。每年至少举行一次未来规划研讨会，与孩子一起讨论他们的未来目标和计划。使用目标设定工具，如 SMART 原则（具体、可衡量、可达成、相关、时限性），帮助孩子设定明确的目标。制订行动计划，包括具体的步骤和时间表，并鼓励孩子坚持执行和定期回顾进度。

总之，作为初中阶段的学生家长，我们应该以开放的心态接纳孩子的变化和挑战，以科学的方法引导他们健康成长。通过有效地沟通、关注心理健康、认识自我、唤醒生命成长和智慧成长及建构高远人生目标等方式，我们可以帮助孩子顺利度过这一阶段，成为有理想、有抱负、有责任感的新时代好青年。

唤醒青春期孩子成长

青春期是生命中的第二个诞生。在这一阶段，孩子经历着生理、心理和社会的三重巨变，仿佛置身于一个错综复杂的迷宫之中。作为家长和教师，我们的任务不仅是陪伴他们度过这段旅程，更是要唤醒他们内在的成长力量，引导他们找到通往成熟与智慧的道路。

为了更有效地与青春期的孩子沟通并引导他们，我们可从以下几个方面着手。

一、构建坚实的信任基石

沟通，这一看似简单的行为，实则蕴藏着深邃的学问，其最为根本的基石便是信任。正如著名心理学家卡尔·罗杰斯所言："真诚、无条件的关怀和尊重，是建立有效人际关系的基础。"对于青春期的孩子而言，这一点尤为重要。

家长和教师，作为孩子成长道路上的引路人，有责任也有义务为他们营造一个安全、温暖的心灵港湾。在这个港湾里，孩子能够感受到来自长辈的深切关怀和坚定支持，他们的每一个情感波动、每一次的内心挣扎都能被敏锐地捕捉、被认真地对待，孩子的生命将会富有色彩，充满阳光。

想象一下，当一个孩子在课堂上因为对某个问题的看法与众不同而犹豫是否发言时，教师若能以鼓励的目光传递出"你的观点很重要"的信息，那么这个孩子很可能会勇敢地表达自己的想法。同样，当孩子在家庭中遇到困惑或挫折时，家长若能以开放的心态倾听他们的诉说，而不是急于给出解决方案或批评指责，那么孩子便会更愿意分享自己的内心世界。

这样的信任关系并非一蹴而就，它需要时间、耐心和真诚的付出。一旦建立信任，它将成为青春期孩子成长道路上最宝贵的财富。因为他们知道，无论自己面临怎样的挑战和困境，总有那么一些人会坚定地站在自己身边，用理解和接纳的态度陪伴自己渡过每一个难关。

因此，家长和教师在与青春期孩子沟通时，应时刻牢记信任的重要性，以真诚和耐心去倾听、去理解、去支持。只有这样，我们才能真正走进孩子的内心世界，成为他们成长道路上的良师益友。

二、多倾听，少说教

倾听，这一看似简单的行为，实则蕴藏着巨大的力量。它不仅是沟通的关键，更是我们了解青春期孩子内心世界的桥梁。正如教育家陶行知所言："我们必须会变成小孩子，才配做小孩子的先生。"这句话深刻指出了倾听的重要性，只有当我们真正静下心来，耐心倾听孩子的声音，才能走进他们的心灵世界。

青春期的孩子正处于身心迅速发展的阶段，他们有着强烈的表达欲望，渴望被听到、被理解。然而，很多时候，我们成年人却习惯于用说教的方式与他们沟通，忽略了倾听的重要性。这种单向的沟通方式往往让孩子感到被忽视、被误解，从而关闭了心门。

因此，家长和教师应该转变沟通方式，将倾听放在首位。当孩子向我们诉说他们的想法和感受时，我们要耐心倾听，不要过早打断或给出自己的意见。通过倾听，我们不仅可以了解孩子的真实想法和内心需求，还能帮助他们培养自我表达和自我反思的能力。

想象一下，当一个孩子兴奋地跑来告诉我们他对某个新事物的看法时，如果我们能够停下手中的事情，认真倾听他的讲述，并时不时地点头表示理解和赞同，那么这个孩子一定会感到被重视和被鼓励。这种积极的反馈会激发他继续探索的热情和勇气。

除了耐心倾听，我们还要学会用开放性的问题引导孩子深入表达自己的想法。比如："你觉得这个事情为什么会发生？""你有什么感受吗？"这样的问题可以激发孩子的思考欲望，让他们更加深入地了解自己的内心世界。

总之，倾听是我们在与青春期孩子沟通时必须掌握的重要技能。只有当我们真正静下心来倾听孩子的声音时，才能了解他们的真实想法和内心需求，从而给予他们更加精准和有效的引导和支持。让我们用倾听的方式唤醒青春期孩子内心的力量吧！

三、以身作则，树立榜样的力量

青春期的孩子，正如一块未经雕琢的玉石，他们的价值观和行为模式正在逐渐形成。而在这个关键时期，他们往往会将身边的重要人物——家长和教师，作为模仿和学习的对象。因此，我们的一言一行对他们的影响是潜移默化的。

正如俄国作家托尔斯泰所言："全部教育，或者说千分之九百九十九的教育都归结到榜样上，归结到父母自己的端正和完善上。"这句话深刻指出了榜样的重要性。作为家长和教师，我们不仅是孩子的引路人，更是他们成长道路上的重要参照。我们的行为举止、生活态度、价值观念，都会在无形中成为孩子模仿的对象。

因此，我们应该时刻提醒自己，以身作则，为孩子树立榜样。无论是在家庭中还是在校园里，我们都要通过自己的积极行为来传递正能量。比如，我们可以积极参与公益活动，让孩子看到我们的社会责任感和奉献精神；我们可以保持健康的生活方式，让孩子感受到我们对生命的尊重和热爱；我们可以用正面的情感表达来处理人际关系，让孩子学会宽容和理解。

同时，我们还可以引导孩子去关注和学习一些正面的公众人物或历史事件中的杰出人物。这些人物的事迹和精神，往往能够激发孩子的崇敬之情和向上之心，从而成为他们成长道路上的重要精神支柱。

总之，以身作则、树立榜样是我们引导青春期孩子成长的重要任务。让我们用自己的言行为孩子树立一个值得学习和模仿的榜样吧！这样，我们才能真正唤醒他们内在的成长力量，引导他们走向更加美好的未来。

四、内化目标、寄予期望，引领青春航向

青春期的孩子，如同扬帆起航的小船，渴望在广阔的海洋中自由航行。然而，没有明确的航线和目标，他们很可能会迷失方向。因此，家长和教师需要

引导孩子，让孩子从内心深处构建自己人生的方向，自己行动的目标。同时寄予孩子期望，让他们找到清晰的成长路线，照亮他们前行的道路。

著名教育家苏霍姆林斯基曾说："教育的真正目标应该是发展个人的能力，使他能够不断地自我完善。"这告诉我们，教育不仅是传授知识，更重要的是引导孩子形成正确的价值观和行为习惯。而内化、自构清晰的成长路线和寄予期望正是实现这一目标的重要手段。

内化目标、寄予期望，能激发孩子的积极性和责任感。每个人都希望得到他人的认可和期待。对于青春期的孩子来说，家长和教师的期望是他们前进的动力之一。我们需要与孩子沟通，了解他们的兴趣和梦想，然后表达出对他们未来的期待和信心。这样，孩子就会感受到自己的价值所在，才能找到人生各个阶段的目标，从而更加努力地追求自己的目标。

下面是发生在我身边的一个真实的故事。

童筒是一个14岁的初中生，正处于青春期，对未来充满了好奇与迷茫。他成绩中等，对学习没有太大的热情，总是觉得学校的生活枯燥无味。然而，他的内心深处却藏着一个不为人知的梦想——成为一名天文学家，探索宇宙的奥秘。

他的父母注意到了他的这种迷茫与消极状态，于是选择了一个周末与儿子进行了深度交流："小童筒，我们知道你最近可能觉得学习有些无聊，但我们相信你一定有自己的梦想和追求。能不能告诉我们，你将来想干什么？"童筒犹豫了一下，但看到父母期待的眼神，终于鼓起勇气说："其实，我一直想成为一名天文学家，去探索那些未知的星球和宇宙的秘密。"母亲听后，眼中闪烁着惊喜的光芒："真的吗？那真是太棒了！你知道吗，我们一直都相信你有这个潜力。要成为天文学家，可需要很多的知识和技能哦，比如数学、物理，还有对天文的热爱和坚持。我们愿意支持你，帮你找到相关的书籍、课程，甚至带你去天文台参观，怎么样？"父亲也补充道："对，儿子，有梦想就要勇敢去追求。我们对你充满信心，相信你一定能够实现自己的目标。当然，这个过程中会遇到困难和挑战，但只要我们一起努力，就没有什么是不可能的。"

这次沟通让童筒感受到了前所未有的温暖和力量。他意识到，原来父母一直都在关注着自己的内心，而且对自己的未来充满了期待。这种被认可和寄予厚望的感觉，让他瞬间找到了自己的价值所在，也激发了他对学习的积极性和对未来的责任感。从那以后，童笛开始主动学习数学、物理等科目，成绩也有了显著的提升。他还利用课余时间阅读天文方面的书籍，参加学校的天文兴趣小组，甚至在网上与志同道合的朋友交流心得。每当遇到困难或挫折时，他都会想起父母那充满期待的眼神，这成了他不断前进的动力。几年后，童笛以优异的成绩考入了心仪的大学天文学系，朝着自己的梦想迈出了坚实的一步。他知道，是父母的内化目标和寄予期望，激发了他的积极性和责任感，让他找到了人生的方向，并勇敢地追求自己的目标。

总之，有了目标，有了期望，孩子们就不会迷失自我，就会书写出青春的力量。

五、鼓励探索，以试错铸成长

青春期，这个充满活力和梦想的阶段，是孩子好奇心和探索欲最为旺盛的时期。他们渴望接触新事物，希望拓宽自己的视野和经历。正如爱因斯坦所言："我没有特别的才能，我只是极度好奇。"好奇心既是推动人类不断前进的内在动力，也是青春期孩子最宝贵的财富。

家长和教师，作为孩子成长道路上的引路人，应该积极鼓励孩子去探索未知的领域，尝试新鲜的事物。我们要为他们提供一个宽松、包容的环境，让他们在探索的过程中发现自己的兴趣所在，挖掘自己的潜能。即使孩子在探索中犯了错误或者遭遇了失败，我们也要以宽容的心态来对待。因为失败和错误往往是成功的垫脚石，它们能帮助孩子汲取教训，磨炼意志，培养坚韧不拔的品质。

想象一下，一个孩子对绘画产生了浓厚的兴趣，但初次尝试时却画得一塌糊涂。如果我们能够鼓励他继续探索，为他提供必要的指导和支持，那么这个孩子很可能会在绘画的道路上越走越远，最终取得令人瞩目的成就。相反，如果我们因为他的初次失败而嘲笑他或者打击他的积极性，那么这个孩子很可能会放弃绘画，从而失去了一个发掘自己潜能的机会。

因此，我们要时刻牢记：鼓励探索与试错是激发青春期孩子内在动力的重要途径。我们要用欣赏的眼光看待孩子的每一次尝试和努力，用包容的心态接纳他们的失败和错误。只有这样，我们才能真正唤醒他们内在的成长力量，引领他们走向更加美好的未来。同时，我们也要让孩子明白，探索和试错的过程本身就是一种学习和成长。他们要勇于面对挑战和困难，敢于跨出舒适区去追寻自己的梦想。只有这样，他们才能在青春的舞台上尽情绽放自己的光彩。

六、端正儿童观，走近孩子

每个孩子都是宇宙中独一无二的存在，他们带着与生俱来的好奇心和探索欲来到这个世界。青春期，作为人生旅程中一个尤为特殊的阶段，孩子对"独立""尊严"和"控制感"的渴求越发强烈。这些内在需求，如同种子在土壤中悄然生长，渴望着阳光和雨露的滋养。

教育家蒙特梭利曾强调："我们必须了解儿童，才能教育他们。"这一观点在青春期教育中显得尤为重要。正确读懂青春期的孩子，端正儿童观不仅需要我们用心去观察他们的言行举止，更需要我们深入理解他们内心的需求和渴望。

想象一下，当孩子第一次尝试独立解决问题时，他们眼中闪烁着坚定和光芒；当孩子在同伴面前展示自己的才能和成果时，他们脸上洋溢着自豪和喜悦；当孩子向我们吐露心声，分享他们的梦想和困惑时，他们声音中透露着信任和期待。这些都是孩子在青春期所追求的"独立""尊严"和"控制感"的体现。

因此，作为家长和教师，我们要努力成为孩子成长道路上的引路人和伙伴。我们要与孩子保持友好的讨论和平和的对话，给予他们表达自己的空间和时间。当孩子向我们敞开心扉时，我们要耐心倾听，用心去理解他们的想法和需求。同时，我们也要敢于面对孩子的挑战和质疑，以开放的心态去接纳他们的不同观点和见解。

在教育过程中，我们要学会转换角色，站在孩子的角度去看待问题。只有这样，我们才能真正理解他们的行为动机和情感需求，找到问题的症结所在，进而采取有效的教育策略。例如，当孩子出现叛逆行为时，我们要思考这背后是否因为他们渴望更多的自由和独立；当孩子对学习失去兴趣时，我们要思考我们的教育方式是否过于单一和枯燥。

通过深入理解孩子，我们可以发现他们行为背后的积极意图和潜在能力。这样，我们就能更好地引导他们成长，帮助他们克服困难，实现自我价值。让我们一起努力，成为孩子青春期成长道路上的良师益友吧！

七、以爱为基，接纳孩子个性成长

在青春期的孩子成长的道路上，爱和接纳是最不可或缺的元素。正如心理学家卡尔·罗杰斯所言："爱是深深地理解和接纳。"不要让焦虑成为您与孩子之间最主要的情感纽带，因为这样的焦虑只会阻碍孩子的自然成长。

想象一下，如果每次考试检测都追求"第一名"，而您总是将"别人家的孩子"作为自家孩子的比较对象，那么孩子可能会感到自己永远无法达到您的期望。然而，事实上，没有一个孩子希望自己不优秀。人类本性中最深刻的渴求就是被赞美和认可。

不同个体的发展速度因人而异，这是自然的规律。各行各业的成功者并不都是少年得志，他们的成长道路各不相同。因此，我们应该明白，每个生命都是绚烂的烟火，每个孩子都有自己独特的成长节奏。

作为家长，我们应该将注意力放在自家孩子的成长上，而不是过分关注"别人家的孩子"。我们应该看到孩子现在与过去的进步，无论这种进步是否体现在成绩上。孩子的每一点成长都值得我们的赞美和鼓励，因为积极的效应能给孩子信念和力量。

同时，我们也要意识到消极的效应可能会潜意识地影响孩子。家长输出的能量，无论是积极的还是消极的，都会被孩子接收。因此，我们应该努力输出正面的能量，给予孩子爱和支持，这是他们安全感的最好来源。

对于青春期的孩子而言，来自父母、家庭的爱的力量是无可替代的。这种爱能够让他们在面对挑战和困难时更加坚强和自信。因此，让我们用爱和接纳来陪伴孩子度过这个关键的成长阶段，让他们在自己的节奏中绽放出独特的光彩。

例如，有一位家长发现自己的孩子在学习上并不出色，但他并没有因此放弃孩子或对孩子施加压力。相反，他选择了接纳孩子的现状，并努力寻找孩子其他方面的优点和潜力。他发现孩子在音乐方面有天赋和兴趣，于是鼓励孩子学习音乐，并在孩子取得进步时给予及时的赞美和鼓励。最终，这个孩子在音乐道路上取得了不俗的成绩，也找到了自己的自信和快乐。这个案例告诉我们，爱和接纳是激发孩子内在动力的关键，也是帮助他们走向成功的基石。

八、确立行为边界，塑造孩子未来

在青春期孩子的成长过程中，帮助他们建立明确的行为边界至关重要。爱和接纳，这两个珍贵的情感，绝不意味着对孩子行为的放任、纵容或溺爱。正如著名教育家苏霍姆林斯基所言："教育的真正目标应该是发展人的能力，而不仅仅是传授知识。"适度的惩戒，作为教育的一部分，对于塑造孩子的性格和行为习惯具有不可替代的作用。

想象一下，如果家庭中没有明确的行为边界，孩子可能会像一艘失去方向的船，在生活的海洋中迷失方向。因此，我们需要与孩子在相互磨合中清晰地确立奖赏与惩戒的标准。这些标准应该分明清晰、前后一致，让孩子在做出超越预期的事情时，知道会得到我们的表扬；在犯错误时，也明白这是自己行为的后果。

贝多芬小时候，他的父亲对他的音乐才华寄予了厚望，但同时也对他进行了严格的管教。当贝多芬在练习中出现错误时，他的父亲会给予适度的惩戒，激励他更加努力地练习。这种明确的行为边界和适度的奖惩制度，让贝多芬在音乐道路上不断进取，最终成为伟大的音乐家。

回到我们的日常生活中，规则一旦确立，只要不朝令夕改，即使是不成文的规定，大家也都会遵守。奖励和惩罚，对于孩子来说，其实都是可以接受的。关键在于我们要以恰当的方式实施奖惩，让孩子从小就理解社会的规则、敬畏社会法则和大自然的法则。只有这样，他们在未来的生活中才能更好地适应社会，成为有责任感、有担当的人。

总之，帮助孩子建立行为边界，以适度的奖惩塑造他们的行为习惯和性格品质，是我们作为家长和教育者的重要责任。让我们携手努力，为孩子的健康成长和美好未来奠定坚实的基础。下面，让我们一起来看一些身边的故事。

在我老家，有一位名叫李浩的 15 岁男孩。他从小就是家里的骄傲，成绩优异，乖巧懂事。然而，就在最近，他的父亲李明发现，李浩的成绩突然下滑，而且晚上常常熬夜，白天则疲惫不堪，眼神里失去了往日的光芒。

李明决定采取行动。一天晚上，他轻轻敲开李浩的房门，看到儿子正沉浸在手机游戏里。他并没有发火，而是静静地坐在床边，深吸了一口气，开始讲述自己年轻时的故事。

"儿子，你知道吗？爸爸曾经也像你一样，沉迷在游戏的世界。"李明的声音低沉而有力，仿佛穿越时空，回到了那个年代，"但后来我发现，游戏并不能给我带来真正的快乐和成就感。当我放下游戏，投身于更有意义的事情时，我才找到了真正的自我。"

李浩抬起头，看着父亲的眼神里充满了疑惑和好奇。李明继续说道："你现在正处于人生的关键时期，你的选择将决定你未来的方向。我希望你能多关注自己的学业和兴趣爱好，培养自己的综合素质。记住，只有当你真正投入有意义的事情中时，你才能获得真正的快乐和成就感。"

李浩沉默了片刻，然后缓缓地点了点头。他感受到了父亲话语中的真诚和关爱，也意识到了自己之前的行为是多么幼稚和不负责任。他决定改变自己，重新找回那个曾经优秀的自己。

在接下来的日子里，李浩开始减少玩游戏的时间，把更多的精力投入学习和兴趣爱好上。他参加了学校的篮球队，每天和同学们一起训练、比赛，感受到了团队合作的快乐和运动的魅力。他还报名参加了学校的演讲比赛，锻炼自己的口才和表达能力。

李明也积极配合儿子的改变。他帮助李浩制订了合理的学习计划，鼓励他参加各种社交和体育活动。每当李浩遇到困难或挫折时，李明总是第一时间出现在他的身边，给予他鼓励和支持。他告诉李浩："无论遇到什么困难，都要相信自己，勇往直前。爸爸永远是你最坚强的后盾。"

随着时间的推移，李浩的成绩逐渐回升，他也变得更加自信和开朗。他感谢父亲的理解和引导，让他重新找回了自己的方向。他知道，父亲的爱和支持是他前进路上最坚实的力量。

这个案例生动地展示了如何运用专业的支持与引导、正确的儿童观、爱与接纳、帮助孩子建立行为边界，以及给予积极的鼓励和支持等方法来优化青春期孩子的教育。通过这些方法的应用，我们可以更好地陪伴孩子度过青春期的挑战和困惑，促进他们的健康成长和发展。同时，这个案例也提醒我们，作为家长和教育者，需要时刻保持敏感和关注，及时发现孩子的问题并给予正确的引导和支持。只有这样，我们才能帮助孩子走向更加美好的未来。

综上所述，面对青春期的孩子，我们需要以更加开放、包容和理解的心态来与他们相处。通过建立信任、倾听心声、树立榜样、设定界限、鼓励探索及寻求专业支持等方式，我们可以有效地唤醒他们内在的成长力量，引导他们走向更加成熟、独立和自信的未来。

唤醒高中阶段孩子成长

高中时期，是孩子生命旅程中一个极为特殊的阶段。他们的身体如同春天的柳树，一夜之间似乎就抽出了新芽，蓬勃生长；而他们的内心，也正经历着一场翻天覆地的变革，犹如破茧成蝶，挣扎着、探寻着，期待飞向那片更为广阔的天空。

然而，成长的路途并非一帆风顺。学业的压力、同伴的竞争、家庭的期望，以及青春期特有的迷茫和困扰，都如同一道道险峻的山岭，横亘在他们面前。他们渴望独立，却又缺乏足够的经验和能力去应对这一切。因此，作为家长，我们需要给予他们更多的关心和支持。

那么，如何关心引导孩子，为他们的成长做好后勤服务呢？

首先，我们要尊重他们的独立性。正如教育家蒙特梭利所说："我们必须尊重孩子的独立性，帮助他们学会自己走路。"我们要给予他们足够的空间和时间，让他们去尝试、去探索、去犯错误。因为只有在实践中，他们才能真正学会如何独立面对问题、解决问题。

其次，我们要成为他们的朋友和导师。在他们遇到困惑和难题时，我们要耐心倾听他们的心声，理解他们的感受，给予他们建设性的建议和指导。同时，我们还要引导他们学会感恩。感恩生活给予的一切美好和磨砺，感恩身边人的付出和关爱。因为只有懂得感恩的人，才能更加珍惜生活、珍惜自己。

最后，我们要唤醒他们内心深处的力量。每个孩子都是独一无二的宝藏，他们拥有无限的潜力和可能性。我们要相信他们、鼓励他们、支持他们去追求自己的梦想和目标。正如教育家苏霍姆林斯基所说："教育的真正目标应该是发展人的能力。"我们要帮助他们发掘自己的潜能、发挥自己的优势、成为那个最耀眼、最坚韧、最富有生命力的自己。

作为家长，我们可以在以下这些方面对孩子进行正确引导。

一、学业压力方面

高中生面临着日益增长的学业压力，课程内容加深且学科增多，同时还要应对各种考试和选拔。作为家长，我们可从以下方面帮助孩子。

定期与教师沟通：设定固定的时间与孩子的教师进行沟通，了解孩子在学校的学习状况、进步和需要改进的地方。根据教师的反馈，与孩子一起制订学习计划，帮助他们更好地应对学业挑战。

提供学习辅导资源：如果孩子在某些科目上遇到困难，可以寻找合适的辅导教师或在线学习资源，为他们提供额外的支持。鼓励孩子参加学校或社区组织的学习小组和辅导课程。

建立学习日志：鼓励孩子每天记录学习进度、遇到的难题和解决方法，以及自我反思。家长定期查阅孩子的学习日志，与孩子一起回顾并讨论如何改进学习方法。

组织学习小组：协助孩子邀请几位同学一起学习，共同讨论作业和难题。共享学习资料和零食，为小组学习创造轻松愉快的氛围。通过这样的合作学习，孩子们不仅能增进友谊，还能在相互帮助中共同进步。

鼓励多元化学习：除了学校课程，家长可以鼓励孩子尝试不同的兴趣爱好和课外活动。提供机会让孩子参加艺术、体育或科学等领域的课程或工作坊。

创建良好的学习环境：为孩子提供一个安静、舒适、有良好学习氛围的空间。

设定合理目标：帮助孩子设定短期和长期的学习目标，并确保这些目标是具体的、可衡量的。

实践案例：

设立定期学习反馈会议。林先生的女儿林悦是一名高中生，学业压力大。为了更具体地了解女儿的学习情况和需求，林先生与女儿设立了定期学习反馈会议。每周日下午，他们会一起回顾林悦一周的学习内容，讨论遇到的问题，并寻找解决方案。林先生还会根据女儿的反馈，为她提供必要的学习资源和辅导。这种定期、结构化的反馈机制不仅让林悦感到被关注和支持，还帮助她更有效地应对了学业压力。

二、在应对同伴压力方面

在与同龄人的互动中，高中生可能会感受到来自社交、外表、兴趣等多方面的压力。作为家长，我们可从以下方面进行思考。

建立开放的沟通渠道：鼓励孩子向家长分享与同伴相处时的经历和感受，无论是积极的还是负面的。家长要保持耐心和理解，不要过早给出评判或建议，让孩子感受到被倾听和支持。

培养批判性思维：帮助孩子分析和理解同伴压力的来源和影响，教导他们如何辨别和抵制不良的影响。通过交流讨论等方式，提升孩子对同伴压力的应对能力。

角色扮演与模拟场景：与孩子一起进行角色扮演，模拟他们在社交场合可能遇到的情境。通过这种方式，帮助孩子练习如何拒绝不当压力，以及如何提出自己的想法和感受。

建立积极的朋友圈：鼓励孩子与积极向上、有共同兴趣爱好的同伴建立友谊。邀请这些朋友参加家庭活动，增强彼此之间的了解和友谊。

强调内在价值：经常与孩子讨论人的内在价值，如善良、诚实和努力。教导孩子不要过分在意他人的评价，而是更多地关注自身的成长与进步。

倾听与理解：当孩子提及与同伴的冲突或压力时，耐心倾听，并尝试理解他们的感受。

提供支持：让孩子知道，无论发生什么，家都是他们最坚实的后盾。

实践案例：

开展家庭心理沙龙。周女士的儿子黄浩在高中遭遇了同伴压力，感到困惑和不安。黄女士决定开展家庭心理沙龙，邀请黄浩的同学和家长参加。在沙龙中，大家分享了自己对同伴压力的看法和经历，黄女士还邀请了一位心理咨询师为大家提供建议。通过这种开放、包容的讨论方式，黄浩不仅得到了情感上的支持，还学会了更理性地看待和处理同伴压力。

三、在未来目标期望方面

很多家庭对孩子寄予厚望，希望他们能考上名牌大学、将来能有好工作等。

这种期望有时会给孩子带来巨大的压力。作为家长，我们可从以下方面对孩子进行引导。

明确且合理的期望：与孩子一起制定明确、可衡量的目标，确保这些目标是基于孩子的兴趣和能力而设定的。避免将过高的期望强加给孩子，以免造成不必要的压力和挫败感。

强调过程和努力：关注孩子在学习和成长过程中的努力和进步，而不仅仅是结果。及时给予孩子正面的反馈和鼓励，增强他们的自信心和动力。

庆祝小成功：当孩子达到某个小目标或取得进步时，举行小型的庆祝活动。这可以增强孩子的成就感和自信心，激励他们继续努力。

提供情感支持：当孩子面临挑战或失败时，应给予他们情感上的支持和鼓励。帮助他们分析失败的原因，并一起讨论如何改进和避免同样的错误。

明确期望：与孩子一起明确、讨论对家庭的期望，并确保这些期望是符合孩子实际情况和愿望的。

实践案例：

共同制定实际可行的学业目标。陈先生的女儿陈琳即将面临高考，家庭对她的期望很高。为了避免给女儿过大的压力，陈先生与女儿一起制定了实际可行的学业目标。他们详细分析了陈琳的学习情况，制定了符合她实际能力的目标和计划。同时，陈先生还强调家庭的支持和理解，让陈琳感到即使在面临挑战时也有坚实的后盾。这种合作与理解的方式让陈琳更有信心地面对高考和家庭期望。

四、在对待青春期困扰方面

身体的变化、对异性的兴趣、对未来的迷茫等都可能成为高中生的困扰。作为家长，我们可从以下方面进行思考。

提供青春期教育：为孩子提供关于青春期生理和心理变化的书籍或视频资料，帮助他们更好地理解和应对这个阶段的变化。如果可能的话，邀请专业人士为孩子提供青春期教育和咨询。

尊重隐私与个人空间：尊重孩子的隐私和个人空间，不要过度干涉他们的私人事务。建立信任和理解的关系，让孩子知道家长是他们可以信赖和支持的人。

提供青春期指南：为孩子准备一本关于青春期的指南或手册，包含生理、心理和情感方面的信息。鼓励孩子随时提问和分享自己的困惑，确保他们得到准确的解答。

建立信任关系：与孩子建立信任关系，让他们知道无论发生什么，家长都会支持和理解他们。尊重孩子的隐私，但也要确保他们在需要时能够得到帮助。

开展性教育对话：在适当的时候与孩子开展关于性教育的对话，确保他们了解自己的身体和情感变化。提供关于性健康、性传播疾病和避孕等方面的信息。

促进开放沟通：营造一个开放、无偏见的沟通环境，让孩子知道可以随时与家长分享他们的感受和困惑。

实践案例：

提供青春期健康与心理指导手册。张女士的女儿周红正在经历青春期，面临着各种身心变化。为了帮助女儿更好地应对这些变化，周女士为她准备了一份青春期健康与心理指导手册。手册中包含了关于青春期生理变化、心理健康、人际关系等方面的详细指导。周女士鼓励儿子随时查阅手册，并在需要时与她进行讨论。这种细致入微的关怀让周女士的儿子在面对青春期的挑战时感到更加安心和自信。

五、引导孩子成为自强、坚韧、感恩的成人

培养家庭责任感：给孩子分配适合其年龄的家务和责任，让他们学会独立生活和承担责任。同时，对孩子在家务和责任履行方面的表现给予及时的反馈和奖励。

培养解决问题的能力：鼓励孩子在面对问题时应独立思考和寻找解决方案。当孩子遇到困难时，不要立即为他们解决问题，而是引导他们分析问题、提出解决方案并尝试解决。

树立感恩分享榜样：作为家长，要以身作则，展现感恩和分享的行为。鼓

励孩子参与志愿服务和慈善活动，培养他们的感恩心态和社会责任感。同时，引导孩子关注和珍惜他人的付出和善意，学会感恩和回馈。

鼓励自主决策：在日常生活中给孩子提供自主决策的机会，如选择衣服、食物或活动。当孩子面临选择时，帮助他们分析利弊，但最终要让他们自己作出决定，以培养其独立决策的能力。

培养耐心与毅力：当孩子面对困难时，鼓励他们坚持下去，引导孩子学会不怕困难挑战自己，通过解决问题来培养他们的韧性和抗挫能力。

实践感恩：鼓励孩子每天写下三件令他们感激的事情，并分享给家人。在家庭活动中融入感恩元素，如春节时一起回顾过去一年中的美好时刻和人们的付出。还可引导孩子参与志愿服务活动，让他们亲身体验助人为乐的喜悦感和满足感。

自立自强：鼓励孩子做家务、参与社区活动、承担部分责任等，以培养他们自立自强的生活能力。

实践案例：

参与社会公益活动。李先生为了培养儿子李强的独立性和社会责任感。带着李强一起参与了一项社会公益活动——为贫困地区的孩子提供教育援助。在活动中，李强负责联系受助学校、筹集物资和制订援助计划。通过这次经历，他不仅学会了如何独立承担责任和解决问题，还深刻体会到了感恩和回馈社会的重要性。这种实践性的活动让李强在成长过程中更加独立、坚韧和懂得感恩。

总之，高中阶段是一个充满挑战与蜕变的关键时期。家长应当成为他们坚实的后盾与智慧的灯塔，在学业重负中给予理解与支持，教授他们与同伴有效沟通的艺术，共同设定并调整合理的目标期望，理性地陪伴他们穿越青春期的迷雾与困扰。同时，强化孩子的责任意识，让他们在实践中学会担当与自我驱动。以唤醒他们内在的成长力量，激励他们迈向更加广阔、深邃且充满无限可能的成年世界。

学校唤醒发展篇

激发无限生机，共筑生命成长乐园

校园，这片充满生机与活力的沃土，犹如一座孕育无限可能的神秘乐园。当清晨的第一缕阳光洒进校园，孩子们就在欢快与憧憬中进入了新的一天。在温馨的书吧中，在柔美的氛围里，他们沉浸于书海，与古今中外的大师进行心灵的对话；在设备精良、功能各异的实验场里，他们潜心实践，探索科学的奥秘，感受知识的力量；在竞技舞台上，他们自信地展示自己的创意与成果，分享成长的喜悦；在丰富多彩的社团活动中，他们挥洒才华，释放内心的激情。这些生动而美好的场景，并非遥不可及的梦想，而是我们努力构建的现实。在这里，教师以智慧的光芒为指引，激发学生的生命潜能，共同演奏一曲曲灵魂共鸣的华美乐章。在这片沃土上，无论是教师还是学生，他们的生命、智慧、灵魂都得到了充分的唤醒与滋养。

一、构建一个充满生机与活力的校园环境，是唤醒教育的重要起点和基础

环境对人的影响是潜移默化的，特别是对于成长中的孩子来说，他们所处的环境往往会塑造他们的性格、价值观和行为习惯。一个充满活力和创意的校园环境能够激发学生的好奇心，促使他们主动探索、勇于实践，从而在知识的海洋中畅游，在实践的天空中翱翔。

校园环境不仅关乎教育的物理空间，更涉及孩子心灵世界的触动和启迪。校园里的每一块砖石、每一片绿叶、每一本图书、每一间明亮的教室，乃至每一面沉静的墙壁和每一株勃发的草木，都应当承载教育者的深意和期待，以唤醒学生内在的生命活力、智慧的火花和对美好事物的共鸣。

那如何构建这样一个环境呢？

第一，校园的物理布局和建筑设计要体现人文关怀和生态理念，比如设置宽敞的活动空间，规划多样化的功能区域，让孩子在学习之余也能享受到自然的馈赠和运动的乐趣。

第二，校园的装饰和细节处理要富有教育意义和艺术美感，比如通过墙壁上的励志标语、教室里的图书角、走廊上的艺术作品等，让孩子在不经意间受到美的熏陶和智慧的启迪。

在实施过程中，教育者和管理者要发挥创意，充分调动师生参与的积极性。可以组织师生共同设计校园文化墙，设立学生创意展示区等，让校园的每一个角落都充满生命的色彩，留下智慧的印迹。同时，校园环境的维护也是一项长期而重要的工作，需要全体师生的共同努力和持续投入。

当这样一个充满生机与活力的校园环境呈现在孩子面前时，他们的感官将被全方位唤醒。他们会用眼睛去观察，用耳朵去聆听，用手去触摸，用心去感受这个世界的美好和神奇。他们的探索欲望将如雨后春笋般地蓬勃生长，他们将在这样的环境中发现自我、认识自我、超越自我，最终成长为具有独特个性和创造力的未来之星。

下面让我们一起走进"明日之星"的理想校园。

在远离城市喧嚣的一片青翠山麓下，坐落着一所特别的学校——"明日之星"。这所学校不是因其高楼大厦或先进设备而闻名，而是凭借其充满生机与活力的校园环境，成为唤醒教育的一面旗帜。

几年前，明日之星学校还只是一所普通的乡村学校，校园环境单调乏味，缺乏生气。然而，一场由校长发起的教育环境改革，让这里发生了翻天覆地的变化。

校长深知环境对于学生成长的重要性。他相信，一个充满活力和创意的校园环境能够激发学生的好奇心和探索欲望。于是，他带领团队开始了一场旨在唤醒学生内在生命活力的校园环境构建之旅。

第一，他们对校园的物理布局进行了重新规划。宽敞的运动场、色彩斑斓的花园、静谧的阅读角、充满科技感的创客空间……每一个功能区域都经过精心设计，既满足学生的学习需求，又兼顾他们的身心发展。

在装饰细节上，明日之星学校更是下足了功夫。教室的墙壁上不再是单调的白墙，而是孩子亲手绘制的壁画，每一幅都充满了童真和创意。走廊上悬挂着学生的艺术作品和手工艺品，展示着他们的才华和创造力。图书馆里，除了琳琅满目的图书外，还有孩子自己设计的小书架和阅读桌椅，这些贴心的设计极大地提升了阅读的舒适性与愉悦感。

第二，为了让学生更加深入地参与校园环境的构建，学校还组织了一系列丰富多彩的活动。首先，举办校园文化墙设计大赛，让孩子用自己的双手和智慧装点校园；其次，举办校园美化日活动，全体师生共同出动，为校园植树、种花、清理垃圾；此外，还设立了学生创意展示周，每周都会有一个班级的学生在校园的公共区域展示自己的创意作品。

这些举措不仅让校园环境焕然一新，更重要的是，还唤醒了孩子内心深处的生命活力。在明日之星学校，孩子不再是被动的接受者，而是成为环境的主人和创造者。他们用自己的眼睛去发现美，用自己的双手去创造美，用自己的心灵去感受美。

如今，当你走进明日之星学校，你便会被这里独特的校园环境深深吸引。每一寸土地、每一片绿叶、每一面墙壁、每一件作品都在诉说着教育的力量和生命的活力。在这里，孩子在知识的海洋中畅游，在实践的天地里翱翔；在这里，他们踏上了一场自我发现、自我认知与自我超越的旅程；这将铸就他们成为未来社会中充满创造力与影响力的璀璨之星。

二、塑造一种包容、自主、激励的校园文化是唤醒教育的关键所在

校园文化不仅体现在制度的灵活性和包容性上，更在于对每一个个体的深度尊重与理解。在这样的氛围中，教育者的智慧将被充分激发，他们将成为引领学科发展的中坚力量，释放出最大的育人潜能。同时，学生也将在这种文化的熏陶下，逐渐学会独立思考、勇于实践、敢于创新，从而成长为具有时代担当的未来栋梁。

制度是校园文化的基石，情怀则是教师精神的源泉。唯有在精心打造的制度环境中孕育出深厚的校园情怀，才能构筑起教师成长的沃土，进而激发教育

的无限生机。

学校领导班子需深入调研，精准捕捉教师需求，制定切实可行的制度方案。在制度实施过程中，要注重与教师的沟通交流，及时收集反馈意见，不断调整完善，确保制度真正落地生根。构建一套既灵活又包容、既关怀又自主、既激励又奋发的制度体系，包括公平的薪酬体系、完善的福利保障、公正的晋升机制以及人性化的管理制度。同时，通过举办座谈会、研讨会等活动，增进教师间的交流与合作，共同培育浓厚的校园情怀。

在这样的制度环境和校园情怀的滋养下，教师将焕发出蓬勃的工作热情和创新活力，共同谱写学校发展的新篇章。

师生关系是教育大厦的基石，和谐共生的文化生态是学生健康成长的必要条件。只有营造尊师爱生的氛围，才能真正实现教育的唤醒功能。

学校应倡导尊重、理解、接纳每一位学生的教育理念，鼓励教师以关爱之心、智慧之眼去发现并发展学生的潜能。同时，建立完善的师生沟通机制，如定期的学生座谈会、师生互动平台等，倾听学生的声音，关注他们的成长需求。学校需加强对教师的师德师风建设，通过培训、研讨等方式提升教师的教育理念和教育能力。在日常教育教学中，教师应注重与学生的情感交流，以真诚的态度赢得学生的信任和尊重。

在这样的师生关系和文化生态的熏陶下，学生将更加自信、乐观地面对学习和生活中的挑战，形成教学相长、和谐共生的良好局面。

下面，我们通过理想中的"启航中学"来感受校园文化的魅力吧！

在辽阔的教育海洋中，启航中学如同一艘扬帆起航的巨轮，以其包容、自主、激励的校园文化引领着教育的航向。这背后，离不开学校校长的精心领导和全体教师的深情付出。

学校校长，作为启航中学的掌舵人，深知校园文化对于教育的重要性。他坚信，只有让教师感受到尊重和自主，才能激发他们的创造力和教育热情。因此，他推行了一系列民主管理措施，如定期召开教师代表大会，倾听教师的声音，随时到办公室，与教师谈心，让各位教师都有机会积极发表建议，并主动参与到学校的管理和决策中来。他尤其尊重教师的教育教学策略，为教师的专业发展提供个性化空间，在他的引领下，学校建立了一套既灵活又包容的制度体系，为教师和学生提供了广阔的发展空间。

例如，陈教师便是启航中学众多关爱学生的典范之一。她深知，每一个学生都是独一无二的个体，需要得到尊重和理解。因此，她总是以一颗仁爱之心去关注学生的成长，用智慧之眼去发现学生的潜能。有一次，她发现一位平时沉默寡言的学生在绘画方面有着惊人的天赋，于是便鼓励他大胆展示自己的作品，并推荐他参加了校外的绘画比赛。在陈老师的鼓励和指导下，这位学生不仅获得了比赛的奖项，更重要的是找回了自信和学习的动力。

这样的例子在启航中学数不胜数。正是校长和教师这种具体而生动的实践，让包容、自主、激励的校园文化在启航中学真正落地生根。在这种文化的熏陶下，师生们相互尊重、相互理解、相互激励，共同谱写着教育的华美篇章。

正是这种以人为本的校园文化让启航中学成为教育的沃土，孕育出了一批又一批优秀的教师和学生。他们在这里放飞梦想、追求卓越、共同成长，为社会的进步和发展贡献着自己的力量。

三、打造一系列关注孩子生命成长、智慧启迪和灵魂滋养的课程是唤醒教育的核心任务

课程是学校教育教学的核心载体，多元融合的课程生态是满足学生个性化需求、促进学生全面发展的重要保障。

唤醒教育课程紧密围绕学生的成长需求，为他们提供丰富多样的学习路径和深度体验的机会。在这里，不同的孩子都能找到适合自己的成长轨迹，都能在校园生活的点点滴滴中发现自己、认识自己并成就自己。通过这样的课程学习，孩子不仅能获得知识的滋养，更能深刻领悟到生命的意义和价值所在。

学校应打破传统单一的课程模式，构建包括国家课程、地方课程、校本课程在内的多层次、立体化的课程体系。同时，注重课程的整合与优化，实现跨学科、跨领域的融合教育。此外，根据学生的兴趣和特长开设丰富多样的选修课程和拓展课程，为学生提供更多的选择机会。学校应组织专业的课程研发团队进行深入研究，结合学生的实际情况和社会发展趋势制定科学合理的课程方案。在实施过程中加大对教师的培训和指导力度，确保他们具备实施新课程所

需的知识和技能水平。同时，建立完善的课程评价机制对课程实施效果进行定期评估反馈并及时调整完善课程体系。

在这样的课程生态中每个学生都能找到适合自己的学习路径和发展方向。他们的认知视野将更加宽广、思维将更加活跃、学习兴趣和动力将得到充分激发。同时，学校将培养出更多具有社会责任感、创新精神和实践能力的人才。

校园教育的唤醒不仅是一个过程，更是一种持续不断的追求。它需要我们不断地反思、创新和完善，以确保教育始终与时俱进，始终与孩子的真实需求紧密相连。为了实现这一追求，我们必须始终保持对教育的热情和敬畏之心。我们要时刻关注孩子的成长变化，及时调整教育策略和方法，以确保他们能够在校园中自由呼吸、快乐成长。同时，我们还要积极借鉴国内外的先进教育理念和实践经验，不断丰富和拓宽自己的教育视野及知识体系。

此外，校园教育的唤醒还需要全社会的共同努力和支持。政府、学校、家庭、社区等各方应携手合作，共同为孩子营造一个健康、和谐、有利于成长的社会环境。只有这样，我们才能真正实现校园教育的唤醒，让每一个孩子都能在校园这片乐土上茁壮成长，绽放出属于自己的独特光彩。

综上所述，校园教育的唤醒是一个系统而全面的过程，本书只是在构建一个充满生机与活力的校园环境，塑造一种包容与激励的校园文化，打造一系列关注孩子生命成长、智慧启迪和灵魂滋养的课程三方面作了探讨，最优质的教育永远在路上，让我们携手共进，以更加坚定的信念和更加务实的行动，共同推动校园教育的持续唤醒与蓬勃发展吧！

学龄前儿童成长的唤醒

在生命的宏大画卷中，学龄前儿童时期是一片纯净无瑕、等待着我们细心描绘的疆域。这一阶段的孩子，他们的心灵如同初升的朝阳，明媚无瑕，充满了好奇心和探索欲望，拥有无限的可能性和潜力。正是这样的纯真性与可塑性，使学龄前教育成为孩子生命旅程中至关重要的一个环节。在这一时期，教育者不仅要传授知识，更要肩负起唤醒孩子内在潜能、引导他们向着正确人生方向成长的重任。

面对这些刚刚踏出家庭、开始融入社会小团体的孩子，我们应该如何着手，以勾勒出他们快乐成长、热爱学习、勇于创新、充满智慧与情感的美好未来呢？我们又该如何在孩子的心灵深处播种下正确的生命观、成长观、学习观、价值观和人生观的种子呢？

首先，唤醒孩子对生命的敬畏与尊重是至关重要的。通过生动有趣的故事、寓教于乐的互动游戏以及亲身体验自然的方式，我们可以帮助孩子理解生命的奇妙与宝贵，让他们学会珍惜每一个生命体。例如，在幼儿园的种植角，让孩子亲手种下一颗种子，观察它的生长过程，感受生命的顽强与美丽；种植小绿植、观察昆虫等，让孩子在亲身体验中感受生命的奥妙。引导孩子画出自己心中的大自然和生命，通过绘画表达他们对生命的理解和敬畏；定期邀请动物保护工作者、植物学家等专业人士来幼儿园分享他们的工作与生命的故事，让孩子听到更多真实而生动的生命故事；引导孩子使用废旧材料制作与生命相关的小手工，如制作鸟巢、昆虫标本等，让孩子在动手的过程中感受生命的魅力；组织户外自然探索活动，如观察昆虫习性、记录植物生长等，让孩子在亲身体验中感受生命的神奇。

实践案例：生命的奇迹

活动目的：让孩子通过观察生物的生长过程，理解生命的奇妙和宝贵。

活动内容：在幼儿园里设立一个小型的种植区，每个孩子都负责种植和照顾一棵植物，比如豆类或向日葵。孩子需要每天为植物浇水、除草，并记录植物的生长情况。随着植物从种子长成幼苗，再到开花结果，孩子可以亲身体验到生命的成长过程。

活动效果：通过这个活动，孩子不仅学会了如何照顾植物，更重要的是，他们理解了生命的顽强和美丽，懂得了尊重和珍惜生命。

其次，要唤醒孩子敢于尝试、不惧失败的成长意识。

在成长的道路上，我们要为孩子创造一个安全、宽松的环境，让他们敢于探索未知、勇于尝试新事物。当孩子面临失败时，我们要引导他们学会正视挫折、分析原因并寻找解决办法，即使失败了也要给予积极的反馈，让他们明白失败并不可怕，重要的是从中吸取经验和教训。同时，要培养孩子的自我管理能力，让他们学会规划时间、设定目标，并逐步养成良好的学习和生活习惯。例如，在幼儿园的创意手工课上，鼓励孩子大胆尝试不同的材料和创作方式，即使作品不完美也要给予积极的反馈和建设性的建议。以下是给教师的一些建议和参考。

①创设成长支持环境。例如，布置成长墙。在教室里设置一面成长墙，展示孩子的作品、照片和成长记录。这面墙可以记录孩子的身高变化、学习的新技能等，让孩子看到自己的进步和成长轨迹。还可以设置一个角色扮演区，提供各种职业和角色的服装及道具，如医生、警察、厨师等。通过角色扮演，孩子可以模仿成人的行为和语言初步进行职业体验，培养他们的社会交往能力和同理心。

②组织多样化的学习活动。例如，开展主题活动。围绕孩子感兴趣的主题，如动物、植物、交通工具等，开展一系列的学习活动。这些活动可以包括观察、实验、绘画、手工制作等，让孩子在亲身体验中学习和成长；还可以鼓励孩子自由探索。在安全的前提下，给予孩子充分的自由探索空间和时间。让他们自主选择玩具和材料，自由结伴玩耍。教师可以适时介入，引导孩子发现问题、解决问题，培养他们的好奇心和探索精神。

③培养自我管理与责任感。例如，建立班级规则。与孩子一起讨论并制定班级规则，如玩具归位、排队洗手等。让孩子参与到规则的制定和执行中，培

养他们的自我管理意识和责任感。

④设置小助手角色。在班级中设置一些小助手角色，如图书管理员、卫生监督员等。让孩子轮流担任这些角色，负责管理和维护班级的图书、卫生等。通过承担责任，孩子可以感受到自己的价值和重要性。

⑤关注个体差异与情感需求。教师可细心观察每个孩子的行为、兴趣和情感变化，并做好记录。通过观察记录，教师可以更好地了解每个孩子的成长需求和特点，为他们提供个性化的支持与引导。教师还可定期与孩子进行情感交流，倾听他们的想法和感受。对于孩子的困惑和问题，教师要给予耐心解答和引导，帮助他们建立积极的情感态度和自我认知。

实践案例：小小探索家

活动目的：鼓励孩子勇敢尝试新事物，面对失败时保持积极态度。

活动内容：在幼儿园里设立一个探索区，提供各种不同的材料和工具，如积木、颜料、纸张等。鼓励孩子自由探索，尝试使用这些材料和工具创造出自己的作品。当孩子遇到困难或失败时，教师会给予积极的鼓励和支持，引导他们找出问题所在并尝试解决。

活动效果：通过这个活动，孩子不仅锻炼了动手能力，更重要的是，他们学会了面对挫折和失败。他们知道，失败并不可怕，重要的是从失败中吸取教训，勇敢地再次尝试。

再次，要唤醒孩子对学习的热情。

学习不仅是为了获取知识，更是一种探索未知世界的乐趣。教育者应创设有趣的学习环境，引导孩子发现学习的乐趣，激发他们的好奇心和求知欲。同时，要尊重孩子的兴趣爱好，鼓励他们在感兴趣的领域深入探索，培养他们的专注力和创造力。以下是给教师的一些建议和参考。

①开展主题式探究学习。设计以动物为主题的探究活动，如"动物园探险"，带领幼儿观察动物的外貌特征、生活习性等。通过制作动物面具、扮演动物角色等游戏方式，让幼儿更深入地了解动物世界。

②实施多媒体互动教学。利用互动白板展示各种有趣的动画和图片，吸引幼儿的注意力并引导他们学习新知识。使用教育 App 进行互动游戏和练习，

让幼儿在玩乐中学习。

③构建正面激励系统。建立奖励机制，如"小小智慧星""进步小能手"等，通过颁发小奖品或表扬信，激励幼儿积极参与学习活动。设立"小小智慧星"榜单，每周评选出表现优秀的幼儿并给予小奖品或贴纸奖励。对于幼儿的点滴进步和良好行为，及时给予口头表扬和肢体语言的鼓励。

④建设家园互动平台。通过网络平台定期发布幼儿在园的学习情况和活动照片，让家长了解孩子的在园表现。设立家长信箱或定期召开家长会，与家长沟通交流并征求他们的意见和建议。

实践案例：快乐学习时光

活动目的：通过有趣的学习活动和规律的作息时间，培养孩子的学习兴趣和学习习惯。

活动内容：每天设定固定的学习时间，如早上9时到10时。在这段时间里，教师会带领孩子进行各种有趣的学习活动，如阅读绘本、学习数字、认识形状等。学习活动采用游戏化的方式，让孩子在玩中学，学中玩。

活动效果：经过一段时间的实践，孩子逐渐适应了规律的学习时间，对学习活动产生了浓厚的兴趣。他们开始主动要求学习，并在日常生活中展现出所学到的知识和技能。

最后，要唤醒孩子的价值判断和人生追求，构建正确的价值观和人生观是学龄前儿童教育的核心目标。

我们要通过日常生活中的点滴小事、榜样的力量及正面的引导，来帮助孩子形成积极向上的价值观和人生态度。例如，邀请不同职业的家长来幼儿园分享他们的工作经历和人生感悟，让孩子认识到每个职业都有其独特的价值和意义，从而学会尊重和理解他人。以下是给教师的一些建议和参考。

①创设道德情境：在幼儿园的日常活动中，创设各种道德情境，如分享玩具、帮助他人等，让幼儿在实践中学习价值判断和道德选择。通过角色扮演、模拟游戏等方式，让幼儿体验不同角色和情境下的道德冲突与解决方法。

②集体讨论与引导：定期组织幼儿进行集体讨论，围绕某个道德主题或实际发生的事件，引导幼儿发表自己的看法和感受。在讨论中，教师要注意倾听

和尊重每个孩子的观点，同时给予适当的引导和纠正。

③美德教育：通过歌曲、故事、绘画等多种形式，向幼儿介绍各种美德（如诚实、勇敢、善良等），并鼓励他们在日常生活中践行这些美德。设立"美德墙"或"好人好事榜"，展示幼儿的美德行为和进步，激励他们持续向善。

实践案例：职业小体验

活动目的：通过让孩子了解和体验不同的职业，帮助他们形成正确的价值观和人生观。

活动内容：邀请从事不同职业的家长或志愿者来幼儿园，为孩子介绍他们的职业特点和工作内容。同时，设立一个小型的职业体验区，让孩子可以亲身体验各种职业的工作环境和任务。比如，孩子可以扮演医生、警察、消防员等角色，了解这些职业的责任和使命。

活动效果：通过这个活动，孩子对不同职业有了更深入的了解和尊重。他们开始意识到，每个职业都有其独特的价值和意义，从而学会尊重和理解他人。同时，这也为孩子未来的人生规划提供了更多的可能性和选择。

总之，学龄前儿童成长的唤醒需要我们从多个方面入手，用爱心、耐心和智慧去引导他们走向更加美好的未来。让我们一起努力，为这些纯真无邪的孩子勾勒出一个充满爱与希望的美好世界吧！

小学阶段孩子成长的唤醒

　　小学阶段是孩子从家庭走向社会、从个体走向集体的关键转折点。在这一阶段，孩子不仅面临着身心的迅速成长，也开始更加广泛地接触外部世界，形成自己的社交圈子和认知体系。学校教育在这一过程中扮演着举足轻重的角色，它不仅是孩子获取知识的场所，更是他们性格塑造、习惯养成和价值观形成的重要阵地。

　　心理学家皮亚杰的认知发展理论认为，小学阶段的孩子正处于具体运算阶段，他们的思维能力逐渐从具体形象向抽象逻辑过渡。学校教育通过系统的课程设置和教学方法，激发孩子的好奇心和探索欲，帮助他们建立科学的知识体系和认知结构。在这一过程中，教师的引导、示范和教育方式至关重要，教师不仅传授知识，更通过言传身教影响着孩子的思维方式和学习习惯。

　　教育家杜威提出的"儿童中心主义"理念，强调学校教育应以孩子的兴趣和需求为出发点，注重实践和体验，让孩子在主动参与和探究中获得成长。在小学阶段，学校教育的任务不仅是传授知识，更重要的是培养孩子的独立思考能力、创新精神和社会责任感。这些能力的形成，需要教师在教育过程中注重引导、启发和鼓励，激发孩子的潜能和创造力。

　　此外，许多名人学者也都强调了小学阶段学校教育的重要性。例如，苏霍姆林斯基曾指出："小学教育是孩子深根固基的教育，是他们日后各种教育和才能的奠基。"他认为，小学阶段的教育质量直接影响着孩子未来的发展潜力和成长空间。因此，小学教育需要注重全面性、基础性和发展性，为孩子的终身学习和发展打下坚实的基础。

　　小学阶段的学校教育对孩子未来的发展成长具有深远的影响。在这一阶段，教师的教育、引导和示范作用至关重要。他们需要以孩子为中心，关注孩子的兴趣和需求，通过科学的教育方法和手段激发孩子的潜能和创造力，为他们的未来发展奠定坚实的基础。同时，学校教育也需要与家庭教育紧密配合，形成教育合力，共同促进孩子的全面发展与成长。

作为小学阶段的教师，在陪伴孩子一起学习生活的过程中，我们可以采用以下策略。

一、建立良好的师生关系

教师需要与学生建立良好的师生关系。这不仅是进行教学的基础，也是影响教育效果的关键因素。教师应该尊重每一个学生，关心他们的成长和进步，以平等的态度对待每一个学生。通过日常的交流和互动，了解学生的兴趣爱好、性格特点和家庭背景等，为后续的教学提供个性化的指导。可以采用以下方法实施。

开学问卷：在开学初设计一份关于学生兴趣爱好、特长和家庭情况的问卷，通过学生的回答快速了解他们的个性特点和成长背景。

生日关怀：记录每个学生的生日，并在生日当天为他们准备小礼物或特别的祝福，让学生感受到教师的关心。

课间交流：利用课间休息时间，主动与学生进行闲聊，询问他们的近况和困惑，为学生提供情感支持。

师生互访：设立固定的"师生互访日"，在这一天学生可以邀请教师参观他们的家庭或他们特别感兴趣的地方，同时老师也将开放自己的生活和工作空间，与学生分享职业生涯的点滴、教学背后的故事以及个人兴趣空间。通过这样的双向互访，不仅能够打破传统师生交流的壁垒，促进彼此间的深入了解与信任，还能激发学生的学习兴趣与职业探索的热情。学生可以从老师的个人经历中获得启发与激励，而老师也能更全面地认识学生，理解他们的成长背景与个性特点，从而在教学上实现更加个性化和有效的指导。

共同阅读：每月选取一本适合学生的优秀书籍，师生共同阅读并在课堂上分享心得，增强共同话题和情感体验。

班级信箱：设立一个班级信箱，鼓励学生给教师写信、分享心事、提出建议或询问问题，教师定期回复。

通过开学问卷、生日关怀和课间交流等实践操作，教师能够与学生建立亲密的关系，为后续的教学工作奠定良好的基础。

二、激发学生的学习兴趣和动力

小学阶段的孩子对世界充满好奇，教师应该抓住这一特点，激发学生的学习兴趣和动力。教师可以通过生动有趣的导入、丰富多彩的课堂活动、寓教于乐的教学方式等，让学生感受到学习的乐趣和意义。同时，教师还要关注学生的学习目标和学习动机，帮助他们建立正确的学习观念和自我激励机制。可以采用以下方法实施。

课堂小游戏：结合课程内容设计有趣的课堂小游戏，如数学接力赛、英语单词拼写比赛等，让学生在游戏中学习知识。

实地考察：组织学生进行实地考察，如参观博物馆、植物园等，将课堂知识延伸到现实生活中，增强学生的学习体验。

成果展示：定期举办学生学习成果展示活动，如美术作品展览、科技小制作展示等，鼓励学生展示自己的学习成果。

学科竞赛：定期组织多样化的学科竞赛，如数学奥林匹克竞赛、英语演讲比赛等，激发学生的参与热情，鼓励他们挑战自我、追求卓越，并努力争取优异成绩。这些竞赛不仅为学生提供了一个展示自我才华的平台，还能促进他们在特定学科领域的深入学习和技能提升。

学习契约：与学生签订学习契约，明确学习目标和奖励机制，如达成某个学习目标后可以获得小奖品或额外的活动时间。

创意作业：布置创意性作业，如制作一个关于某个历史事件的短视频、设计一款小游戏等，激发学生的创造力和学习兴趣。

总之，通过课堂小游戏、实地考察和成果展示等实践操作，教师能够有效激发学生的学习兴趣和内在动力，使他们更加积极主动地参与学习，感受探索知识的乐趣。

三、注重基础知识和技能的培养

小学阶段是基础知识和技能习得并逐步构建的关键时期。教师应该按照课程标准和教学大纲的要求，系统地引导学生参与各门学科的基础知识和技能的探究。在教学过程中，要注重培养学生的观察力、记忆力、思维能力和表达能力等，为他们的后续学习、学科素养的形成和终身发展打下坚实的基础。可以采用以下方法实施。

清晰设定学习目标：在每节课的起始阶段，明确且具体地向学生阐述本节课的学习目标，确保每位学生都能清晰地了解本节课需要掌握的关键知识和必备技能，以此为导向进行学习。

即时课堂检测与反馈：在课堂中融入快速问答、随堂练习等多样化的小测验，即时检验学生对知识的掌握情况，并根据学生的学习成效给予恰当的反馈，确保学习效果的即时性与有效性。

构建系统性的复习框架：定期（如每周或每完成一个教学单元后）组织学生进行深入的知识回顾与巩固活动。通过设立专门的复习课、实施单元总结与测试，以及鼓励自主复习与小组互助复习等方式，强化学生的知识掌握与迁移运用，确保学习内容的长期记忆与灵活运用。

每日一题及解题思路分享：设置"每日一题挑战"环节，即每天布置一道与当天学习内容紧密关联的练习题，要求学生独立完成解题过程，并鼓励他们在第二天的课堂上分享自己的解题思路与过程。这不仅能有效检验学生的掌握情况，还能促进思维的碰撞，培养学生的表达与交流能力，进一步巩固与拓展学习成果。

制作创意知识卡片：激励学生发挥创意，将学习过程中的重要知识、关键公式、核心定理等内容，制作成个性化的知识卡片。制作过程中引导学生融入色彩、图表、思维导图等多元元素，以增强记忆力。学生可将这些卡片随身携带，利用碎片时间进行快速复习与回顾，实现知识的灵活掌握与即时查阅。

错题集：引导学生将每次作业和测试中的错题整理成错题集，定期回顾和订正，巩固薄弱环节。

教师通过制订清晰的学习目标、实施课堂小测验和安排定期复习等多元手段，有效地促进了学生对学科知识的全面理解、深度掌握及灵活应用，为其未来的学科学习与个人发展奠定了坚实的素养基础。

四、培养学生的综合素质和能力

除了基础知识和技能的培养，教师还要注重学生综合素质和能力的培养，包括自主学习能力、创新能力、合作与沟通能力、解决问题的能力等。教师可以通过小组合作、项目探究、实践活动等多种方式，为学生提供锻炼和展示自己的机会，培养他们的综合素质和能力。具体方法如下：

小组合作：在课堂上精心策划小组合作活动，如小组讨论、角色扮演等，鼓励学生积极参与，共同解决问题，培养学生的团队协作和沟通能力。

开放性问题：在教学中设计一些具有启发性的开放性问题，鼓励学生从不同角度思考并发表见解，培养创新能力和批判性思维。

课外拓展：鼓励学生参与课外拓展活动，如参加兴趣小组、社团等，促进其个性发展，提升学生的综合素质和问题解决能力。

学生讲堂：每周安排一次学生讲堂活动，由学生担任讲师，分享自己的兴趣爱好、特长或某个领域的知识，增强学生的自信心与表达能力，营造积极向上的学习氛围。

社会实践：组织学生参与社会实践活动，如环保志愿活动、社区服务等，让学生深入社会，了解民生，培养学生的社会责任感和团队合作能力。

跨学科项目：鼓励学生组成跨学科小组，选择一个真实问题或主题进行深入研究，并展示研究成果，促进学科知识的融合与拓展，培养学生的综合应用能力、创新思维能力与团队协作能力。

通过小组合作、开放性问题和课外拓展等实践操作，教师能够全面培养学生的综合素质和能力，为他们未来的全面发展打下坚实基础。

五、关注学生的心理健康和成长需求

小学阶段的孩子正处于身心发展的关键时期，教师需要关注他们的心理健康和成长需求。要及时了解学生的心理状态，发现他们可能存在的问题和困难，并提供必要的帮助和支持。同时，教师还要与家长保持密切的联系和合作，共同关注学生的成长和发展。可以采用以下方法实施。

心理健康讲座：定期邀请心理健康专家为学生举办讲座或提供个别咨询，帮助学生解决心理问题。

情绪记录：鼓励学生养成每日记录情绪的习惯，可以利用情绪日记 App 等情绪管理工具，帮助学生直观地识别和表达情绪。老师定期查阅，并利用数据分析，识别情绪变化趋势，及时给予回应和指导。

家校沟通：定期与家长进行沟通，了解学生的家庭情况和成长环境，共同关注学生的心理健康和成长需求。

心情墙：在教室或校园内设立一面心情墙，学生可以贴上代表自己心情的简笔画或文字小卡片，老师定期浏览并匿名或私下与学生交流。

心理小测验：在课堂上融入趣味性的心理小测验，如性格色彩测试、压力水平评估等，让学生在轻松愉快的氛围中认识自我。测验完成后，组织小组讨论或老师讲解，帮助学生理解测试结果，并提供个性化的心理调适建议。

成长对话：定期与学生进行一对一的成长对话，对话中，教师应以倾听为主，鼓励学生自由表达困惑、梦想与目标，然后提供具体的建议、资源或策略，支持学生实现个人成长。

通过心理健康讲座、情绪记录和家校沟通等实践操作，教师能够及时关注学生的心理健康状态和成长需求，为他们提供必要的支持和帮助。

六、注重评价的诊断与发展功能

教师要注重评价的诊断与发展功能。通过定期的测试、考试和作业评估等方式，深入了解学生的学习情况和掌握程度，为后续的教学提供反馈和调整的依据。同时，教师还要关注学生的进步和发展潜力，给予积极的评价和鼓励，激发他们的自信心和学习动力。可以采用以下方法实施。

多元评价：采用多种评价方式，如书面测试、口头表达、实践操作等，全面了解学生的学习情况和能力水平。

及时反馈：对学生的作业和测试进行及时反馈，指出错误并给出建议，帮助学生及时纠正并改进学习方法。

成长档案：为每个学生建立成长档案，记录他们的学习进步和成长轨迹，鼓励学生不断超越自己。

学习日志：鼓励学生每天记录自己的学习情况和感受，包括学习内容、掌握程度、困难点等，作为自我评价的依据。

同伴评价：设计同伴评价指南，包括评价标准、评价维度及评价技巧等，确保评价过程公正、有效。鼓励学生之间进行同伴评价，运用评价指南相互评价彼此的学习表现、作品或合作能力，培养学生的评价能力和批判性思维。

动态评价：根据学生的学习进展和反馈，动态调整评价标准和内容，确保评价既符合学生当前水平，又能引导其向更高目标迈进。通过多元评价、及时反馈和成长档案等实践操作，教师能够充分发挥评价的诊断、激励与发展功能，促进学生的持续进步和全面发展。

教师在孩子的小学阶段，如同一位精心栽培的园丁，用他们的智慧、热情和关爱，为孩子的成长播撒阳光和雨露。他们不仅是知识的传递者，更是孩子品格的塑造者、思维的启迪者和未来的引路人。

一、成长路上的明灯

在小学这个充满好奇心和探索欲的时期，教师如同孩子成长路上的明灯，照亮他们前行的道路。他们用心观察每个孩子的独特之处，用爱倾听每个孩子的声音，用智慧为每个孩子量身定制成长方案。在教师的引导下，孩子勇敢地迈出成长的步伐，探索着未知的世界，不断发现自己的潜能和兴趣。

二、品格的雕琢者

教师用自己的言行和教诲，精心雕琢着孩子的品格。他们像艺术家一样，耐心地打磨着每个孩子的性格和品质，让他们逐渐散发出善良、正直、勇敢和坚韧的光芒。在教师的熏陶下，孩子学会了关爱他人、承担责任，懂得了感恩和奉献，成为一个个有道德、有修养的小小少年。

三、思维的启蒙者

在孩子的思维世界里，教师如同一位神奇的魔法师，用他们智慧的魔法棒，为孩子打开了一扇扇通往知识宝库的大门。他们通过生动有趣的教学和丰富多样的活动，激发孩子的好奇心和求知欲，培养他们的创新思维和解决问题的能力。在教师的启迪下，孩子的思维仿佛插上了翅膀，自由地翱翔在知识的广阔天空中。

四、未来的引路人

教师不仅关注孩子现在的学习和生活，更用他们的远见和智慧为孩子的未来指明方向。他们与孩子分享人生的经验和智慧，引导他们树立正确的价值观和人生目标。在教师的指引下，孩子对未来充满了憧憬和期待，他们勇敢地追求自己的梦想，努力成为自己想要成为的人。

总之，教师在孩子的小学阶段扮演着无可替代的角色。他们用自己的爱心、智慧和热情为孩子的成长护航，为他们的未来播撒希望的种子。在教师的精心培育下，孩子如同茁壮成长的小树苗，终将成为参天大树，为这个世界增添无尽的生机和活力。

初中阶段孩子成长的唤醒

　　初中阶段，诚如教育家杜威所言，"是儿童向成年的过渡，是心灵的塑形期"。在这一时期，孩子不断地认识自我，个性人格在不断地成熟与稳定。然而，随着青春期的到来，他们的身心都经历着翻天覆地的变化，如同暴风雨中的小船，时而平静，时而波涛汹涌。

　　正因如此，许多孩子可能会出现紧张、焦虑、自卑等心理状态，仿佛陷入了一片黑暗的迷雾之中。而对抗情绪、逃避、说谎、暴力等不良行为，也可能如同恶魔般缠绕着他们，让他们无法自拔。在这样的背景下，我们作为初中阶段的教师，肩负着重大的使命：如何陪伴孩子健康成长，引导他们快乐学习，平稳地度过青春期？

　　或许，我们可以从陶行知的教育理念中寻找答案，他深刻地指出："教育是人类生活的根本，是国家社会的基石。"我们应该用爱心和耐心去呵护每一个孩子，去理解他们的困惑和挣扎。我们应该为他们点亮一盏明灯，照亮前行的道路，让他们知道，在成长的道路上，他们并不孤单。同时，我们还需要采取一系列的措施和策略，来唤醒孩子生命的成长、智慧的成长，并引导他们树立人生的远大目标。如同苏格拉底所说："教育不是灌输，而是点燃火焰。"我们应该通过丰富多彩的课程和活动，激发孩子的兴趣和热情，让他们在实践中探索，在探索中成长。

　　作为一名基础教育阶段的教师，陪伴孩子健康成长、引导他们快乐学习，以及帮助他们愉快度过青春期是至关重要的。为了更好地应对初中阶段学生可能出现的心理和行为问题，同时促进他们的全面成长，我们给出了以下建议：

一、建立信任关系，提供情感支持

倾听与共情：耐心倾听学生的想法和感受，理解他们的困惑和挣扎，让他们感受到被关心和理解。

鼓励表达：鼓励学生跨越心理障碍，分享自己的经历和感受，无论是喜悦还是挫折，都以最真挚的态度给予积极的反馈和支持。

信任与尊重：建立师生之间的信任关系，尊重学生的个性和差异，避免批评和指责，以平等、尊重的态度与他们交流。

定期深度对话：设定固定的"心灵交流时段"，如每周一次的课后时间，与学生进行一对一的交流，让他们有机会分享自己的感受和想法，增进师生之间的情感纽带。

班级团队建设活动：组织丰富多样的团队建设活动与游戏，不仅可以增强班级凝聚力，更可以让学生在团队合作中感受到集体的温暖与力量，提升归属感。

情感日记或周记：鼓励学生写情感日记或周记，记录自己的心情和经历，教师可以定期阅读并给予个性化、建设性的反馈，以此建立更深的情感连接。

实践案例一　心情日记交流

方法：要求学生每周写一篇心情日记，记录自己一周内的情感变化和重要事件。教师定期阅读并给予反馈，可以在日记本上写下鼓励的话、提供建议或者分享自己的感受。

具体内容：学生可以在日记中写下自己的喜怒哀乐，对学习的困惑，与同学的相处情况，家庭问题等。教师则可以根据学生的日记内容，了解他们的内心世界，并提供有针对性的支持。

实施建议：确保日记的保密性，让学生放心地表达自己的真实感受。同时，教师要及时给予反馈，反馈中不仅包含鼓励与肯定，更有基于学生现状的个性化建议，让学生感受到被关注和理解。

实践案例二　师生互信小组

方法：将学生分成小组，每个小组分配一位教师作为指导者和倾听者。定期举行小组会议，学生可以分享自己的感受、困惑或喜悦，教师则提供支持和建议。

具体内容：小组会议可以设定主题，如"如何处理人际关系""学习压力管理"等，也可以由学生自由发言。重要的是创造一个安全、无评判的环境，让学生敢于表达自己。

实施建议：在小组成立之初，明确小组的目标和规则，确保每个学生都了解并认同。以开放的心态和平等的姿态融入学生之中，用心倾听每一份心声，用智慧启迪每一次思考，让每一次交流都成为心灵的触碰与成长的助力。同时，定期评估小组的运行情况，及时调整策略以确保小组活动的有效性。

实践案例三　情感信箱

方法：设立一个情感信箱，学生可以匿名或实名写信表达自己的情感需求和困惑。教师定期查看信箱，并给予回信或个别辅导。

具体内容：信箱可以放置在教室或学校公共区域，方便学生随时投递信件。教师回信时要注重保护学生隐私，提供情感支持和成长建议。

实施建议：情感信箱的设置要考虑学生的隐私保护，确保仅由指定且受信任的教师能够查看信箱内容。教师在回复信件时，要注重语言上的亲切和温暖，并提供实质性的帮助和支持。同时，定期对信箱中的问题进行汇总和分析，以便更好地了解学生群体的共性与个性情感需求，并据此不断优化服务策略，以更好地满足学生的成长需求。

二、关注心理健康，提供必要引导

普及心理健康知识：通过课堂讲解、主题班会等形式，向学生普及心理健康知识，帮助他们认识和理解自己的心理变化。

提供心理辅导：针对可能出现的不良心理，如紧张、焦虑、自卑等，提供个体或团体的心理辅导，引导学生建立积极的心态和应对策略。

及时发现与干预：密切关注学生的心理状态，发现异常情况及时与家长沟通，必要时寻求专业心理医生的帮助。

心理健康讲座：定期邀请心理健康专家来校举办讲座，让学生了解心理健康的重要性，并学习一些自我调节的方法。

心理健康主题班会：定期组织以心理健康为主题的班会，让学生分享自己的心路历程，相互倾听，共同研讨应对策略。

心理健康热线：设立全天候心理热线，由专业心理咨询师值守，为学生提供即时、专业的心理支持。也可利用校园网站、微信公众号等平台，提供线上心理咨询服务，方便学生随时寻求帮助。

实践案例一　心理健康主题班会

方法：定期组织以心理健康为主题的班会，邀请心理健康教师或专家参与。班会内容可以包括心理健康知识讲解、心理测试、心理剧表演等。

具体内容：在班会上，可以讲解一些常见的心理问题及其应对方法，如考试焦虑、人际交往障碍等。同时，可以进行一些心理测试，让学生了解自己的心理状况，增强自我认知。此外，还可以组织心理剧表演，让学生通过角色扮演的方式体验和理解不同的心理状态。

实施建议：确保班会的趣味性和互动性，让学生积极参与其中。同时，要做好后续的跟进工作，如对有心理问题的学生进行个别辅导等。

实践案例二　心理健康自助手册

方法：编制一本集知识性、实用性与互动性于一体的心理健康自助手册，包含常见的心理困扰、自我调节方法、求助途径等内容。发放给学生，鼓励他们随时查阅和学习。

具体内容：手册可以包括情绪管理技巧、压力应对方法、人际交往策略等实用信息。同时，提供学校心理健康服务中心的联系方式，方便学生寻求专业帮助。

实施建议：在编制手册时，邀请心理健康专家参与，确保内容的科学性和实用性。手册的发放要覆盖到全体学生，并鼓励他们定期翻阅和学习。同时，可以通过课堂讲解、小组讨论等方式，对手册中的重点内容进行解读和讨论，加深学生的理解。

实践案例三　心理健康主题黑板报 / 墙报

方法：利用班级或学校的黑板报 / 墙报，定期更新心理健康主题内容，如心理健康知识、励志格言、心理调适小贴士等。

具体内容：可以邀请学生共同参与设计和制作，让他们在创作过程中加深对心理健康的理解。同时，黑板报 / 墙报的位置要显眼，以方便学生随时阅读和学习。

实施建议：在设计黑板报 / 墙报时，要注重版面的美观性和内容的丰富性，以吸引学生的注意力。可以定期举办黑板报 / 墙报设计比赛，激发学生的参与热情。同时，要加强对黑板报 / 墙报的宣传和推广，让更多的学生了解并关注心理健康。

三、激发学习兴趣，引导快乐学习

创设有趣的学习情境：结合学生的兴趣和特点，设计富有趣味性和挑战性的学习任务，激发他们的好奇心和求知欲。

鼓励自主探究：通过设置启发性问题，引导学生主动思考、合作探究，培养他们提出问题、分析问题及解决问题的能力。同时，提供必要的资源和支持，让学生在探索过程中体验成就感。

多元评价激励：采用多种评价方式，关注学生的进步和努力，及时给予肯定和鼓励，增强他们的学习自信心和动力。

趣味竞赛：组织各类趣味知识竞赛，让学生在轻松愉快的氛围中学习知识，提高学习兴趣。

实地考察与研学：结合课程内容，安排实地考察或研学活动，让学生亲身体验知识的魅力。

学生主导的课堂：鼓励学生参与课堂设计，如让学生当小教师讲解某个知识点，以提高他们的学习积极性和参与度。

实践案例一　趣味知识竞赛

方法：组织班级间的趣味课外知识竞赛，竞赛形式可以包括抢答、猜谜、辩论等。

具体内容：竞赛题目可以设计得既有趣味性又有挑战性，让学生在轻松愉快的氛围中学习和巩固知识。同时，可以制定一些奖励机制，如颁发证书、小礼品等，以激发学生的参与热情。

实施建议：提前做好竞赛的准备工作，包括题目设计、场地布置、人员分工等。同时，要确保竞赛的公平性和公正性。

实践案例二　学科趣味挑战赛

方法：针对各个学科设计趣味挑战赛，如数学速算比赛、英语单词接龙、科学实验展示等。鼓励学生积极参与，展示自己的学习成果和才能。

具体内容：挑战赛可以根据学生的年龄和学科特点进行设计，注重趣味性和挑战性。可以设置奖励机制，激发学生的参与热情。

实施建议：在策划挑战赛时，要明确比赛的目的和规则，确保比赛的公平性和公正性。同时，要注重比赛的趣味性和挑战性，以激发学生的学习兴趣。在比赛过程中，教师要及时给予指导和鼓励，让学生感受到学习的乐趣和成就感。

实践案例三　学习成果展示会

方法：定期组织学习成果展示会，邀请学生展示自己的学习作品、研究报告、手工制作等。鼓励学生互相学习和交流。

具体内容：展示会可以分班级或年级进行，也可以跨班级或跨年级进行。重要的是为学生提供一个展示自己才华和成果的平台，让他们感受到学习的乐趣和成就感。

实施建议：在筹备展示会时，要提前做好宣传和动员工作，鼓励学生积极参与。同时，要为学生提供必要的展示平台和资源支持，如场地、设备等。在展示过程中，可以邀请家长和其他班级的教师参加，以增加学生的自豪感和荣誉感。

四、培养良好品行，促进全面发展

树立榜样示范：教师要以身作则，以高尚的师德、优秀的品行和良好的日常习惯，成为学生心中最闪亮的灯塔。通过日常行为中的细微之处，如诚实守信、尊重他人、勤奋敬业等，潜移默化地影响学生，引导他们树立正确的价值观和人生观。

开展实践活动：组织丰富多样的实践活动，如志愿服务、社会实践等，让学生在实践中体验成长、锻炼能力、培养品质。

道德故事分享：定期组织道德故事分享会，精选古今中外的经典道德故事和身边的好人好事，通过生动讲述、角色扮演等形式，让学生从故事中汲取道德力量，领悟人生哲理，培养良好的品行。

行为习惯打卡：鼓励学生进行良好行为习惯的打卡活动，每日阅读、健康运动、时间管理等，通过打卡记录自己的进步，以培养他们的自律意识。

社区服务活动：组织学生参与社区服务活动，如环保宣传、助老助残、社区文化建设等，让学生在服务他人的过程中体验助人的快乐和价值，培养感恩之心和社会责任感。

实践案例一　社区服务活动

方法：组织学生参与社区服务活动，如环保宣传、助老服务、公益演出等。活动前对学生进行必要的培训和指导。

具体内容：在活动中，学生可以发挥自己的特长和优势，为社区贡献自己的力量。同时，他们也可以学习到如何与他人合作、如何解决问题等实际技能。

实施建议：与社区机构提前沟通好活动内容和形式，确保活动的顺利进行。同时，要做好学生的安全保障工作。

实践案例二　班级道德银行

方法：设立一个班级道德银行，记录学生的良好品行和道德行为。每当学生表现出善良、正直、勇敢等品质时，就在道德银行中为他们存入"道德币"。

具体内容：道德币可以在班级内部流通，用于兑换一些小奖励或特权。同时，定期公布道德银行的存款情况，表扬表现突出的学生。

实施建议：在设立道德银行时，要明确存款与兑换的规则和标准，确保活动的公平性和可持续性。同时，要加强对道德银行的宣传和推广，让更多的学生了解并参与其中。教师要定期对道德银行的运行情况进行评估和总结，以便及时调整策略并改进工作。

实践案例三　品行榜样评选活动

方法：定期组织品行榜样评选活动，邀请学生和教师共同评选出班级或学校的品行榜样。对评选出的榜样进行表彰和宣传。

具体内容：评选标准可以包括诚实守信、尊重他人、热爱劳动、勇于承担责任等方面。通过评选活动，让学生明确良好品行的标准，并激发他们向榜样学习的动力。

实施建议：在评选品行榜样时，要明确评选的标准和程序，确保评选的公正性和透明度。同时，要注重对评选结果的宣传和推广，让更多的学生了解并学习榜样的事迹和精神。可以定期组织品行榜样分享会或座谈会，让学生与榜样面对面交流并汲取正能量。

五、唤醒生命成长，激发远大志向

引导自我认知：帮助学生认识自己的优点和不足，明确自己的兴趣和目标，形成积极的自我概念和自我价值观。

激发内在动力：通过启发式教学、情景模拟等方法，引导学生探索自己的潜能和可能性，激发他们的内在动力和进取心。

鼓励追逐梦想：鼓励学生树立远大的理想和目标，并为他们提供必要的支持和指导，帮助他们制订实现梦想的计划和行动。同时，要关注学生的成长过程，及时给予肯定和鼓励，让他们在不断追求梦想的过程中感受到成长的喜悦和成就感。

职业规划讲座：邀请不同职业的人士来校分享他们的职业经历和成长过程，通过互动问答、模拟面试等环节，让学生了解不同职业的特点和要求，激发他们的职业兴趣，为未来的职业道路打下坚实基础。

目标设定与追踪：引导学生设定SMART（具体、可测量、可达成、相关性、时限性）的短期和长期目标，并定期追踪他们的进展，给予必要的指导和支持，助力学生不断优化自我，实现目标。

成功案例分享：收集并分享一些成功人士的成长故事和励志案例，激励学生追求自己的梦想和目标。同时，也可以邀请校友或社会人士来校分享他们的成功经验和人生感悟，让学生近距离感受成功者的奋斗历程与人生智慧。

实践案例一　职业规划讲座与模拟面试

方法：邀请不同职业的人士来校进行职业规划讲座，分享他们的职业经历和成长过程。同时，组织模拟面试活动，让学生体验真实的求职过程。

具体内容：在讲座中，学生可以了解到不同职业的特点和要求，以及成功人士的职场经验和人生感悟。在模拟面试中，学生可以提前感受到求职的压力和挑战，学习如何展示自己的优势和特长。

实施建议：提前联系好讲座嘉宾和模拟面试官，确保活动的顺利进行。同时，要做好学生的引导和反馈工作，帮助他们明确自己的职业方向和发展目标。

实践案例二　生涯规划工作坊

方法：组织生涯规划工作坊，邀请专业人士指导学生进行自我认知和职业探索。通过测试、讨论、实践等方式，帮助学生明确自己的兴趣和优势，制定初步的生涯规划。

具体内容：工作坊可以包括自我认知测试、职业探索活动、生涯规划指导等内容。重要的是引导学生思考自己的未来，激发他们的远大志向和进取心。

实施建议：在组织工作坊时，要邀请具有丰富经验和专业知识的导师参与指导。同时，要注重工作坊的针对性和实效性，根据学生的实际情况和需求进行个性化指导。在工作坊结束后，要提供必要的后续支持和跟踪服务，帮助学生将所学知识应用到实际生活中。

实践案例三　梦想墙/梦想树活动

方法：设立一面梦想墙或一棵梦想树，邀请学生写下自己的梦想和目标，并张贴在墙上或挂在树上。鼓励学生定期更新自己的梦想和目标，并为之努力奋斗。

具体内容：梦想墙/梦想树可以放置在教室或学校公共区域，方便学生随时查看和更新。同时，可以组织一些与梦想相关的主题活动，如梦想分享会、梦想实现路径探讨等，进一步激发学生的梦想和行动力。

实施建议：在设立梦想墙/梦想树时，要明确活动的目的和意义，鼓励学生积极参与并分享自己的梦想和目标。同时，要加强对活动的宣传和推广，让更多的学生了解并参与其中。可以定期组织与梦想相关的主题活动或分享会，激发学生的梦想和行动力并为他们提供实现梦想的支持和帮助。

以上是一些常见的教育策略与方法，教师一定要切合实际，可根据学生的实际情况进行甄选或补充。初中阶段既是孩子成长的关键时期，也是我们教育工作者面临的重要挑战时期。但只要我们用心去陪伴、用爱去引导，相信每一个孩子都能在这个充满变化和挑战的阶段中，找到属于自己的光芒，绽放出最美的青春。

高中阶段孩子成长的唤醒

高中学生具有很强的自信心和自尊心，在对人生与社会的看法上，也有了自己的主张，已不满足于父母、教师的讲解，或者书本上现成的结论，对成人的意见不轻信、不盲从，要求有实事求是的证明和逻辑的说服力。对许多事物都敢于发表个人意见，并常为坚持自己的观点而争论不休。他们不再轻易向成人敞开自己的心扉，非常希望有单独的空间，独自的秘密。他们开始对社会现实生活中的很多现象都感兴趣，喜欢探听新鲜事，很想像大人一样，对周围的问题做出褒贬的评论，思想上更想做一个社会、集体、国家的主人。但由于高中阶段学科的增多，三年间又面临人生选择的第一个"升学选拔"的十字路口，学业焦虑、同伴压力、家庭期望、青春期的困扰等都成了高中学生成长的困惑，作为高中阶段的教师，我们应该怎样来关心、引导和教育孩子，帮助孩子妥善应对这一阶段的各种难题，更好地学会学习、培养坚韧精神、懂得感恩呢？怎样唤醒孩子成为一个具有超强生命力、富有人生大智慧、散发青春活力与高尚道德情操的人呢？

面对高中学生复杂的心理变化、成长困惑以及他们走向"成人"过程中的各种不确定性，教师需要采取细致入微、富有情感且更具情怀的教学方式来关注、引导他们，和他们一起成长，共同前行。

首先，教师应该充分理解并尊重学生的独立性和自主性。正如教育家杜威所说："教育不是灌输，而是引导。"在高中阶段，学生开始形成自己的观点和主张，对成人的意见不再盲目遵从。因此，教师应该鼓励学生发表个人意见，培养他们的批判性思维和独立思考能力。同时，教师还需要尊重学生的隐私和独立空间，不要过分干涉他们的个人生活。

其次，面对学生的学业焦虑、同伴压力等成长困惑，教师需要提供有效的支持和引导。心理学家埃里克·埃里克森的人格发展阶段理论认为，青春期是建立自我同一性的关键时期。因此，教师应该帮助学生认识自己、接纳自己，并让学生找到适合自己的学习方法和生活方式。同时，教师还可以通过开展心理健康教育、组织同伴互助活动等方式，来缓解学生的压力和困惑。

最后，在引导学生走向"成人"的过程中，教师还需要注重培养学生的社会责任感、集体荣誉感和国家主人翁意识。这可以通过参与社会实践活动、开展公民教育、讨论社会热点问题等方式实现。正如教育家陶行知所说："教育要通过生活才能发出力量而成为真正的教育。"通过让学生参与社会、了解社会，教师可以帮助他们形成正确的价值观和人生观。

此外，为了唤醒孩子对生命的感悟、对人类智慧的习得和高尚灵魂及人格魅力的形成，教师还需要注重人文教育的渗透，包括阅读经典文学作品、学习历史文化知识、欣赏艺术作品等。通过这些活动，学生可以感受到人类文明的博大精深，从而激发他们对生命的敬畏和对智慧的追求。同时，教师还可以通过榜样示范、道德讨论等方式，来引导学生形成高尚的道德情操和人格魅力。以下是教师在高中阶段教学中可采用的一些策略。

一、激发学生的内在动力与学习兴趣

教育家苏霍姆林斯基曾说："只有能够激发学生去进行自我教育的教育，才是真正的教育。"在高中阶段，学生已经具备了一定的自我意识和自我驱动力，教师应该通过激发学生的内在动力和兴趣，来引导他们主动学习与探索。

高中阶段的课程，可通过设置具有挑战性和吸引力的学习任务、提供多样化的学习资源和学习方式、鼓励学生参与课堂互动和讨论等方式实施。当学生感受到学习的乐趣和成就感时，他们会更加积极地投入学习，从而提升自己的学习能力和综合素质。以下是在高中语文、数学、物理和化学课程中，教师用案例来激发学生内在动力与兴趣的实践案例。

高中语文案例：《红楼梦》人物角色深度解读

选取《红楼梦》中的几个主要人物，如贾宝玉、林黛玉、王熙凤等，进行性格、命运和人物关系的深度解读。

实施过程：

①教师首先介绍《红楼梦》的背景和文学价值。

②每组选定一位主要人物（如贾宝玉、林黛玉、王熙凤等）作为研究对象。阅读相关章节，鼓励学生精读原著，同时利用图书馆、网络资源收集背景知识、人物评论等辅助材料。

③各组围绕所选人物，从性格特征、人物关系、命运走向等方面进行深入分析。

④在课堂上采用多样化的形式（如PPT、短剧、思维导图等）分享研究成果，其他同学可以提问或提出不同见解，教师适时进行点评。

⑤教师总结并引导学生思考这些人物对现实生活的启示，如人际关系的处理、个人价值观的塑造等，促进知识向生活的迁移。

结论：通过对《红楼梦》中人物的深度解读，学生们对文学作品的兴趣得到提升，同时锻炼了文本分析能力和批判性思维。还学会了从经典中汲取智慧，将文学养分转化为个人成长的动力，为未来的学习与生活奠定坚实的基础。

高中数学案例：数学在密码学中的应用

介绍数学在密码学中的重要作用，如对称加密、非对称加密等。

实施过程：

①教师首先以生动的故事或现实案例引入密码学的重要性，激发学生兴趣。然后讲解密码学的基本概念和数学原理。

②学生根据个人兴趣及能力分组，每组选择一个密码学算法进行深入研究，如AES、RSA等。

③指导学生利用数学软件或编程工具实现所选算法，并进行加密解密实验。

④每组上台展示实验结果，鼓励学生提问、质疑，共同讨论数学在保障信息安全方面的重要性。

⑤教师总结各组成果，强调数学原理在算法设计中的关键作用，并指出未来研究方向，同时引导学生思考数学在其他领域的应用。

结论：通过数学在密码学中的应用案例，学生对数学的实际应用有了更深刻的认识，不仅提升了学生的数学素养和实践能力，更提高了学习数学的兴趣和动力。

高中物理案例：自制简易望远镜

利用凸透镜和凹透镜的原理，自制一个简易望远镜。

实施过程：

①教师讲解望远镜的工作原理和透镜的组合方式。

②学生分组，每组准备相应的透镜和材料。

③各小组根据理论知识，设计望远镜的结构草图，在教师指导下依据设计图动手制作简易望远镜。

④利用自制望远镜进行户外观测实验，如观察远处景物、对比不同焦距透镜下的视野变化等，同时比较自制望远镜与商业望远镜的异同。

⑤教师引导学生总结制作过程中的经验和教训。

结论：通过自制简易望远镜的实践案例，不仅使学生对物理的光学部分产生了浓厚的兴趣，同时也培养了学生的动手能力和解决问题的能力。

高中化学案例：探究食品中的化学奥秘

选取几种常见食品，如面包、酸奶、果汁等，探究其制作过程中的化学变化。

实施过程：

①教师介绍食品化学的基本概念和食品制作过程中的化学变化。

②学生分组选择感兴趣的食品进行研究，收集相关资料和制作配方。

③在实验室里，学生按照配方制作食品，并观察记录制作过程中的化学变化。

④学生分析实验结果，探讨食品制作中的化学原理及其对食品口感和营养的影响。鼓励学生提出改进方案。

⑤在课堂上分享研究成果，引导学生探讨化学在食品工业中的应用前景。

结论：通过探究食品中的化学奥秘的实践案例，学生对化学在日常生活中的应用有了更直观的认识，提高了学习化学的兴趣和积极性。

二、培养学生的合作与沟通能力

在当今社会，合作与沟通能力已经成为人们必备的核心素养之一。对于高中学生来说,培养他们的合作与沟通能力不仅有助于他们更好地适应学校生活,还能为他们未来的社会生活和职业发展打下坚实的基础。因此,教师应该通过组织小组合作学习、开展课堂讨论和辩论、引导学生参与社会实践等方式,来培养他们的合作意识和沟通能力。在这些活动中,学生将学会倾听他人的意见、表达自己的观点、协调不同的利益,从而提升自己的社交能力和人际关系处理能力。

以下是在高中生物、地理、物理和化学学科学习或社会实践活动中,教师用案例来激发学生内在动力与兴趣,并培养他们合作与沟通能力的实践案例。

高中生物案例：生态系统保护小组合作研究

学生分组研究某个地区的生态系统,包括生物多样性、食物链、生态平衡等。

实施过程:

①教师介绍生态系统的基础知识和研究方法。

②学生分组并选择研究的生态系统,如湿地、森林等。

③各组成员分工合作,收集资料、实地考察、记录数据。

④在课堂上,每组展示研究成果,并提出保护生态系统的建议。

⑤其他同学提问、质疑,促进思维的碰撞与融合。教师引导讨论,深化对生态系统保护的理解,激发更多保护环境的创意想法。

结论：通过小组合作研究生态系统,学生不仅提高了对生物学的兴趣,还锻炼了合作与沟通能力,增强了保护环境的意识。

高中地理案例：城市规划模拟讨论会

学生模拟城市规划者的角色,讨论某个城市的未来发展方向和规划。

实施过程:

①教师介绍城市规划的基本概念和原则。

②学生分组,每组代表不同的城市规划利益相关者,如政府、市民、企业家等。

③各组开展调研活动,采用网络资源、图书馆资料、实地考察等方式,收

集关于城市现状、发展潜力、潜在问题等方面的信息。基于调研结果，制定详细的发言稿与规划提案，并阐述自己的观点和利益诉求。

④在模拟讨论会上，各组展示各自提案，并接受其他组的提问与质疑。

⑤经过多轮讨论与协商，最后达成共识，形成一份城市规划建议书。

结论：通过模拟城市规划讨论会，学生学会了从不同角度思考问题，提高了合作与沟通能力，对城市规划有了更深入的了解。

高中物理案例：桥梁设计与制作挑战赛

学生分组设计并制作一座能承受一定重量的桥梁模型。

实施过程：

①教师介绍桥梁设计的基本原理（如力学原理、材料科学、结构设计等），同时明确设计要求。

②小组内开展头脑风暴，提出桥梁设计方案，并绘制设计草图。

③根据设计方案分工合作制作一座桥梁模型。

④对制作完成的桥梁模型进行承重测试，并记录承重能力、变形情况等数据。

⑤在课堂上展示和比较各组的桥梁模型，评选出优胜者。

⑥讨论和交流设计理念，以及制作过程中的经验教训。

结论：通过桥梁设计与制作挑战赛，学生对物理原理有了更直观的认识，既提高了动手能力和解决问题的能力，又培养了合作与沟通能力。

高中化学案例：化学实验小组合作探究

学生分组进行某个化学实验的探究，观察实验现象，分析实验结果。

实施过程：

①教师介绍化学实验的目的和基本原理。

②学生分组并选择探究的化学实验，如酸碱反应、氧化还原反应等。

③每组成员分工合作，进行实验准备、操作、观察和数据记录。

④在课堂上展示实验结果，解释实验现象，并提出可能的问题和改进意见。

⑤其他同学提问、讨论，共同探究化学实验的奥秘。

结论：通过化学实验小组合作探究，学生增强了化学实验操作能力和科学探究能力，同时也培养了合作与沟通能力，提高了对化学的兴趣和热情。

三、培养学生的创新思维与解决问题的能力

在快速变化的时代，创新思维和解决问题的能力显得尤为重要。对于高中学生而言，他们正处于思维活跃、好奇心强的阶段，教师应该充分利用这一特点，通过设计开放性问题、组织项目式学习、鼓励学生参与科研等方式，来培养他们的创新思维和解决问题的能力。这样不仅可以帮助学生更好地应对学业上的挑战，还可以为他们未来的创新活动和社会实践打下坚实的基础。

以下是在高中信息技术、通用技术、物理和生物课程中，教师用案例来激发学生创新思维与解决问题能力的实践案例。

信息技术案例：智能家居设计挑战

学生利用信息技术知识设计并实现一个简单的智能家居系统。

实施过程：

①教师介绍智能家居的概念和应用场景。

②学生分组，每组选择一个智能家居功能进行设计，如智能照明、智能安防等。

③学生利用编程和硬件知识，搭建智能家居原型，并进行测试和优化。

④学生在课堂上展示各自的智能家居系统，并接受其他同学和教师的评价和建议。

结论：通过智能家居设计挑战，学生不仅掌握了信息技术知识，还培养了创新思维和解决问题的能力，对智能家居有了更深入的了解。

通用技术案例：环保产品设计大赛

学生运用通用技术知识设计并制作一个具有环保功能的产品。

实施过程：

①教师介绍环保的重要性和环保产品的设计理念。

②学生分组，每组设计一个环保产品，如节能灯、环保餐具等。

③学生利用通用技术知识，设计制作产品原型，并进行测试和改进。

④在课堂上展示各自的环保产品，并阐述其环保功能和创新点。

⑤评选出最佳环保产品设计，并给予奖励。

结论：通过环保产品设计大赛，学生锻炼了创新思维和动手能力，同时培养了环保意识，提高了解决问题的能力。

物理案例：太空探测器设计挑战

学生运用物理知识设计一个太空探测器，并模拟其在太空中的运动。

实施过程：

①教师介绍太空探测器的基本原理和设计要求。

②学生分组，每组设计一个太空探测器，鼓励学生进行头脑风暴，提出创新的设计思路，如特殊探测任务（寻找外星生命、资源勘探）、特殊功能（自主避障、紧急自救）。

③学生利用物理知识和计算机软件，模拟太空探测器的运动，并进行优化。

④在课堂上展示各自的太空探测器设计，并讨论其在太空中的可能应用。

结论：通过太空探测器设计挑战，学生对物理知识有了更深入的理解，同时培养了创新思维和空间想象能力，提高了解决问题的能力。

生物案例：生物多样性保护方案设计

学生针对某个地区的生物多样性保护问题，设计一套保护方案。

实施过程：

①教师介绍生物多样性的重要性和保护现状。

②学生分组，每组选择一个地区的生物多样性保护问题进行研究。

③学生利用生物知识和调研技能，收集资料，分析问题，设计保护方案。

④在课堂上展示各自的保护方案，并接受其他同学和老师的评价和建议，鼓励各组间相互学习、提出建议，促进方案的进一步完善。

⑤评选出最佳生物多样性保护方案，通过校园展览、社交媒体等途径，展示项目成果，分享经验。

结论：通过生物多样性保护方案设计，学生提高了对生物多样性的认识和保护意识，同时培养了创新思维和解决问题的能力，为未来的生物多样性保护工作奠定了基础。

四、关注学生的心理健康与情绪管理

高中阶段是学生心理发展的关键时期，他们面临着诸多压力和挑战，容易出现情绪波动和心理问题。因此，教师应该关注学生的心理健康状况，提供必要的心理支持和辅导。同时，教师还可通过开展心理健康教育课程、教授情绪管理技巧等方式，来帮助学生更好地应对压力和情绪困扰，保持积极健康的心态。

以下是教师在主题班会、心理健康课程、社团活动中关注学生心理健康与情绪管理的实践案例：

主题班会案例：压力管理与情绪释放主题班会

通过分享真实案例、角色扮演、小组讨论等形式，引导学生认识压力来源，学习情绪释放方法。

实施过程：

①教师引入主题，分享一个高中生因压力导致情绪失控的真实案例。

②学生进行角色扮演，重现案例中的情境，感受当事人的情绪和压力。

③小组讨论，分析压力来源，探讨有效的情绪释放和管理方法。

④各组代表分享讨论成果，全班交流学习。

教师总结，强调心理健康的重要性，鼓励学生运用所学方法积极应对压力。

结论：通过主题班会活动，学生更加关注自己的心理健康，掌握了有效的情绪管理技巧，增强了应对压力的能力。

心理健康课程案例：心理健康课程——情绪识别与表达

通过讲解情绪理论知识、观看情绪表达视频、进行情绪日记写作等方式，帮助学生识别和理解自己的情绪。

实施过程：

①教师讲解情绪的基本理论和情绪识别的重要性。

②观看情绪表达视频，引导学生观察和分析视频中的人物情绪。

③学生进行情绪日记写作，记录自己一周内的情绪变化和触发因素。

④在课堂上分享情绪日记，讨论情绪表达的方式和策略。

⑤教师点评，引导学生学会积极表达情绪，促进心理健康。

结论：通过心理健康课程的学习，学生提高了情绪识别能力，学会了用积极的方式表达情绪，有助于维护良好的心理健康状态。

社团活动案例：心理剧社——演绎心灵成长

学生自编自导自演心理剧，通过角色扮演的方式展现心理问题和解决过程。

实施过程：

①教师指导心理剧社的成立和运作，明确活动目的和要求，建议邀请心理咨询师或专业教师作为顾问，确保内容的专业性和科学性。

②学生基于调研和访谈，收集高中生真实心理问题素材，分组编写心理剧剧本。

③学生进行角色扮演，排练心理剧。

④在社团活动中表演心理剧，观众包括其他社团成员和教师。

⑤表演后进行讨论和反馈，引导学生深入思考心理问题并寻求解决方案。

⑥建立心理剧社成果展示平台，如校园网站、微信公众号等，分享优秀剧本、表演视频及观众反馈，吸引更多学生关注心理健康问题。

结论：通过心理剧社的社团活动，学生以生动有趣的方式展现了心理问题，提高了自我认知和解决心理问题的能力，同时也为其他同学提供了学习和借鉴的机会。

五、建立良好的师生关系与家校合作

良好的师生关系是教育成功的重要基础。教师应该尊重每一个学生，关心他们的成长和进步，与他们建立平等、民主、和谐的师生关系。同时，教师还应该积极与家长沟通合作，共同关心孩子的教育问题，形成家校共育的良好氛围。这样可以增强教育的合力，为学生的全面发展提供更有力的支持。

以下是教师在高中的课堂教学、主题班会、心理健康课程、社团活动中用案例来建立良好的师生关系与家校合作的实践案例。

课堂教学案例：互动式课堂教学——师生共同探究

通过小组合作、互动问答、课堂讨论等方式，鼓励学生积极参与，营造民主和谐的课堂氛围。

实施过程：

①教师根据课程内容设计小组合作任务，明确分工和目标。

②学生在小组内展开讨论，共同探究问题，教师巡回指导。

③小组代表上台展示成果，其他同学提问或补充。

④教师总结点评，强调师生互动的重要性，鼓励学生多发表意见。

家校合作方面：教师将课堂互动情况通过家长群或家校联系本反馈给家长，鼓励家长与孩子一起讨论课堂内容，延伸学习。

结论：通过互动式课堂教学，师生关系更加融洽，学生参与度提高；家校合作得到加强，家长更加了解孩子的学习情况。

主题班会案例：感恩教育主题班会——师生家长共参与

通过感恩父母、感恩教师、感恩同学等环节，培养学生的感恩意识，增进师生家长之间的情感联系。

实施过程：

①教师引入感恩教育主题，分享感恩故事。

②学生以小组形式，轮流分享自己与父母、老师、同学的感人故事，表达对父母、老师、同学的感激之情。

③邀请家长代表发言，分享育儿心得和对学校工作的建议。

④设置家长与学生、老师的互动环节，就感恩教育的话题进行开放式问答，增进彼此了解。

⑤教师总结，强调感恩是一种美德，更是一种力量，鼓励大家将感恩之心

传递下去。

家校合作方面：教师将班会情况通过家长群或家校联系本反馈给家长，鼓励家长在日常生活中继续引导孩子学会感恩。

结论：通过感恩教育主题班会，学生的感恩意识得到增强；师生家长之间的情感联系更加紧密，家校合作更加顺畅。

心理健康课程案例：亲子沟通心理健康课程——搭建心灵桥梁

通过讲解亲子沟通技巧、分享成功案例、进行角色扮演等方式，帮助学生和家长改善亲子关系。

实施过程：

①教师讲解亲子沟通的重要性和技巧。

②分享成功案例，引导学生与家长分组讨论，分析案例中的沟通策略及其成效，增强学习的实用性和针对性。

③学生和家长进行角色扮演，模拟不同情境下的亲子沟通，如解决冲突、表达关爱、分享喜悦等，让学生和家长在实践中体验沟通的艺术。

④教师点评指导，提出改进建议。

家校合作方面：建立专门的亲子沟通课程微信群，定期分享沟通技巧、成功案例及家长心得，鼓励家长在日常生活中实践运用。

结论：通过亲子沟通心理健康课程，学生和家长掌握了有效的沟通技巧；亲子关系得到改善；家校合作在心理健康教育方面取得显著成效。

社团活动案例：家校合作社团——共筑孩子成长梦

成立家校合作社团，组织家长和学生共同参与的教育活动，如亲子运动会、家庭教育讲座等。

实施过程：

①教师发起成立家校合作社团的倡议，明确社团宗旨和活动计划。

②邀请家长自愿加入社团，共同策划和组织活动。

③定期举办亲子运动会、家庭教育讲座等活动，增进家长和孩子之间的交流与理解。

④活动后进行总结和反馈，不断改进和优化活动内容和形式。

结论：通过家校合作社团的活动，家长更加深入地参与到孩子的教育中；师生关系和家校合作关系得到进一步巩固和发展；学生的成长环境更加和谐有利。

六、引导学生树立远大理想与目标

高中时期是学生人生观、价值观形成的关键时期。教师应该引导学生思考人生目标，帮助他们树立远大的理想和抱负。通过分享成功人士的故事、组织职业规划讲座等方式，教师可以激发学生的进取心，鼓励他们为实现自己的梦想而努力奋斗。同时，教师还应该关注学生的个人特长和兴趣，指导他们选择适合自己的发展方向。

以下是教师在高中的课堂教学、主题班会、心理健康课程、社团活动中用案例来引导学生树立远大理想与目标的实践案例。

课堂教学案例：未来职业规划课堂分享会

包含内容：邀请不同职业背景的嘉宾进课堂，分享他们的职业经历、人生理想及实现路径。

实施过程：

①教师提前邀请几位从事不同职业的嘉宾。

②在课堂上，每位嘉宾都分享自己的职业故事，包括职业选择、遇到的挑战、取得的成就等。

③学生提问环节，嘉宾解答了学生关于职业和理想方面的问题。

④教师总结，引导学生思考自己的兴趣和未来职业方向。

结论：通过课堂分享会，学生对不同职业有了更直观的了解，开始思考自己的职业规划，激发了他们树立远大理想的热情。

主题班会案例：理想照亮未来——主题班会

学生分享自己的理想和目标，讨论实现理想的计划和步骤。

实施过程：

①教师引入主题，分享一个成功人士通过不懈努力实现理想的故事。

②学生轮流上台，分享自己的理想和目标，以及为实现这些目标制订的计划。

③小组讨论，互相评价和鼓励彼此的理想与计划。

④教师总结，强调理想的重要性，鼓励学生坚持努力，勇敢追求自己的梦想。

结论：通过主题班会活动，学生更加明确了自己的理想和目标，增强了实现理想的信心和决心。

心理健康课程案例：心理健康课程——筑梦未来

通过讲解心理学原理、分享成功案例、进行目标设定练习等方式，帮助学生树立积极的人生观和价值观。

实施过程：

①教师讲解心理学中关于目标和动机的理论。

②分享几个成功人士设定目标并实现梦想的案例。

③学生进行目标设定练习，明确自己的短期目标和长期目标。

④讨论环节，学生分享自己的目标以及实现目标的策略和计划。

⑤教师点评和指导，帮助学生完善目标设定。提醒他们梦想的实现需要持之以恒的努力、灵活应变的智慧以及面对失败时的勇气。

⑥在班级设立一面"理想目标墙"，邀请每位学生将自己的理想卡片贴在上面，作为长期激励与自我监督的见证。

结论：通过心理健康课程的学习，学生掌握了目标设定的方法和技巧，树立了积极的人生观和价值观，为未来的奋斗奠定了坚实的基础。

社团活动案例：未来之星——社团职业规划大赛

学生以社团为单位，策划并展示自己的职业规划方案，包括职业目标、实现路径、预期成果等。

实施过程：

①教师指导社团负责人组织职业规划大赛。

②学生以社团为单位，讨论并确定职业规划方案。

③各社团进行展示和演讲，阐述自己的职业规划理念和实施计划。

④评委（包括教师和校外专家）进行点评和打分。

⑤颁发奖项，表彰优秀职业规划方案。

⑥教师总结，学校提供实习、创业指导、企业参观等后续支持，鼓励学生将职业规划付诸实践。

结论：通过社团职业规划大赛活动，学生更加深入地思考了自己的未来职业方向和发展目标，增强了团队协作和创新能力。同时，活动也为学生提供了一个展示自己才华和理想的平台，激发了他们为实现梦想而努力奋斗的热情。

七、利用现代科技手段提升教学效果

随着科技的发展，现代科技手段在教育领域的应用越来越广泛。教师应积极利用这些科技手段，如多媒体教学、网络教学、人工智能辅助教学等，来提升教学效果。通过运用这些科技手段，教师可以使课堂更加生动有趣，提高学生的学习兴趣和积极性。同时，这些科技手段还可以帮助教师更好地了解学生的学习情况，提供个性化的教学辅导，从而实现因材施教的目标。

在高中课堂教学中，教师可以积极利用现代科技手段来提升教学效果。以下是文科类和理科类课堂中教师利用现代科技手段的实践案例。

文科类课堂教学实施案例：利用多媒体教学和网络教学资源，增强历史、文学等课程的互动性和趣味性。

具体介绍如下。

1. 多媒体教学资源的搜集与制作

历史课程：制作时间轴动画，展示历史事件的发展顺序；搜集历史人物的访谈视频、纪录片片段，让学生更直观地了解历史人物的生平和时代背景。

文学课程：制作文学作品的朗读音频，配合背景音乐和图片，营造作品的氛围；搜集与文学作品相关的电影片段、话剧表演视频等视听素材，帮助学生更好地理解作品情节和人物形象。

2. 网络教学资源的利用

利用在线数据库和虚拟博物馆，引导学生查找和了解与课程内容相关的背景知识和扩展信息。例如，在历史课程中，学生可以访问在线历史数据库，查找某个历史时期的政治、经济、文化等方面的资料；在文学课程中，学生可以参观虚拟文学博物馆，了解作家的创作背景和文学流派特点。

3. 课堂互动环节的设计

使用课堂互动软件，设计抢答、投票、小组讨论等活动。例如，在历史课程中，教师可以设计一个关于历史事件或人物的抢答环节，让学生通过快速抢答来检验自己的掌握情况；在文学课程中，教师可以组织一个关于作品主题或人物形象的讨论环节，让学生在小组内展开讨论并分享观点。

4. 课后延伸作业的布置

布置网络作业，要求学生利用网络资源进行自主学习和拓展阅读。例如，在历史课程中，教师可以要求学生查找并阅读某个历史时期的原始文献或历史论文，加深对历史知识的理解；在文学课程中，教师可以要求学生阅读某个作家的其他作品或相关的文学评论，拓宽文学视野。

理科类课堂教学实施案例：利用虚拟实验软件和在线模拟工具，提升物理、化学等课程的实验教学效果。

具体介绍：

1. 虚拟实验软件的选择与熟悉

选择适合课程内容的虚拟实验软件，如物理仿真软件、化学虚拟实验室等。

提前熟悉软件的操作方法和功能，确保能够熟练使用软件进行实验教学。

2. 虚拟实验的操作与观察

在课堂上演示虚拟实验的操作过程，引导学生观察实验现象并记录数据。例如，在物理课程中，利用物理仿真软件演示力学实验，让学生观察物体的运动轨迹和速度变化；在化学课程中，利用化学虚拟实验室模拟化学反应过程，让学生观察反应产物的生成和性质变化。

3. 数据分析与讨论环节的设计

组织学生对虚拟实验的数据进行分析和讨论。利用在线平台提交实验报告和数据，引导学生总结实验规律并思考实验中的问题。例如，在物理课程中，要求学生分析力学实验的数据，探究物体运动的规律；在化学课程中，要求学生分析化学反应的数据，理解反应原理和反应条件对物质的影响。

4. 课后拓展练习的布置

布置相关的在线模拟练习或挑战题，要求学生利用课余时间进行自主学习和探究。例如，在物理课程中，教师可以要求学生完成一些物理仿真软件的挑战任务或模拟测试；在化学课程中，鼓励学生利用化学虚拟实验室进行额外的实验操作或模拟实验设计。

综上所述，作为高中阶段的教师，我们需要从多个方面入手来关心、引导和教育孩子。为孩子提供更全面、更优质的教育服务，助力他们顺利度过高中阶段的成长困惑，成为具有蓬勃生命力、深邃人生智慧、洋溢青春活力与高尚道德情操的未来栋梁。

唤醒教育探究篇

唤醒孩子的阅读兴趣

阅读，不仅是汲取知识的渠道，更是雕琢世界观、人生观、价值观的利刃。在教育的舞台上，孩子往往受限于教师、教材和课堂的框架内，其学习的主动性和创造性受到一定程度的束缚。然而，阅读如同一扇开启的窗，可以引领孩子踏入更为辽阔的知识疆域，点燃他们内心的好奇之火，唤醒对未知世界的渴望。

书籍中，那些品格高尚、人文精神熠熠生辉的角色，常常在读者心中激起层层涟漪。这些崇高的精神力量，有着升华人格、塑造品行的神奇魔力。孩子在翻阅书页的过程中，会不自觉地受到这些正面典范的熏陶，进而在日常生活中形成良好的行为习惯和道德品质。

此外，阅读在语言习得方面扮演着举足轻重的角色。通过广泛的阅读，孩子能够接触到各式各样的词汇和句式，进而丰富自己的语言表达。同时，阅读也是提升写作能力的有效途径。孩子可以从不同作者的作品中汲取灵感，学习他们的写作风格和技巧，并逐渐形成自己独特的写作风格。

更为重要的是，书籍是知识的海洋，其中蕴藏着世界各地的文化、历史、科技等宝藏。通过阅读，孩子能够跨越时空的限制，深入了解这个多彩的世界。这种跨文化的阅读体验，不仅能够拓宽孩子的视野，还能够培养他们的跨文化交流能力，为未来的社交和职业发展奠定坚实的基础。

阅读，更是一种值得终身坚持的学习习惯。从小培养孩子的阅读习惯，就是为他们播下一粒终身学习的种子。在阅读的过程中，孩子会不断地吸收新知识、新技能，不断地提升自己的综合素质。这粒种子将随着孩子的成长而生根发芽，成为他们不断进步的源泉。

鉴于阅读对孩子成长的深远影响，作为家长和教育工作者，我们有责任也有义务去培养孩子的阅读兴趣。我们应该为他们提供丰富的阅读资源，营造良好的阅读环境，引导他们选择适合自己的书籍。让孩子在阅读中感受到知识的力量，品味人生的美好。

那么，如何唤醒孩子的阅读兴趣呢？首先，我们可以从孩子的兴趣点出发，选择与他们兴趣相关的书籍作为阅读的起点。其次，我们可以创设有趣的阅读环境，如打造一个小型图书馆或阅读角，让孩子在舒适的环境中享受阅读的乐趣。此外，我们还可以与孩子共读一本书，通过亲子阅读的方式激发孩子的阅读兴趣。最后，我们可以利用正向反馈和鼓励的方式，对孩子的阅读成果给予及时的认可和赞扬，从而增强他们的阅读自信心和兴趣。

一、依据孩子兴趣选书

了解孩子的兴趣爱好是关键。如果孩子喜欢动物，就选择动物相关的绘本或科普书籍；如果孩子对宇宙充满好奇，就选择天文、航天类的读物。通过投其所好，可以迅速吸引孩子的注意力，让他们愿意主动拿起书来阅读。

1. 幼儿阶段

在幼儿阶段，孩子的认知能力和注意力相对有限，因此，选择与他们兴趣相关的图画丰富、内容简单的绘本是较为合适的。

1）喜欢动物的孩子

内容选择：以动物为主题的绘本，内容可以是动物的生活习性、动物之间的关系等。

书籍推荐：《好饿的毛毛虫》、《猜猜我有多爱你》（其中涉及小兔子等动物角色）、《小熊维尼》系列绘本等。

2）对宇宙好奇的孩子

内容选择：以太空、星球、外星人等为主题的绘本，内容简单易懂，富有想象力。

书籍推荐：《小星星的大月亮》《月亮的味道》《太空猫》系列绘本等。

3）对艺术感兴趣的孩子

内容选择：以绘画、音乐、舞蹈等艺术形式为主题的绘本，内容可以通过简单的故事情节和丰富的插图引导孩子了解艺术世界。

书籍推荐：《小小画家》《音乐森林》《舞蹈的小精灵》等。

4）喜欢科学和探索的孩子

内容选择：以生活中的科学现象、简单的科学实验为主题的绘本，激发孩子对科学的好奇心。

书籍推荐：《科学小实验》《奇妙的自然世界》《为什么？》系列绘本等。

5）喜欢历史与文化的孩子

内容选择：以历史故事、传统文化、节日习俗为主题的绘本，通过生动有趣的故事和插图，引导孩子初步了解历史和文化。

书籍推荐：《中国历史现场》《中国传统节日故事》《盘古开天地》等。

6）对体育运动感兴趣的孩子

内容选择：以体育运动为主题的绘本，内容可以包括不同体育项目的介绍、体育明星的故事等，激发孩子对体育运动的兴趣。

书籍推荐：《小熊宝宝运动会》《足球大侠》《我爱运动》系列绘本等。

7）对生物感兴趣的孩子

内容选择：以动植物、人体、生态环境为主题的绘本，内容应简单易懂，图画丰富，能够吸引孩子的注意力。

书籍推荐：《小聪仔·自然科普版》、《生命的故事》系列绘本、《亲亲自然》系列等。

8）对数学感兴趣的孩子

内容选择：以数字、形状、空间等数学基础概念为主题的绘本，通过有趣的故事和互动游戏引导孩子初步接触数学。

书籍推荐：《数学帮帮忙》《走进奇妙的数学世界》《数学小玩家》系列等。

2. 小学阶段

在小学阶段，孩子的阅读能力和理解能力有所提高，可以选择一些文字较多、情节较复杂的书籍。

1）喜欢动物的孩子

内容选择：动物小说、动物科普书籍等，内容可以涉及动物的成长、冒险、与人类的关系等。

书籍推荐：《西顿动物记》、《沈石溪动物小说》系列、《昆虫记》等。

2）对宇宙好奇的孩子

内容选择：天文、航天类的科普书籍，内容可以包括宇宙的探索、星座、行星等。

书籍推荐：《天文爱好者》、《太空探秘》、《宇宙简史》（儿童版）等。

3）对艺术感兴趣的孩子

内容选择：艺术家传记、艺术入门科普书籍等，内容可以包括艺术家的成长经历、不同艺术形式的介绍和赏析等。

书籍推荐：《小小艺术家系列》《艺术启蒙》《儿童艺术大百科》等。

4）喜欢科学和探索的孩子

内容选择：科学普及读物、科学家的故事、简单的科学实验教程等，引导孩子了解科学的奥秘和科学家的探索精神。

书籍推荐：《小小科学家系列》、《神奇校车》系列、《有趣的科学实验》等。

5）喜欢历史与文化的孩子

内容选择：历史人物传记、历史故事集、文化科普书籍等，内容可以更加深入和丰富，引导孩子了解不同历史时期和文化背景的知识。

书籍推荐：《写给儿童的中国历史》《林汉达中国历史故事集》《上下五千年》等。

6）对体育运动感兴趣的孩子

内容选择：体育明星的传记、体育项目的科普书籍、运动技巧教程等，引导孩子了解体育运动的魅力和价值。

书籍推荐：《足球小将》《篮球明星姚明》《运动百科》等。

7）对生物感兴趣的孩子

内容选择：生物科普读物、动植物百科、简单的生物学实验教程等，引导孩子了解生物的多样性和奇妙性。

书籍推荐：《DK 博物大百科》《昆虫 Q&A》《小学生物学实验》等。

8）对数学感兴趣的孩子

内容选择：数学科普读物、数学家的故事、数学游戏和谜题等，激发孩子对数学的兴趣和好奇心。

书籍推荐：《数学之美》《数学家的故事》《小学生数学游戏》等。

3. 初中阶段

在初中阶段，孩子的阅读能力和理解能力进一步提高，可以选择一些更加深入、专业的书籍。

1）喜欢动物的孩子

内容选择：动物行为学、生态学、保护生物学等方面的书籍，内容深入详尽，满足孩子对动物世界的深度探索需求。

书籍推荐：《动物行为学》《生态学与环境保护》《野生动物保护实践》等。

2）对宇宙好奇的孩子

内容选择：天文学、宇宙学、航天技术等方面的书籍，内容可以深入且全面。

书籍推荐：《天文新视野》、《宇宙简史》（霍金著）、《航天技术与应用》等。

3）对艺术感兴趣的孩子

内容选择：更深入的艺术史、艺术评论、艺术技巧等方面的书籍，引导孩子更深入地了解艺术的内涵和价值。

书籍推荐：《艺术史》《艺术概论》《如何欣赏一幅画》等。

4）喜欢科学和探索的孩子

内容选择：更深入的科学原理、科学发现、科学研究方法等方面的书籍，满足孩子对科学的探索欲望和求知欲。

书籍推荐：《科学百科》《物理学简史》《生物学探秘》等。

5）喜欢历史和文化的孩子

内容选择：历史专著、文化评论、历史小说等，引导孩子更深入地了解历史文化的内涵和影响。

书籍推荐：《明朝那些事儿》、《中华上下五千年》、《中国历史大讲堂》系列等。

6）对体育运动感兴趣的孩子

内容选择：更深入的体育理论、运动心理学、体育历史等方面的书籍，满足孩子对体育运动的深入探究和学习需求。

书籍推荐：《体育原理》《运动心理学导论》《篮球运动史》等。

7）对生物感兴趣的孩子

内容选择：深入探索生物学原理、生物科技发展、生态环境保护等方面的书籍，满足孩子对生物学的探索热情。

书籍推荐：《生物学基础》《生物科技前沿》《生态环境保护与可持续发展》等。

8）对数学感兴趣的孩子

内容选择：更深层次的数学原理、数学定理的证明、数学竞赛题解等方面的书籍，满足孩子对数学学习的需求和挑战。

书籍推荐：《初中数学竞赛全书》《数学简史》《几何原本》等。

需要注意的是，以上推荐仅供参考，具体选择应根据孩子的实际情况和兴趣进行调整。同时，家长或教师在引导孩子阅读时，还应关注书籍的适读年龄和难易程度，确保孩子能够在阅读中获得乐趣和成就感。

二、创设有趣的阅读环境

为孩子打造一个舒适、有趣的阅读空间。这个空间可以有各种舒适的座椅、柔软的垫子，甚至是一个专门的小帐篷。在空间的装饰上，可以悬挂孩子喜欢的书中角色的海报，或者摆放相关的玩偶、模型。这样，阅读空间就变成了孩子的一个小小天地，他们会更愿意在这里度过愉快的阅读时光。下面是具体的操作。

1. 家庭阅读环境

科学选择家具：根据孩子的年龄和体型，选择高度可调、符合人体工程学的椅子，确保孩子的脊柱和颈部得到支撑。选择可调节亮度和色温的阅读灯，以减少眼睛疲劳。使用环保、无甲醛的家具材料，确保孩子的健康。

精心规划阅读角落：选择一个远离噪声、光线充足的房间角落。摆放书架时，确保孩子能够轻松取阅书籍，同时避免书架过高导致倾倒的风险。在阅读角落铺设柔软的地毯或垫子，增加舒适度。

装饰与互动：悬挂孩子喜欢的书籍封面或书中插图的海报，激发阅读兴趣。放置可互动的玩偶或模型，如根据书籍内容定制的角色，增加阅读的趣味性。定期与孩子一起更换装饰物，保持新鲜感。

定期更新与评估：每月至少更新一次书架上的书籍，确保内容多样性和时效性。与孩子一起制订阅读计划，鼓励他们定期完成阅读目标。定期评估孩子的阅读进展和兴趣变化，以便调整所选书籍。

2. 学校阅读环境

班级图书角建设：在教室中选择一个方便学生取阅的角落作为图书角。摆放多样化的图书，包括故事书、科普书、绘本等，满足不同学生的需求。制定借阅规则和维护制度，确保图书的完好和流通。

公共空间利用：在走廊、楼梯间等公共空间设置小型阅读区，每个区域配备适量的座椅和书架。阅读区的书籍定期轮换，确保内容的更新和多样性。设置明显的标识和引导牌，方便学生找到阅读区。

阅读活动组织：每月至少组织一次阅读分享会或读书比赛，鼓励学生积极参与。邀请作家、学者来校举办讲座或阅读指导，提升学生的阅读层次。设立阅读奖励机制，如"阅读之星"评选等，激励学生持续阅读。

课程整合与评估：将阅读内容与课程紧密结合，如语文课的拓展阅读、科学课的科普读物等。在课堂上留出专门的阅读时间，让学生有机会在课堂上阅读自己感兴趣的书籍。定期对学生的阅读能力和兴趣进行评估，以便调整教学策略和选择书籍。

通过以上细化和具体操作建议，我们可以为孩子打造一个更加科学、舒适和有趣的阅读环境，激发他们的阅读兴趣并培养他们的阅读习惯。

三、亲子共读

家长可以选择一些适合亲子共读的书籍，如经典的童话、寓言故事等。通过亲子共读，孩子可以感受到阅读的乐趣和温馨的家庭氛围，从而逐渐培养起对阅读的兴趣。家长可采用以下方法。

1.共读的技巧与方法

生动讲述：家长在讲述故事时，应运用富有感染力的语言和丰富的表情及肢体动作，将故事情境和情感表达得淋漓尽致，以吸引孩子的注意力。

互动式阅读：在阅读过程中，鼓励孩子发表意见和想法，就书中内容展开讨论。这种互动式阅读可以激发孩子的思考能力和批判性思维。

角色扮演与情景模拟：对于某些故事情节或人物角色，可以进行角色扮演或情景模拟，让孩子在亲身体验中更深入地理解故事内涵和人物性格。

2.情感交流与延伸活动

情感共鸣：在共读过程中，家长要注重与孩子进行情感交流，分享彼此对书中情节和人物的理解和感受，培养情感共鸣。

延伸活动：读完书后，可以进行一些与书籍内容相关的延伸活动，如画画、手工、实地探访等。这些活动能够让孩子更深入地理解和体验书中的内容，同时也能够培养他们的创造力和想象力。当孩子发现自己可以通过阅读获得更多的乐趣和成长时，他们的阅读兴趣就会自然而然地得到激发。

3.持续鼓励与支持

记录与分享：记录孩子的阅读进度和心得感受，鼓励他们与亲朋好友分享自己的阅读体验和收获。

肯定与奖励：对于孩子的阅读表现和进步，家长要及时给予肯定和奖励，激发他们持续阅读的热情和动力。

通过以上方法和实践，家长可以成功实施亲子共读活动，并让孩子在此过程中感受到阅读的乐趣和温馨的家庭氛围。这种亲子间的共享时光不仅有助于培养孩子的阅读兴趣和习惯，还能增进亲子间的情感联系和理解。

四、发挥榜样力量

在孩子的成长过程中，榜样起着至关重要的作用。他们通过观察身边的榜样，模仿其行为和态度，逐渐形成自己的行为习惯和价值观。在阅读推广中，利用榜样的力量是一种非常有效的方法，可以显著提升学生的阅读兴趣。

1.选择合适的榜样

这些榜样可以是教师、亲戚、朋友或公众人物中的阅读爱好者。他们应该具备良好的阅读习惯和广泛的阅读兴趣，能够在阅读中获得快乐、知识和成长。

同时，他们还应该具备积极的生活态度和正面的价值观，能够成为孩子成长过程中的良好引路人。

2. 展示榜样的阅读行为和成果

选择了合适的榜样后，需要向孩子展示他们的阅读行为和成果。可以通过组织阅读分享会、邀请榜样到班级或学校举办讲座等方式，让孩子亲眼看到榜样在阅读中的专注和投入，以及阅读给他们带来的变化和成长。同时，家长和教师也可以在自己的社交媒体上分享榜样的阅读故事和心得，让孩子深刻感受到阅读的魅力和价值。

3. 家长和老师成为孩子的榜样

除了寻找外部的榜样外，家长和教师自身也应该成为孩子的榜样。他们应该积极展示自己的阅读行为和阅读成果，如经常买书、借书、与孩子分享自己的阅读心得等。这样不仅可以激发孩子的阅读兴趣，还能让孩子在模仿家长和教师的过程中逐渐形成良好的阅读习惯。

4. 鼓励孩子与榜样互动

可以让孩子向榜样请教阅读方法、分享阅读心得，或者与榜样一起参加阅读活动、组建阅读小组等。通过与榜样的互动，孩子可以更加深入地了解阅读的魅力和价值，从而激发自己的阅读兴趣。

总之，利用榜样的力量是一种能非常有效地提升学生阅读兴趣的方法。通过选择合适的榜样、展示榜样的阅读行为和成果、家长和教师成为孩子的榜样以及鼓励孩子与榜样互动等方式，可以让孩子在模仿和学习的过程中逐渐爱上阅读，形成良好的阅读习惯。

五、正向反馈与鼓励

在孩子的成长道路上，每一次进步都值得被珍视和鼓励。尤其是阅读，这个能够打开知识大门、滋养心灵的神奇之旅，更需要我们用细心和热情去引导。正向反馈与鼓励，就像阳光和雨露，能够让阅读的种子在孩子心中生根发芽，苗壮成长。

想象一下，当孩子沉浸在书海中，探索着未知的世界时，突然之间，他们遇到了理解上的困惑或情感上的共鸣。这时，如果家长或教师能够及时发现，并给予具体的赞扬："哇，你真的读得很深入，连这个细节都注意到了！"或者"我能感受到，你真的被这个故事打动了。"这样的语言，就像一股暖流，可以让孩子感受到自己的阅读被理解和认可，他们的阅读热情会瞬间被点燃。

不仅如此，我们还可以将孩子的阅读成果以更直观的方式展现出来。比如，制作一面阅读墙，上面贴满了孩子读过的书目、写下的读后感、绘制的书中人物画像等。每当孩子走过这面墙，都能感受到自己的阅读旅程被如此珍视和展示，那种自豪感和成就感会激励他们继续前行。

同时，鼓励孩子与同龄人分享阅读心得也是一个非常有效的方法。在班级或小组中，我们可以组织定期的读书分享会。孩子围坐在一起，轮流分享自己最近读的好书、有趣的情节、深刻的感悟等。这种同龄人之间的交流和碰撞，往往能激发出更多的阅读火花和共鸣。

而在鼓励方面，我们可以与孩子一起设立明确且可实现的阅读目标。每当他们达到一个目标时，我们都给予适当的奖励和鼓励。这些奖励可以是他们心心念念的新书、一次特别的图书馆之行，甚至是一次与心仪的作家见面的机会。这样的奖励不仅能让孩子感受到阅读的快乐和收获，还能激发他们的内在动力，使他们更加热爱阅读。

综上所述，正向反馈与鼓励就像是一对翅膀，能够让孩子在阅读的天空中自由翱翔。只要我们用心去发现、去珍视、去鼓励孩子的每一次阅读进步和兴趣展现，相信他们一定能在书海中畅游更远、更高、更深！

用科学家故事唤醒孩子的成长

作为生物体的人是大自然中的一部分，我们每个人都在特定的时间、特定的空间、特定环境出现，我们每个人来到这世界，都对这里的一切充满好奇，通过五官不断吸收与积累，从而认识环境与自我。孩子天生就对世界充满好奇，他们喜欢探索、学习和发现新的事物，这是人类自身的本能。只不过后来由于周围环境的限制以及各种条件的制约，探索好奇心才逐渐消失，这种好奇、探索正是科学精神的源泉，我们可以通过回顾不同时代、不同背景下人们认识自然，发展自然规划的过程，科学家的故事，来激发孩子对知识的兴趣，唤醒他们探索自然的好奇心，学习知识的欲望。

让孩子知道，知识源于生活，学习知识原本就是为了解决生活中的问题。下面我们一起来看一下，科学家是怎样从生活中发现问题并思考解决方案的。

公元前6世纪毕达哥拉斯在观察地面上正方形地砖时，通过用笔和尺画它们的对角线，观察面积之间的关系，最终得出了一个重要的结论"毕达哥拉斯定理"——勾股定理。

公元3世纪时，古印度人为了计算，用形象的角来表示数字，后由阿拉伯人改进并传向欧洲，使该种数字最终被国际通用，所以人们称其为"阿拉伯数字"。

近代数学家牛顿，看到门前的苹果下落，就不断实验，发现了"万有引力"的经典力学理论，而爱因斯坦看到高楼外的擦窗工人，不断思考联想，从而创立了广义相对论，并发现了著名的质能方程。

其实，每个孩子的心中都有一个英雄梦，科学家就是其中最耀眼的那一个。他们的智慧、勇敢和奉献精神是孩子最为崇尚的品质。因此，在教育孩子的过程中，我们可以利用科学家故事来激发他们的求知欲和探索精神，唤醒他们内心深处的梦想。科学家故事可以激发孩子的求知欲。科学家的故事充满了探索和发现，他们用自己的智慧和勇气去探索未知的领域，发现新的科学规律。这些故事能够激发孩子的好奇心和求知欲，让他们在探索科学的过程中找到乐趣。同时，通过学习科学家的发现和发明，孩子也可以感受到科学的奥妙与魅力。

在公元前 2000 多年，古希腊的数学家欧几里得根据生活的常识、自然界的数学现象及规律总结出《几何原本》一书。这本书至今仍为小学初中数学课本的重要内容。比如当时为了测量金字塔的高度，在大家一筹莫展的情况下，欧几里得用他的《几何原本》，迅速给出了解决方案。欧几里得说，当我影子的高度和我人的高度一致时，你们用直尺去测量金字塔影子的长度，就会知道金字塔的高度了。

而数学家阿基米德，他从小就对数学、天文学和力学等感兴趣，他学以致用，用自己的知识来帮助人们解决实际问题，有一天他看到一位瘦弱的姑娘在水井边打水，竟然能轻松地将很重的水桶从井中提上来，他感到十分惊讶，觉得其中一定有什么奥秘，经过不断思考，以及严密的数学推导，他得出了一个著名结论——杠杆原理。并对国王说，给我一个支点，我将撬动整个地球。后来阿基米德就此发明了投石机、齿轮组等器械。传说他在洗澡时观测到澡盆水溢出这一现象，从而灵感迸发，成功解决了叙拉古国黄金王冠是否掺入银的问题。

科学家的故事可以帮助孩子培养勇于探索的精神。科学家在进行科学研究时，经常会遇到各种困难和挑战，但他们始终坚持不懈地追求真理。这些故事能够鼓励孩子在面对困难时勇敢地前进，锤炼他们的意志力和勇气。通过学习科学家的经历，孩子可以深刻体会到科学研究是不断尝试和失败的积累，只有在不断努力中才能取得成功。比如爱迪生发明电灯泡时，失败了上千次却从未放弃，最终点亮了世界的夜晚。所以我们还要告诉孩子，只有不断努力、坚持不懈，才能获得成功。

同时，科学家的故事还可以帮助孩子树立正确的人生观和价值观。科学家不仅拥有卓越的智慧和才华，还具备高尚的品德和奉献精神。马斯克说，我要尽我的所能使这个世界变得更加美好，这是我想做的事情。正是他梦想的远大，才具有超乎寻常人的毅力，推动了特斯拉汽车、太空探索公司、ChatGPT 人工智能等领域前所未有的跨越，为人类的科学事业、社会福祉作出了巨大贡献，这种精神是孩子成长过程中宝贵的财富。

作为家长和一线教师，我们都深知孩子成长的重要性。在孩子成长的过程中，我们需要为他们提供各种各样的启示和帮助。而科学家的故事，作为一种具有启发性和激励性的教育资源，可以被用来唤醒孩子的成长潜力。

科学家的人生经历、科学精神和成就，都是孩子可以学习和借鉴的。通过讲述科学家的故事，我们可以激发孩子的好奇心、探究欲和创新精神，同时也可以帮助他们培养坚韧不拔、勇于面对挫折的品质。

那么，如何用科学家的故事唤醒孩子成长呢？

一、选择适合孩子年龄和兴趣的科学家故事

孩子年龄不同，兴趣爱好也不同。因此，在选择科学家故事时，我们需要根据孩子的年龄和兴趣来挑选适合的故事。对于小学生，可以选择一些生动有趣的科学家故事，如爱因斯坦的小时候、爱迪生的发明故事等。对于初中生和高中生，可以选择一些更深入的科学家传记，如霍金的人生经历、居里夫人的科学事业等。

案例一：爱因斯坦的小时候

适用对象：小学生。

案例内容：爱因斯坦小时候并不是一个传统意义上的"好学生"，他常常对学校的课程感到无聊，但对科学和数学有着浓厚的兴趣。有一次，他利用手中的指南针，独自思考了很长时间，试图理解为什么指南针总是指向北方。这个故事展示了爱因斯坦从小就具有的好奇心和探究欲。

实施步骤：

向孩子介绍爱因斯坦的基本信息和成就。

讲述爱因斯坦小时候与指南针的故事，引导孩子思考自己是否也有过类似的经历。

鼓励孩子分享自己对科学的好奇心和探究欲，以及如何将其转化为学习动力。

注意方法：在讲述故事时，要用生动有趣的语言，吸引孩子的注意力。同时，要引导孩子积极参与讨论，让他们感受到科学的乐趣。

案例二：爱迪生的发明故事

适用对象：小学生至初中生。

案例内容：爱迪生是一位伟大的发明家，他的一生中有许多重要的发明，如电灯、留声机等。然而，他的成功并不是一蹴而就的。在发明电灯的过程中，他经历了无数次的失败和挫折，但他从未放弃，最终取得了成功。这个故事不仅展示了爱迪生的创新精神，还体现了他的坚韧不拔和勇于面对挫折的品质。

实施步骤：

向孩子介绍爱迪生的基本信息和主要发明。

详细讲述爱迪生发明电灯的过程，强调他面对失败和挫折的态度。

鼓励孩子分享自己在学习和生活中遇到困难时的经历，以及如何克服困难的方法。

注意方法：在讲述故事时，要突出爱迪生面对困难时的积极态度和坚忍精神，激励孩子在面对挫折时能够保持信心和勇气。同时，要引导孩子认识到成功需要经过不断的努力和尝试。

案例三：霍金的人生经历

适用对象：初中生至高中生。

案例内容：霍金是一位著名的理论物理学家，尽管他身患重病，几乎全身瘫痪，但他依然坚持科学研究，并取得了卓越的成就。他的人生经历不仅展示了他的科学精神和才华，更体现了他对生活的热爱和对挑战的勇气。

实施步骤：

向孩子介绍霍金的基本信息和主要成就。

详细讲述霍金的人生经历，特别是他面对疾病和挑战时的态度和精神。

引导孩子讨论霍金的故事对自己的启示和影响，以及如何将这些精神应用到自己的学习和生活中。

注意方法：在讲述故事时，要尊重霍金的人生经历，突出他的科学精神和勇气。同时，要引导孩子深入理解霍金故事背后所蕴含的人生哲理和价值观，激励他们勇敢面对生活中的挑战和困难。

二、将科学家故事融入课堂和家庭教育中

将科学家故事融入课堂和家庭教育中，是唤醒孩子成长的有效途径。在课堂上，教师可以通过讲述科学家的故事，引导学生探究科学知识背后的奥秘，激发学生的学习兴趣和思维能力。在家庭教育中，家长可以与孩子一起阅读科学家传记，讨论科学家的思想和成就，激励孩子向科学家学习，树立正确的人生观和价值观。

案例一：牛顿的苹果与万有引力

适用对象：初中生及高中生。

案例内容：牛顿坐在树下，观察一颗掉落的苹果，最终引发了他对万有引力的思考。这个故事不仅揭示了科学发现的偶然与必然，也展示了科学家对日常现象的好奇心与深入探究的精神。

实施步骤（课堂）：

教师可以先向学生介绍牛顿的基本信息和成就。

讲述牛顿与苹果的故事，引导学生思考为什么物体会向地面下落。

通过简单的实验或动画，展示万有引力的基本原理。

鼓励学生分享自己对身边现象的好奇心和发现，培养探究精神。

实施步骤（家庭）：

家长与孩子一起阅读牛顿的传记或相关故事。

讨论牛顿是如何从日常现象中发现科学原理的。

家长可以引导孩子观察家中的物品，思考它们为什么会静止或运动，进一步理解万有引力。

鼓励孩子将所学应用到实际生活中，如解释为什么物体会落地等。

注意方法：在讲述故事时，要突出科学家的好奇心和探究精神，激发学生的学习兴趣。同时，要注重实验和互动，让学生亲身体验科学的魅力。在家庭

教育中，家长要耐心引导，鼓励孩子多思考、多实践。

案例二：居里夫人的科学事业

适用对象：初中生及高中生。

案例内容：居里夫人是第一位获得两次诺贝尔奖的女性科学家，她的研究对放射性领域产生了深远影响。她的故事不仅展示了科学家的坚韧不拔和献身科学的精神，也是女性追求科学事业的典范。

实施步骤（课堂）：

教师介绍居里夫人的生平和科学成就，强调她在科学领域的突破和贡献。

通过视频或图片展示居里夫人的实验室和工作环境，让学生感受科学研究的艰辛与乐趣。

组织学生讨论居里夫人的科学精神和对社会的贡献，引导学生思考科学家的社会责任。

鼓励学生以居里夫人为榜样，追求自己的梦想并为社会作出贡献。

实施步骤（家庭）：

家长与孩子一起阅读居里夫人的传记或观看相关纪录片。

讨论居里夫人在科学事业中所面临的困难和挑战，以及她是如何克服这些困难的。

家长可以引导孩子思考自己在学习和生活中所遇到的困难，鼓励孩子向居里夫人学习坚韧不拔的精神。

鼓励孩子以居里夫人为榜样，树立远大理想并为之努力奋斗。

注意方法：在讲述居里夫人的故事时，要注重科学家的坚韧不拔和献身科学的精神的传达，激励学生追求自己的梦想并为社会作出贡献。同时，要注重学生的情感体验和思想交流，让学生在讨论和分享中深化对科学家精神的理解。在家庭教育中，家长要注重与孩子的互动和交流，引导孩子深入思考并付诸实践。

案例三：伽利略的自由落体运动

适用对象：初中生。

案例内容：伽利略通过观察和实验，推翻了古希腊哲学家亚里士多德关于物体下落的错误观点，提出了自由落体运动的理论。这个故事展示了科学家对真理的追求和对权威的挑战精神。

实施步骤（课堂）：

教师先介绍亚里士多德和伽利略关于物体下落的不同观点。

通过简单的实验或动画演示，让学生观察不同重量的物体在真空中的下落情况。

引导学生讨论实验结果，理解伽利略的自由落体运动理论。

鼓励学生思考伽利略为何敢于挑战当时的权威观点，培养批判性思维。

实施步骤（家庭）：

家长与孩子一起了解伽利略的生平和科学成就。

讨论伽利略是如何通过观察和实验来验证自己的理论的。

家长可以引导孩子进行简单的自由落体试验，如用不同重量的球从同一高度释放，观察它们的下落情况。

鼓励孩子在学习和生活中敢于质疑和挑战权威，培养独立思考的能力。

注意方法：在讲述伽利略的故事时，要突出科学家对真理的追求和对权威的挑战精神，激发学生的批判性思维。同时，要注重实验和观察的重要性，让学生亲身体验科学的探究过程。在家庭教育中，家长要给予孩子充分的支持和鼓励，让他们在实践中锻炼独立思考和解决问题的能力。

三、通过科学家故事培养孩子的科学精神和创新能力

科学家都具备探究未知、勇于创新的科学精神。通过讲述科学家的故事，我们可以激发孩子的好奇心和探究欲，培养他们的科学精神和创新能力。孩子可以从科学家身上学到勇于尝试、不畏失败的精神，从而在学习和生活中更加自信、勇敢地面对挑战。

案例一：特斯拉与交流电

适用对象：初中生及高中生。

案例内容：尼古拉·特斯拉是一位杰出的发明家和电气工程师，他对交流电的研究和应用彻底改变了电力工业。特斯拉的故事可以激发孩子对科学和技术的好奇心，培养他们的创新精神和勇于尝试的态度。

实施步骤：

向孩子介绍特斯拉的生平和他的主要成就，特别是他对交流电的研究和应用。

通过视频或模拟实验展示交流电的工作原理和应用，让孩子对电力有更直观的认识。

组织孩子讨论特斯拉的创新精神如何影响现代社会，以及他们如何在自己的学习和生活中培养类似的创新精神。

注意方法：在介绍特斯拉时，要突出他的创新精神和勇于尝试的态度。在讨论环节，要鼓励孩子自由发表意见，引导他们思考创新对个人和社会的重要性。

案例二：霍金与宇宙探索

适用对象：初中生及高中生。

案例内容：斯蒂芬·霍金是一位伟大的理论物理学家和宇宙学家，他对黑洞和宇宙起源的研究为现代宇宙学奠定了基础。霍金的故事可以激发孩子对宇宙的好奇心，培养他们的探索精神和科学精神。

实施步骤：

向孩子介绍霍金的生平和他的主要贡献，特别是他对黑洞和宇宙起源的研究。

通过视频或图片展示宇宙的奥秘和魅力，让孩子对宇宙有更直观的认识。

组织孩子讨论霍金的探索精神如何影响科学界，以及他们如何在学习和生活中培养类似的探索精神。

注意方法：在介绍霍金时，要突出他的探索精神和科学精神。在讨论环节，要引导孩子思考宇宙探索的意义和价值，以及他们如何通过自己的努力为科学进步作出贡献。

四、借助科学家故事引导孩子正确面对挫折和困难

科学家在追求科学真理的过程中，往往经历了无数次的失败和挫折。然而，他们并没有因此放弃，而是坚持不懈地努力，最终取得了辉煌的成就。通过讲述这些科学家的故事，我们可以引导孩子正确面对挫折和困难，培养他们坚韧不拔、永不言败的品质。

案例一：托马斯·爱迪生与留声机的发明

适用对象：小学生及初中生。

案例内容：托马斯·爱迪生在发明留声机的过程中遭遇了许多失败和嘲笑，但他并没有放弃。经过无数次的尝试和改进，他最终成功发明了留声机，为人类记录声音的历史翻开了新的一页。

实施步骤：

向孩子介绍爱迪生的生平和他的发明创造精神，特别强调他在面对困难和挫折时的坚持和勇气。

讲述爱迪生发明留声机的过程，突出他面对失败和困难时的态度和方法。

组织孩子讨论爱迪生成功的原因，引导他们理解坚持和勇气在成功中的重要性，并鼓励他们在面对挫折和困难时也要保持积极的心态。

注意方法：在讲述故事时，要注重引导孩子感受爱迪生面对挫折和困难时的心理变化，让他们理解成功背后的艰辛和付出。同时，也要鼓励孩子在遇到困难时，勇于尝试、不怕失败，培养他们的坚韧品质。

案例二：埃隆·马斯克与 SpaceX 的火箭发射

适用对象：初中生、高中生及大学生。

案例内容：埃隆·马斯克是 SpaceX 的创始人和 CEO，他的目标是实现太空探索与移民。然而，在实现这一目标的过程中，他遭遇了许多挫折和困难，其中最为著名的是 SpaceX 的火箭发射失败。

在 SpaceX 的早期阶段，马斯克和他的团队面临了巨大的技术挑战和资金压力。他们的火箭在发射过程中多次失败，甚至有一次火箭在发射台上爆炸。这些失败对于马斯克和 SpaceX 来说无疑是巨大的打击，但他们并没有因此

放弃。

相反，马斯克和他的团队从每次失败中汲取教训，不断改进他们的技术和方法。他们坚信，只有通过不断地尝试和失败，才能最终取得成功。最终，在他们的坚持和努力下，SpaceX 成功发射了多枚火箭，并将航天员送入了太空。

实施步骤：

向孩子介绍马斯克的生平和他的太空探索目标，突出他在面对困难和挫折时的坚持和勇气。

讲述 SpaceX 火箭发射失败的故事，以及马斯克和他的团队是如何从失败中吸取教训并最终取得成功的。

组织孩子讨论马斯克和 SpaceX 的成功经历对他们的启示，引导他们理解在面对挫折和困难时应该如何保持积极的心态和持续的努力。

注意方法：在讲述故事时，要注重引导孩子感受马斯克面对挫折和困难时的坚持和勇气，让他们理解成功需要经历无数次的尝试和失败。同时，也要鼓励孩子在学习和生活中遇到困难时，要勇于挑战自己并寻求突破和创新的机会，不要轻易放弃自己的目标。

马斯克的故事向孩子展示了一个真实的、充满挑战和挫折的创业历程。通过他的故事，孩子可以学到坚持、勇气和不断创新的精神，从而在面对自己的挫折和困难时能够保持积极的心态并努力寻求解决方法。

五、以科学家为榜样，激发孩子的成长动力

科学家用自己的智慧和努力，为人类社会作出了巨大贡献。他们的成就和精神，是孩子学习和成长的宝贵财富。以科学家为榜样，激发孩子的成长动力，让他们从小立志成为有用之才，为国家和社会的繁荣富强贡献自己的力量。

案例：袁隆平与杂交水稻的传奇

适用对象：初中生及高中生。

案例内容：袁隆平是中国的"杂交水稻之父"，他的一生致力于提高水稻产量，为解决全球粮食问题作出了巨大贡献。他的坚持、创新和奉献精神，是

孩子学习和成长的宝贵财富。

实施步骤：

介绍袁隆平。向孩子介绍袁隆平的生平和他的科学成就，突出他对国家和人民的深厚情感以及为解决粮食问题所付出的努力。

讲述杂交水稻的研发过程。详细讲述袁隆平如何克服重重困难，成功研发出杂交水稻的过程。强调他的创新精神、实验精神和不畏艰难的精神。

袁隆平的奉献精神。分享袁隆平如何将杂交水稻技术推广到全国乃至全世界，帮助无数人民摆脱饥饿的故事，突出他的大爱和奉献精神。

组织讨论：引导孩子讨论袁隆平的成功经历对他们的启示。让他们理解到，一个人的力量是有限的，但只要有坚定的信念、持续的努力和创新的精神，就能为社会和国家作出巨大贡献。

注意方法：在讲述故事时，要注重情感渲染，让孩子能够感受到袁隆平对科学的热爱和对人民的深情厚意。

引导孩子从袁隆平的故事中汲取力量，鼓励他们在学习和生活中也要有这种不畏艰难、勇于创新的精神。结合实际，引导孩子思考如何在自己的学习和生活中实践这种精神，为自己的成长和社会的进步贡献力量。

通过袁隆平的故事，孩子可以深刻体会到科学家的伟大不仅在于他们的科学成就，更在于他们的精神品质和为人类社会作出的贡献。这种精神力量将激励孩子不断追求进步，为实现自己的梦想和国家的繁荣富强贡献自己的力量。

总之，用科学家的故事唤醒孩子成长，是一种富有成效的教育方法。选择适合孩子年龄和兴趣的科学家故事，并将其融入课堂和家庭教育中，可以培养孩子的科学精神和创新能力，引导他们正确面对挫折和困难，以科学家为榜样激发成长动力，我们可以帮助孩子在成长的道路上不断前进、茁壮成长。

唤醒孩子对数学学科的热爱

数学，作为自然科学之基础，对于个体的逻辑思维、分析能力和创新能力的培养具有不可替代的作用。从幼儿阶段开始培养孩子的数学兴趣和数学思维，不仅关乎孩子未来的学业成就，更是对其终身发展有着深远影响。

众多教育学者均指出，幼儿期是个体认知发展的关键时期。在这一阶段，孩子的好奇心、探索欲极强，对外界的一切都充满了求知的渴望。若能适时地引入数学元素，通过游戏、故事等趣味性的方式激发孩子对数学的兴趣，不仅能让他们在轻松愉快的氛围中学习数学，更能为他们未来的数学学习打下坚实的基础。从幼儿阶段开始培养孩子的数学思维，有助于提升他们的逻辑分析能力、空间想象能力及问题解决能力，进而促进孩子智力的全面发展。

纵观历史，不乏在数学领域取得杰出成就的名人，他们的共同点之一是他们在幼年时期就对数学表现出了浓厚的兴趣。比如，著名数学家高斯在幼年时就展现出了超凡的数学天赋和对数学的热爱，这种早期的兴趣和思维训练为他日后在数学领域的卓越贡献奠定了坚实的基础。这些名人的成功经历，无疑证明了从幼儿开始培养数学兴趣和数学思维的重要性。

当代教育心理学专家普遍认为，数学不仅是一门学科，更是一种思维方式。从小培养孩子的数学兴趣，可以让他们在未来的学习和生活中更加自信地面对数学挑战。同时，数学思维的培养也被认为是提高孩子未来职业竞争力的重要途径。在科技日新月异的今天，具备良好数学思维的人才在各个领域都具有显著的优势。

从幼儿开始培养孩子的数学兴趣和数学思维，对于孩子未来的学业发展、职业竞争力及终身发展都具有重要的意义。作为教育者和家长，我们应该充分认识到这一点，积极为孩子创设有利于数学兴趣和数学思维发展的教育环境，让他们在快乐中成长，在成长中收获。

一、幼儿阶段（3～6岁）的数学启蒙

在幼儿阶段，数学启蒙应注重游戏化学习、日常生活中的数学及故事与数学的结合。这些方法旨在激发幼儿对数学的兴趣，培养他们的数学思维能力。以下是对这些方法的详细介绍及实操建议。

1. 游戏化学习

利用积木、拼图等玩具，设计有趣的计数和分类游戏。游戏化的学习方式符合幼儿的认知特点，能让他们在玩乐中学习数学。教育家皮亚杰强调游戏在儿童认知发展中的重要作用，因此我们应充分利用这一方式。

实操建议：选择适合幼儿年龄和兴趣的玩具，如彩色积木、形状拼图等。在游戏过程中，引导幼儿进行计数、分类、比较等数学活动，如按颜色分类积木、比较两组物品的数量等。

注意事项：确保游戏难度适中，以免幼儿感到挫败。同时，关注幼儿的兴趣点，及时调整游戏内容，保持其参与度。

2. 日常生活中的数学

将数学融入幼儿的日常生活，如购物、烹饪等活动中。这有助于幼儿理解数学的实用性，提高他们的数学应用能力。

实操建议：在购物时，让幼儿参与选择商品、计算价格等过程。在烹饪时，引导幼儿量取食材、了解时间的概念等。此外，还可以利用日常生活中的其他场景，如整理玩具、设置闹钟等，进行数学启蒙。

注意事项：关注幼儿的认知水平，提供符合其理解能力的数学内容。同时，鼓励幼儿尝试解决问题，培养他们的自主学习能力。

3. 故事与数学的结合

通过讲述包含数学元素的故事，激发幼儿的想象力和数学思维。故事中的情节和角色可以吸引幼儿的注意力，让他们在轻松愉快的氛围中学习数学。

实操建议：选择或创作一些包含数学元素的故事，如关于数字、形状、空间等主题的故事。在讲述过程中，适时地提出问题或引导幼儿思考相关的数学概念。此外，还可以鼓励幼儿自己编故事或续编故事，培养他们的创造力和数学表达能力。

注意事项：确保故事内容适合幼儿的年龄和兴趣，以吸引他们的注意力。同时，关注幼儿的反应和表现，及时调整教学策略以满足他们的需求。

综上所述，幼儿阶段的数学启蒙应注重游戏化学习、日常生活中的数学及故事与数学的结合。通过这些方法，我们可以有效地激发幼儿对数学的兴趣，培养他们的数学思维能力，为其未来的学习和发展打下坚实的基础。

二、小学阶段（6～12岁）的数学思维培养

1. 基础知识的巩固

在小学阶段，孩子数学思维的培养首先建立在扎实的基础知识之上。这意味着我们需要确保孩子能够熟练掌握基本的算术运算，如加、减、乘、除，以及基本的几何概念，如点、线、面、体等。教育心理学告诉我们，知识的掌握和记忆需要通过不断地重复和实际应用来加深。因此，教师可以通过设计各种有趣的课堂活动和课后作业，让孩子在实践中反复运用这些基础知识，从而达到熟练掌握的目的。例如，教师可以组织"数学接龙"游戏，让孩子在游戏中快速进行算术运算，既锻炼了他们的运算速度，又激发了他们的学习兴趣。在几何教学中，教师可以引导孩子亲手制作几何模型，让他们在动手的过程中深入理解几何概念。下面为具体案例实施。

案例一："数学小能手"

内容：教师可以设计"数学小能手"挑战赛，其中包含多个关卡，每个关卡涵盖一个特定的数学基础知识点，如加减法的快速运算、几何图形的识别等。

孩子通过闯关游戏，不仅能巩固基础知识，还能在轻松愉快的氛围中感受到数学的乐趣。

操作建议：确保游戏的难度逐步递增，以适应不同水平的孩子。同时，教师可以提供适时的引导和帮助，确保孩子在挑战中不会感到挫败。

注意事项：在设计游戏时，要确保其教育性与娱乐性的平衡，避免过于偏向一方。

案例二：数学小超市

内容：教师设立一个模拟超市，商品标有不同的价格，并且提供购物清单让孩子购买指定的商品。孩子需要计算所需支付的总金额，并且模拟支付找零的过程。

操作建议：商品的价格可以设计成整数和小数，让孩子练习加减法和简单的乘法。教师可以扮演收银员的角色，引导孩子计算总金额并模拟真实的支付找零场景。

注意事项：确保所有孩子都有机会参与活动，避免出现某些孩子被排除在外的情况。在活动结束后，教师要及时总结和反馈，强调数学知识在实际生活中的应用。

2.问题解决能力的培养

除了基础知识的巩固，小学阶段还需要着重培养孩子的问题解决能力。这可以通过解数学谜题、逻辑推理题等方式实现。这些活动不仅能够帮助孩子锻炼思维的灵活性和敏捷性，还能够促进他们逻辑思维的发展。例如，教师可以设计一些有趣的数学谜题，让孩子在课堂上分组讨论并尝试解答。在解答过程中，教师需要引导孩子学会分析问题、提出假设、验证假设的问题解决步骤，从而培养他们的逻辑思维能力。此外，教师还可以引导孩子学习如何使用数学工具（如图表、公式等）来辅助解决问题，提高他们的问题解决效率。下面为具体案例实施。

案例一："数学侦探社"

内容：教师可以创设一个"数学侦探社"，让孩子扮演侦探角色，通过解决各种数学谜题和逻辑推理题来锻炼问题解决能力。例如，设计一个涉及数列规律的谜题，让孩子通过观察、分析和归纳来找出答案。

操作建议：在引导孩子解决问题时，教师首先要鼓励他们独立思考，然后在必要时给予适当的提示和帮助。同时，教师还可以组织孩子进行小组讨论，让他们在合作中互相学习、取长补短。

注意事项：在设置谜题时，要确保其难度适中且富有趣味性，以激发孩子的探索欲望。同时，教师要注意引导孩子使用科学的问题解决方法，培养他们的逻辑思维和批判性思维。

案例二：神秘的数列

内容：教师给出一个有规律的数列，例如斐波那契数列，让孩子通过观察、猜测和验证来找出数列的规律，并预测下一个数字是什么。

操作建议：初始阶段，教师可以给出一些提示，引导孩子发现数列的规律。鼓励孩子大胆猜测，并用纸笔进行验证。可以组织小组讨论，让孩子在交流中相互启发和学习。

注意事项：确保数列的规律在孩子的认知范围内，避免过于复杂或难以理解的规律。教师要关注孩子的思维过程，而不只是结果，给予积极的鼓励和反馈。

3. 数学与现实的联系

小学阶段数学思维培养的一个重要目标是引导孩子学会将数学知识应用于现实生活中。这可以通过让孩子参与实际问题的解决过程来实现，如规划家庭预算、测量房间面积等。实践导向的学习不仅能够帮助孩子更好地理解数学知识的实际意义，还能够激发他们学习数学的兴趣和动力。例如，教师可以布置一项课后作业，让孩子与家长一起制订一周的家庭预算。在这个过程中，孩子需要运用所学的数学知识来计算各项开支的总和，还需要运用所学的比较大小的知识来选择合适的品牌和规格。这样的实践活动不仅可以让孩子在实际应用中巩固所学知识，还可以培养他们的理财意识和责任感。下面为具体案例实施。

案例一：数学实践项目

内容：教师可以布置一项"数学实践项目"，让孩子利用数学知识解决实际生活中的问题。例如，让他们测量并计算家中房间的面积、规划家庭一周的购物预算等。这样的项目可以让孩子更好地理解数学的实际应用，并提高他们的实践能力。

操作建议：在项目开始前，教师要对项目进行详细讲解和示范，确保孩子明确项目目标和步骤。在项目进行过程中，教师要给予孩子适时的指导和帮助，确保项目的顺利进行。在项目完成后，教师要组织孩子进行成果展示和交流，让他们分享彼此的经验和收获。

注意事项：在选择实践项目时，要确保其与孩子的实际生活紧密相关且具有可操作性。同时，教师要注意引导孩子在项目中发挥主导作用，鼓励他们主动思考和解决问题。在项目实施过程中，教师还要关注孩子的安全问题，确保他们在实践中不会受到伤害。

案例二：家庭能源使用调查

内容：让孩子在家中进行为期一周的能源使用情况调查，包括记录每天的用电量、用水量等，然后计算一周的总用量和每日平均用量。最后，让孩子分析数据并提出节约能源的建议。

操作建议：教师可以先在课堂上讲解如何进行调查和数据记录，然后让孩子在家中进行实际操作。可以提供一个简单的记录表格方便孩子记录数据。在调查结束后，组织课堂讨论，让孩子分享自己的数据和分析结果，并提出节约能源的建议。

注意事项：确保调查的内容和方法简单易行，方便孩子操作和理解。教师要强调调查的目的和意义，让孩子意识到节约能源的重要性。在课堂讨论中，教师要引导孩子积极参与并鼓励他们发表自己的见解。

在引导孩子将数学知识应用于现实生活时，教师需要注意以下几点：首先，要确保所选的问题与孩子的实际生活紧密相关，以激发他们的学习兴趣；其次，要给予孩子充分的自主权和责任感，让他们在解决问题的过程中发挥主导作用；最后，要及时给予孩子反馈和评价，帮助他们总结经验和教训，为今后的学习做好准备。

三、初中阶段（12 ～ 15 岁）的高级数学思维发展

1. 抽象思维的培养

在初中阶段，学生的思维能力逐渐从具象向抽象过渡。为了有效地培养抽象思维，教师可以引入代数、几何等更高级的数学概念。代数中的字母表示数、方程式和不等式，以及几何中的图形变换和证明，都是培养学生抽象思维能力的有力工具。

通过引入这些概念，教师可以帮助学生建立数学模型，将实际问题抽象化，并用数学语言进行描述和求解。这种过程不仅锻炼了学生的抽象思维能力，还提高了他们的问题解决能力。同时，教师还可以通过分析这些概念之间的内在联系和规律，帮助学生形成更加完整的数学知识体系。

为了更好地培养学生的抽象思维能力，教师还可以采用多种教学方法，如启发式教学、探究式教学等，激发学生的学习兴趣和思维活力。此外，教师还可以设计一些具有挑战性的问题或情境，让学生在解决问题的过程中不断锻炼和提高自己的抽象思维能力。

案例一：代数表达式的引入与应用

目的：在这个案例中，教师通过引入代数表达式来帮助学生发展抽象思维。代数表达式是用字母和数字表示数学关系的一种方式，它可以帮助学生将具体问题抽象为数学模型，并运用数学方法进行求解。

实操过程：教师首先向学生介绍代数表达式的基本概念，如变量、系数、常数等。通过实际例子，如年龄问题、速度问题等，教师引导学生将具体问题

抽象为代数表达式。例如，对于年龄问题，可以设某个人的年龄为 x，然后构建出关于 x 的代数表达式来表示不同人的年龄关系。接着，教师让学生尝试自己构建代数表达式来描述其他问题，如购物消费问题、时间计算问题等。在这个过程中，教师要给予学生充分的指导和反馈，帮助他们掌握构建代数表达式的方法和技巧。最后，教师可以通过一些具有挑战性的问题来检验学生的抽象思维能力。例如，让学生解决一些涉及多个变量和复杂关系的实际问题，要求他们首先构建出代数表达式，然后进行求解。

注意事项：在引入代数表达式时，教师要确保学生已经掌握了必要的基础知识，如基本的算术运算、数学符号的使用等。教师要循序渐进地引导学生理解代数表达式的意义和应用，避免一次性灌输过多的概念和技巧。在教学过程中，教师要关注学生的个体差异，并根据每个学生的具体情况进行有针对性的指导。教师要鼓励学生大胆尝试和表达自己的想法，及时给予积极的评价和反馈，激发他们的学习兴趣和自信心。

案例二：几何图形变换的探究与证明

目的：在这个案例中，教师通过引导学生探究几何图形的变换来培养他们的抽象思维。几何图形的变换包括平移、旋转、对称等，这些变换可以帮助学生理解图形的性质和空间观念的形成。

实操过程：教师首先向学生介绍几何图形的基本性质和变换概念，如平移变换、旋转变换等。通过具体的图形示例，如正方形、三角形等，教师演示几何图形的变换过程，并引导学生观察变换后图形的性质变化。其次，教师组织学生进行小组合作探究。每个小组选择一个特定的图形和变换类型，进行变换操作并观察记录结果。例如，某个小组可以选择研究等腰三角形在旋转变换下的性质变化。在小组合作探究的基础上，教师引导学生进行证明活动。要求他们利用所学的几何知识和逻辑推理方法，证明所观察到的性质变化是正确的。例如，对于等腰三角形在旋转变换下的性质变化，学生可以利用等腰三角形的性质和旋转变换的定义来进行证明。最后，各小组展示自己的探究成果和证明过程，全班同学进行交流和讨论。教师要对学生的表现给予积极的评价和反馈，帮助他们总结经验和教训。

注意事项：在引导学生进行几何图形变换的探究时，教师要确保学生已经掌握了必要的几何基础知识，如图形的性质、定义等。教师要关注学生在探究过程中的表现和思考方式，鼓励他们大胆尝试和提出自己的想法。同时，对于学生在探究过程中遇到的问题和困难，教师要及时给予指导和帮助。在进行证明活动时，教师要引导学生注重证明过程的严谨性和逻辑性，避免出现错误或遗漏的情况。同时，对于学生的证明过程和方法，教师要给予充分的肯定和鼓励。在全班交流和讨论环节，教师要营造积极的课堂氛围，鼓励每个学生都参与到讨论中来。同时，对于学生的观点和意见，教师要进行引导和梳理，帮助他们形成正确的认知和理解。

2. 数学竞赛与挑战

数学竞赛和挑战是激发学生数学兴趣、提升自信心的重要途径。通过参加数学竞赛，学生可以接触到更高难度的数学问题，挑战自己的思维极限。这种过程不仅可以锻炼学生的数学思维能力，还可以培养他们的意志品质和团队合作精神。

为了鼓励学生参加数学竞赛，教师可以组织校内或校际的数学竞赛活动，为学生提供展示自己才华的平台。同时，教师还可以针对学生的不同水平和需求，制订个性化的辅导计划，帮助他们在竞赛中取得更好的成绩。

此外，教师还可以引导学生正确看待竞赛结果，让他们明白重要的是参与过程和思维锻炼，而不只是比赛成绩。通过这种方式，教师可以帮助学生建立正确的价值观和人生观，促进他们的全面发展。

案例一：校内数学挑战赛

目的：教师组织一场校内数学挑战赛，旨在通过竞赛的形式激发学生的数学兴趣，提升他们的自信心和高阶思维能力。挑战赛可以包括个人赛和团队赛两种形式，涵盖多个难度级别的数学题目。

实操过程：教师提前准备一系列数学题目，确保题目难度适中且具有挑战性，能够涵盖学生所学的各个数学知识点。在课堂上宣布挑战赛的规则和流程，包括报名时间、比赛时间、比赛形式等，并鼓励学生积极参与。学生自愿报名参赛，可以选择个人赛或团队赛。对于团队赛，学生可以自行组队，每队人数相同。在比赛当天，教师按照预先设定的时间安排进行比赛。比赛过程中，教师要确保比赛秩序良好，学生遵守比赛规则。比赛结束后，教师及时批改试卷或评分，并公布比赛结果。对于表现优异的学生或团队，可以给予一定的奖励和表彰。

注意事项：教师要确保题目的难度和数量适中，既要保证挑战性，又要避免过于超出学生的能力范围。在比赛过程中，教师要关注学生的参与情况和情绪变化，及时给予鼓励和支持。教师要确保比赛的公平性和公正性，避免出现作弊或偏袒的情况。比赛结束后，教师要及时给予反馈和评价，帮助学生总结经验和教训，为今后的学习提供指导。

案例二：数学解题技巧研讨会

目的：教师组织一场数学解题技巧研讨会，邀请校内数学成绩优异的学生分享他们的解题经验和技巧。通过研讨会的形式，让学生之间相互学习、交流，提升他们的数学思维能力和解题能力。

实操过程：教师提前邀请一些数学成绩优异的学生准备发言稿，分享他们的解题经验和技巧。同时，也可以邀请一些数学教师或专家作为嘉宾发言。在课堂上宣布研讨会的主题、时间、地点等安排，并鼓励学生积极参与。在研讨会当天，按照预先设定的时间安排进行发言和交流。可以设置互动环节，让学生提问或分享自己的心得。研讨会结束后，教师可以对本次研讨会进行总结和评价，肯定学生的表现和努力，并鼓励他们在今后的学习中继续探索和创新。

注意事项：教师要确保邀请的发言学生具有代表性和可信度，他们的经验和技巧能够对其他学生产生积极的影响。在研讨会过程中，教师要关注学生的参与情况和反馈意见，及时调整研讨会的节奏和内容。教师要鼓励学生积极参与互动环节，大胆提问和分享自己的心得，营造良好的互动氛围。研讨会结束后，教师可以根据学生的反馈和表现情况对本次研讨会的效果进行评估和总结，为今后的类似活动提供改进建议。

3. 数学与其他学科的融合

数学作为一门基础性学科，在物理、化学、经济等多个领域都有广泛的应用。为了帮助学生更好地理解数学的实际意义和价值，教师可以展示数学在其他学科中的应用案例。

例如，在物理课程中，教师可以通过引入数学公式和计算方法来解决物理问题，让学生感受到数学与物理之间的紧密联系。在化学课程中，教师可以运用数学比例关系来理解化学反应的速率和平衡问题。在经济课程中，教师可以运用数学模型来分析经济现象和市场趋势。

通过展示数学在其他学科中的应用案例，教师可以帮助学生建立跨学科的知识体系，以提高他们的综合素质和创新能力。同时，教师还可以设计一些跨学科的教学活动或项目，让学生在实践中体验数学与其他学科的紧密联系，培养他们的跨学科思维能力和问题解决能力。这种融合教育的方式不仅可以激发学生的学习兴趣和动力，还可以为他们的未来发展奠定坚实的基础。

案例一：数学与物理的融合——利用数学解决物理问题

目的：教师设计一个涉及数学与物理融合的教学活动，旨在帮助学生通过数学方法解决物理问题。例如，教师可以引导学生探究自由落体运动的规律，通过数学建模和计算来理解加速度、速度和时间之间的关系。

实操过程：教师首先介绍自由落体运动的基本概念，如加速度、速度和时间等。其次，教师引导学生建立数学模型来描述自由落体运动。例如，可以利用公式 $s=1/2gt^2$（其中 s 为距离，g 为重力加速度，t 为时间）来计算物体在不同时间点的下落距离。教师给出具体的物理问题，如"一个物体从 10 米高处自由落下，求它在 2 秒内的下落距离"。学生需要运用所学的数学模型进行计算。学生进行计算后，教师组织讨论和分享环节，让学生交流自己的计算方法和结果。同时，教师可以引导学生思考物理现象背后的数学原理，加深他们对数学与物理之间联系的理解。

注意事项：教师要确保学生对所涉及的物理概念和数学模型有充分的理解，避免在解决问题时出现混淆或错误。教师要关注学生的计算过程和思路，及时给予指导和反馈，帮助他们掌握正确的计算方法和解题技巧。在讨论和分享环节，教师要鼓励学生大胆表达自己的观点和想法，促进彼此之间的交流和合作。

案例二：数学与经济的融合——运用数学模型分析经济现象

目的：教师设计一个涉及数学与经济融合的教学活动，旨在帮助学生通过数学模型分析经济现象和市场趋势。例如，教师可以引导学生探究供需关系对市场价格的影响，通过数学建模和计算来理解市场均衡价格的形成。

实操过程：教师首先介绍供需关系的基本概念，如需求曲线、供给曲线和均衡价格等。其次，教师引导学生建立数学模型来描述供需关系。例如，可以利用需求函数和供给函数来表示市场需求和供给的变化情况，并通过求解这两个函数的交点来找到市场均衡价格。教师给出具体的经济问题，如"某商品的市场需求函数为 $Q_d=100-2P$（其中 Q_d 为需求量，P 为价格），市场供给函数为 $Q_s=2P$（其中 Q_s 为供给量），求该商品的均衡价格"。学生需要运用所学的数学模型进行计算。学生进行计算后，教师组织讨论和分享环节，让学生交流自己的计算方法和结果。同时，教师可以引导学生思考经济现象背后的数学原理，加深他们对数学与经济之间联系的理解。

注意事项：教师要确保学生对所涉及的经济概念和数学模型有充分的理解，避免在解决问题时出现混淆或错误。教师要关注学生的计算过程和思路，及时给予指导和反馈，帮助他们掌握正确的计算方法和解题技巧。同时，教师还要引导学生关注实际经济生活中的各种变量和因素，以便更好地理解和应用所学的数学模型。在讨论和分享环节，教师要鼓励学生大胆表达自己的观点和想法，促进彼此之间的交流和合作。同时，教师还要引导学生从多个角度分析和解释经济现象，培养他们的批判性思维和创新能力。

数学，作为人类智慧的结晶，不应该被视为高不可攀的殿堂。只要我们用心引导，每个孩子都有可能成为数学的小小探索者，未来数学领域的璀璨星辰。让我们共同努力，为孩子的数学之旅点亮一盏明灯。

以挫折教育唤醒孩子成长

随着社会竞争的日益激烈，家庭教育观念的不断演变，以及孩子心理健康问题的日益凸显，挫折教育逐渐成为教育领域中备受关注的议题。

一、挫折教育在孩子成长过程中的重要性

当前，许多孩子仿佛生活在温室之中，对于外界的挫折与困难往往表现出较弱的应对能力，这种现象引发了人们对于挫折教育必要性和重要性的深思。以下我们将从多个维度出发，结合当前社会的焦虑现象、"鸡娃"现象以及孩子心理健康等问题进行深入探讨。

1. 挫折教育与孩子健全人格的形成

从心理学的角度来看，挫折是个体在追求目标过程中遇到障碍或干扰时，所产生的消极情绪反应和行为表现。然而，正是这些挫折和困难，构成了个体成长的阶梯。孩子在成长过程中不可避免地会遇到各种挫折，如学习成绩不理想、同伴关系紧张等。适当的挫折教育能够帮助孩子正视这些困难，并通过努力克服它们，进而形成坚韧不拔的意志力和积极向上的人生态度。

教育心理学家指出，挫折教育有助于培养孩子的自我认知和自我调节能力。当孩子面对挫折时，他们需要调动自己的内部资源，如意志力、情绪调节能力等来应对困难。这一过程不仅增强了孩子的自我效能感，还促进了他们心理健康的发展。因此，挫折教育对于孩子健全人格的形成具有不可替代的作用。

2. 挫折教育与社会焦虑的缓解

当前社会普遍存在着一种焦虑情绪，这种情绪在很大程度上源于对未来不确定性的担忧和对成功的渴望。在这种背景下，家长往往将希望寄托在孩子身上，希望他们能够在激烈的竞争中脱颖而出。然而，过高的期望和过度的保护往往导致孩子缺乏独立面对挫折的能力，一旦遭遇困难或失败，便容易产生挫败感和焦虑情绪。

挫折教育的引入，可以在一定程度上缓解这种社会焦虑。通过让孩子在成长过程中适当地面对和克服挫折，家长和教育者可以帮助他们建立起更加现实和积极的生活态度。当孩子学会如何面对失败并从中吸取经验教训时，他们将更加自信地面对未来的挑战，从而减少焦虑情绪的产生。

3. 挫折教育与"鸡娃"现象的防范

"鸡娃"现象是近年来备受关注的教育问题之一，它是指家长为了让孩子在学业和其他方面取得优异成绩，而过早地给他们灌输各种知识和技能的现象。这种现象不仅剥夺了孩子的童年乐趣和自由发展空间，还可能导致他们在面对真正的挫折时缺乏应对能力。

挫折教育的实施可以有效地防范"鸡娃"现象的发生。通过为孩子提供适当的挫折体验和成长机会，家长和教育者可以帮助他们建立起正确的价值观和人生观。当孩子意识到成功并不是一蹴而就的，而是需要经历无数次的尝试和失败时，他们将更加珍惜自己的成长过程，并学会以积极的心态面对生活中的各种挑战。

4. 挫折教育与孩子心理健康的维护

孩子心理健康问题已经成为一个不容忽视的社会议题。近年来，青少年心理健康问题的发病率呈现出上升的趋势，这与社会压力、家庭教育方式及孩子自身的心理素质等因素密切相关。其中，受挫能力弱是导致孩子心理问题的一个重要原因。

挫折教育对于孩子心理健康的维护具有积极的影响。当孩子学会如何面对和克服挫折时，他们将更加自信、乐观地面对生活中的各种挑战。这种积极的心态不仅有助于提升孩子的幸福感和生活质量，还能够有效地预防心理健康问题的发生。同时，挫折教育还能够培养孩子的情绪管理能力、自我认知能力和社会适应能力等心理素质，为他们未来的全面发展奠定坚实的基础。

挫折教育在孩子的人生路上具有重要的地位和作用。它不仅能够帮助孩子形成健全的人格、缓解社会的焦虑情绪、防范"鸡娃"现象的发生，还对孩子心理健康产生积极的影响。因此，家长和教育者应该转变教育观念，重视挫折教育的实施，为孩子提供适当的挫折体验和成长机会。

二、家长如何帮助孩子应对挫折

1. 设定符合实际的期望目标

在家庭教育中，家长应与孩子共同设定清晰且实际可行的目标。这些目标既要激发孩子的挑战欲，又要避免超出其能力范围而导致不必要的挫败感。在实施过程中，家长应重点强调努力和过程的价值，而非仅仅关注最终结果，从而鼓励孩子享受学习和成长的过程。当孩子未能实现预期目标时，家长应保持理解和鼓励的态度，与孩子一起分析原因，并探索改进的方法。

实践案例一：学习目标设定

对象：小学生。

内容：与孩子一起设定每周完成一定数量的数学练习题，并确保正确率达到 90%。

步骤：

与孩子讨论并确定每周练习题的数量和难度。

设定正确率目标，并鼓励孩子努力达到。

每周结束时，与孩子一起评估完成情况，并讨论改进方法。

注意事项：目标要具体、可衡量，并根据孩子的实际情况进行调整。

结论：通过设定明确的学习目标，孩子能够有计划地进行学习，并在达成目标的过程中逐渐提高自信心和自律能力。

实践案例二：生活习惯目标设定

对象：初中生。

内容：与孩子一起设定每天早睡早起、保持房间整洁的目标。

步骤：

与孩子讨论并确定每天的作息时间和房间整理标准。

鼓励孩子坚持执行，并形成良好的生活习惯。

定期与孩子回顾执行情况，并给予奖励或鼓励。

注意事项：目标要切实可行，并与孩子的日常生活相结合。

结论：通过设定生活习惯目标，孩子能够养成良好的生活习惯，提高自我管理能力，为未来的学习和生活打下坚实基础。

2. 创造有益的挫折体验机会

在日常生活中，家长可以适当地为孩子创造面对挫折的场景，如拼图游戏、搭建积木等益智活动。这些活动可以让孩子在体验成功时的喜悦的同时，也感受到失败时的失落和挫败感。当孩子遇到挫折时，家长应避免立即介入解决问题，而应是给予他们足够的时间和空间去独立思考和解决问题。此外，鼓励孩子参与团队活动或竞技运动，有助于他们在实践中培养合作与竞争的精神，以及面对失败的勇气。

实践案例一：拼图游戏

对象：幼儿。

内容：让孩子玩拼图游戏，适当增加难度，让孩子体验失败和挫折。

步骤：

选择适合孩子年龄的拼图游戏。

初始阶段提供简单的拼图，让孩子体验成功的喜悦。

逐渐增加拼图难度，让孩子面对失败和挫折。

在孩子遇到困难时，给予鼓励和支持，引导他们独立思考和解决问题。

注意事项：难度要适中，避免过于简单或过于困难。

结论：通过拼图游戏，孩子能够在游戏中体验挫折，培养面对困难的勇气和解决问题的能力。

实践案例二：团队竞技活动

对象：青少年。

内容：鼓励孩子参加团队竞技活动，如篮球、足球等。

步骤：

根据孩子的兴趣选择适合的团队竞技活动。

让孩子在团队中扮演不同的角色，体验合作与竞争。

在比赛中面对失败时，引导孩子分析原因并寻找改进方法。

鼓励孩子在失败中吸取经验，勇于再次尝试。

注意事项：关注孩子的心理变化，及时给予情感支持。

结论：通过团队竞技活动，孩子能够在实践中培养合作与竞争精神，提高面对挫折的勇气和韧性。

3. 培养系统的解决问题能力

家长应系统地教导孩子如何分析问题、寻找解决方案并评估结果。通过角色扮演、故事讲述等互动方式，可以激发孩子的兴趣并引导他们积极思考。当孩子遇到问题时，鼓励他们主动寻求帮助，并向家长、教师或同学请教。同时，与孩子一起回顾过去的挫折经历，总结经验教训，并讨论如何在未来避免类似问题的发生。这种反思和讨论的过程有助于提升孩子的认知能力和问题解决能力。

实践案例一：角色扮演游戏

对象：儿童。

内容：通过角色扮演游戏，让孩子模拟解决生活中的问题。

步骤：

设计一个与生活相关的问题场景。

让孩子扮演不同的角色，提出解决方案。

引导孩子分析方案的优缺点，并讨论最佳解决方案。

让孩子尝试执行最佳方案，并评估结果。

注意事项：场景设计要符合孩子的认知水平和兴趣点。

结论：通过角色扮演游戏，孩子能够在游戏中学习如何分析问题、提出解决方案并评估结果，提高解决问题的能力。

实践案例二：家庭会议

对象：全家人。

内容：定期召开家庭会议，讨论并解决家庭中的问题。

步骤：

确定会议时间和地点。

鼓励每个家庭成员提出问题和建议。

一起分析问题原因，并讨论解决方案。

投票选择最佳方案并执行。

下次会议回顾执行情况并讨论改进方法。

注意事项：保持开放和尊重的氛围，鼓励每个人发表意见。

结论：通过家庭会议，孩子能够学习如何在集体中参与讨论和解决问题，提高沟通能力和团队协作能力。

4.提供充分的情感支持

当孩子面对挫折时，他们往往需要家长的情感支持和鼓励。家长应给予孩子足够的关注和理解，让他们感受到家庭的温暖和支持。倾听孩子的感受和想法是建立亲子信任的关键一步，而尊重他们的情绪表达则有助于提升他们的自尊心和自信心。分享自己的挫折经历和克服困难的故事，不仅可以为孩子提供实际的建议和指导，还可以为他们树立榜样并激发内在的力量。此外，家长还要与孩子保持良好的沟通，及时了解他们的需求和困惑，为他们提供必要的帮助和指导。

实践案例一：倾听与理解

对象：孩子。

内容：当孩子遇到挫折时，给予倾听和理解。

步骤：

耐心倾听孩子的诉说。

表达对孩子的理解和同情。

与孩子一起分析问题的原因和解决方法。

鼓励孩子积极面对困难，并给予信心和支持。

注意事项：保持耐心和关注，避免过度干预或批评。

结论：通过倾听和理解，家长能够为孩子提供情感支持，以帮助他们更好地面对挫折和困难。

实践案例二：分享个人经历

对象：孩子和家长。

内容：家长与孩子分享自己的挫折经历和克服困难的故事。

步骤：

选择一个合适的时机和场合。

家长讲述自己的挫折经历和克服困难的过程。

与孩子分享当时的感受和思考。

引导孩子从故事中吸取经验和教训。

注意事项：保持真实和坦诚，避免夸大或虚构。

结论：通过分享个人经历，家长能够为孩子树立榜样，激发他们内在的力量和勇气，更好地面对挫折和困难。

5. 塑造积极面对挫折的心态

家长应引导孩子以积极的心态看待挫折和失败，将他们视为学习和成长的机会而非终点。鼓励孩子使用积极的语言来描述自己的经历，例如将"我做不到"转变为"我需要再试一次"，这种语言上的转变有助于调整他们的心态并激发进一步的努力。同时，关注并肯定孩子的进步和成就也是至关重要的，这能够增强他们的自信心和自尊心，为未来的挑战做好更充分的准备。在日常生活中，家长还可以通过具体的行为和言语来示范积极面对挫折的态度，让孩子在潜移默化中受到影响和启发。

实践案例一：积极语言引导

对象：孩子。

内容：鼓励孩子使用积极的语言来描述挫折经历。

步骤：

当孩子遇到挫折时，引导他们用积极的语言来表达自己的感受。

例如，将"我做不到"转变为"我需要再试一次"或"这个有点难，但我可以尝试其他方法"。

对孩子的积极表达给予肯定和鼓励。

逐渐让孩子养成使用积极语言的习惯。

注意事项：保持耐心和一致性，避免对孩子进行消极评价。

结论：通过积极语言引导，孩子能够逐渐调整面对挫折的心态，变得更加乐观和自信。

实践案例二：关注进步与成就

对象：孩子。

内容：关注孩子的进步和成就，并给予及时的肯定和鼓励。

步骤：

在孩子的学习和生活中，关注他们的进步和成就。

及时给予孩子肯定和鼓励，让他们感受到自己的努力和付出得到了认可。

与孩子一起回顾过去的挫折经历，讨论如何在未来避免类似问题的发生。

引导孩子关注自己的成长过程，而不仅仅是结果。

注意事项：关注要具体、真诚，避免空洞或敷衍。

结论：通过关注进步与成就，家长能够帮助孩子建立积极的自我认知和评价体系，提高自信心和自尊心。

实践案例三：学习骑自行车的挫折与成长

小丽是一个活泼好动的孩子，她对骑自行车非常感兴趣。然而，在开始学习骑自行车的过程中，她遇到了很多困难，经常摔倒受伤。面对这些挫折，小丽开始变得有些沮丧和失去信心。

这时，小丽的父母决定采取措施来帮助她克服挫折。他们首先与小丽一起制定了实际可行的目标，如先学会平衡自行车再逐渐提高骑行速度等。随后，他们为小丽提供了适当的支持和指导，如扶稳自行车、教她如何调整重心等。最后，他们还鼓励小丽保持积极的心态和耐心，相信她一定能够学会骑自行车。

在父母的帮助和鼓励下，小丽重新振作起来。她坚持练习、不断尝试，最终成功地学会了骑自行车。通过这次经历，小丽不仅学会了如何面对和克服挫折，还增强了自信心和自尊心。同时，她也更加珍惜和感激父母的关爱和支持。

三、老师如何帮助孩子应对挫折

1. 合理设定挑战难度

为学生设计任务或活动时，应确保挑战的难度与他们的能力水平相匹配。任务过于简单可能无法激发学生的潜力，而任务过于困难则可能导致学生过早放弃。因此，教育者需要仔细评估学生的能力，并据此设定具有适度挑战性的任务。同时，鼓励学生尝试新事物，即使存在失败的风险，也要让他们勇于探索未知领域。在学生完成任务的过程中，教育者需要密切关注他们的进步，并根据实际情况及时调整挑战的难度，以保持学生的积极性和动力。

实践案例一：数学解题挑战

对象：初中数学学生。

内容：设计一系列难度递增的数学题目，从基础题到提高题再到竞赛题。

步骤：对学生进行初始能力评估；根据评估结果分组，每组分配相应难度的题目；每周进行一次挑战，记录学生解题情况；根据学生表现调整题目难度。

注意事项：确保题目难度与学生能力相匹配，避免过于简单或难度过大。

结论：通过合理设定挑战难度，学生的数学解题能力得到显著提升，同时保持了较高的学习兴趣。

实践案例二：阅读挑战计划

对象：小学高年级学生。

内容：制订每月阅读计划，包括不同难度和类型的书籍。

步骤：评估学生的阅读水平和兴趣；推荐适合的阅读材料；设定每月阅读目标和时间表；定期检查和讨论阅读进展。

注意事项：确保阅读材料既有趣又有挑战性，鼓励学生选择自己感兴趣的书籍。

结论：通过个性化的阅读挑战计划，学生的阅读量和阅读能力均有所提高，同时培养了他们良好的阅读习惯。

2. 系统教授问题解决技巧

有效的挫折教育不仅要求学生面对问题，更需要他们具备解决问题的能力。教育者应系统地教授学生如何分析问题、制定解决方案并评估结果。这可以通过提供模拟场景或实际问题来实现，让学生在安全的环境中练习并运用所学技巧。此外，鼓励学生分享他们的解决方案和从中学到的经验教训，有助于培养他们的自信心和表达能力。

实践案例一：模拟情景训练

对象：初中生。

内容：设计模拟生活中的问题情景，如购物纠纷、制订学习计划等。

步骤：

介绍问题情景和背景信息。

引导学生分析问题，找出关键点。

教授解决问题的基本步骤和方法。

学生分组讨论并制定解决方案。

分享和评估各组的解决方案。

注意事项：确保情景设计贴近学生生活，并具有实际意义。

结论：通过模拟情景训练，学生学会了如何分析问题并寻找解决方案，提高了问题解决能力。

实践案例二：科学实验探究

对象：小学科学课学生。

内容：引导学生进行简单的科学实验，如物体浮沉实验、电路连接等。

步骤：介绍实验目的和基本原理；演示实验步骤和操作方法；学生分组进行实验，记录数据和观察结果；分析实验数据，得出结论并讨论可能的改进方案。

注意事项：确保实验安全可行，提供必要的指导和帮助。

结论：通过科学实验探究，学生学会了观察、实验、分析和总结的科学方法，提高了问题解决能力和实践能力。

3. 培养积极面对挫折的心态

面对挫折时的心态对于个体的成长至关重要。教育者应引导学生将失败视为学习和成长的机会，而非终结。通过积极的语言和态度来影响学生，例如鼓励他们用"我需要再试一次"来替代"我做不到"。同时，教育者要帮助学生从失败中吸取教训，制定改进策略，并激励他们勇敢面对未来的挑战。

实践案例一：失败经验分享会

对象：高中生。

内容：组织学生分享自己在学习、生活等方面遇到的失败经验和如何克服困难的故事。

步骤：提前通知学生准备分享内容；在班会上安排分享环节；学生轮流上台分享自己的失败经验和心得体会；引导者总结并强调积极面对挫折的重要性。

注意事项：营造轻松、包容的氛围，鼓励学生坦诚分享。

结论：通过失败经验分享会，学生学会了从失败中吸取教训并寻找新的机会，培养了积极面对挫折的心态。

实践案例二：挫折体验活动

对象：小学中年级学生。

内容：设计一系列挫折体验游戏，如拼图比赛、搭积木挑战等。

步骤：介绍游戏规则和目标；学生分组进行游戏，记录游戏过程和结果；引导学生分享游戏中的挫折感受和应对策略；讨论并总结如何积极面对挫折。

注意事项：确保游戏安全有趣，能引发学生的挫折感并不至于过于打击信心。

结论：通过挫折体验活动，学生学会了在游戏中面对挫折并寻找解决方法，培养了坚韧不拔的品质和积极的心态。

四、树立榜样并分享经验

教育者的行为和态度对学生具有深远的影响。因此，教师自身要成为面对挫折的积极榜样，勇于分享自己的失败经历和如何克服困难的故事。此外，邀请其他领域的专家或年长的学生来分享他们的挫折和成功经验，可以为学生提供更多的视角和启示。通过榜样的力量，学生可以更加坚定地面对挫折，并从中汲取力量。

实践案例一：教师经验分享会

对象：全校师生。

内容：邀请具有丰富教学经验和人生阅历的教师分享自己的挫折经历和成功经验。

步骤：提前邀请老师准备分享内容；安排分享会时间和地点；老师上台分享自己的经历和感悟；学生提问和互动环节。

注意事项：确保分享内容真实可信，具有启发性。

结论：通过教师经验分享会，学生获得了宝贵的经验和启示，更加坚定了面对挫折的信心和勇气。

实践案例二：优秀校友回访母校

对象：在校学生。

内容：邀请在各个领域取得成就的校友回访母校，分享他们的成功经验。

步骤：提前联系校友并安排回访时间；在学校举办座谈会或讲座；校友分享自己的成长经历和心路历程；学生与校友互动交流。

注意事项：确保校友分享内容贴近学生需求，具有实际指导意义。

结论：通过优秀校友的回访分享，学生获得了更广阔的视野和更丰富的经验借鉴，激发了他们的向上动力和进取心。

五、提供全方位的支持和反馈

当学生面临挫折时，他们需要的不仅是教育者的鼓励和支持，还需要具体的帮助和指导。教育者应提供情感上的支持，让学生感受到关怀和理解；同时给予具体的、建设性的反馈，帮助学生明确改进的方向和方法。此外，设立一个"安全空间"至关重要，这个空间可以让学生自由表达感受、寻求帮助或提出建议，而不用担心被评判或嘲笑。通过这样的支持和反馈机制，学生可以更加自信地面对挫折并寻求成长。

实践案例一：个性化辅导计划

对象：学习困难学生。

内容：针对学生的学习问题和需求，制订个性化的辅导计划。

步骤：对学生进行全面的学习评估；根据评估结果制订个性化的辅导目标和计划；安排合适的辅导时间和方式；定期检查和调整辅导计划。

注意事项：确保辅导计划符合学生的实际需求和能力水平，提供必要的情感支持。

结论：通过个性化辅导计划，学生的学习问题得到了有针对性的解决，学习成绩和自信心均有所提高。

实践案例二：学生成长档案袋

对象：全体学生。

内容：建立学生成长档案袋，记录学生的学习成果、进步情况和反馈意见。

步骤：为每个学生建立成长档案袋；定期收集学生的学习作品、测试成绩和自我评价等信息；教师定期查看档案袋，提供具体的反馈意见和指导建议；学生与家长共同参与档案袋的管理和更新。

注意事项：确保档案袋内容真实全面，及时反馈学生的进步和问题。

结论：通过学生成长档案袋的建立和管理，学生得到了全面、持续的支持和反馈，促进了他们的全面发展和进步。

实践案例三：小小发明家的挫折与成长

小明是一个对科学充满热情的孩子，他总是喜欢动手做一些小发明。在一次科学课上，教师要求学生设计并制作一个小型机器人。小明非常兴奋，立刻投入项目中。然而，在制作过程中，他遇到了很多困难，机器人总是不能按照他的想法移动。

面对挫折，小明开始感到沮丧和失落。这时，老师走到他身边，鼓励他不要放弃，并引导他一起分析问题所在。老师还邀请其他同学一起帮助小明，大家集思广益，提出了很多改进的建议。

　　在老师和同学的帮助下，小明重新振作了起来，对机器人进行了多次修改和测试。最终，他成功地制作出了一个能够按照指令移动的小型机器人。通过这次经历，小明不仅学会了如何面对挫折，还学会了与他人合作和分享成功的喜悦。

　　不同的孩子有不同的禀赋，教育人及家长在引导与陪伴孩子成长的过程中，只有以身示范，在尊重与关爱中让孩子学会坚持、学会不放弃，敢于面对困难，勇于解决困难，孩子的人生才会不断超越，丰富多彩。

唤醒教育课程篇

唤醒教育：高中通用技术学科育人探索与实践

教育绝不是只有知识的记忆、解题的技巧、考试的分数和竞赛的成绩，让孩子在充满自由、宽容、尊重的环境中保持和发展自己的个性、禀赋、好奇心、探究欲，是教育人最基本的任务。从"知识本位"转向"素养本位"，以"大观念"统筹"点知识"，以"学科实践"代替"坐而论道"，以"禀赋增值"优化"过程评价"，深化课程教学改革，构建一校一策校本课程，唤醒孩子内驱力，唤醒孩子对学科的热爱，培养孩子拥有独立的思考力、自主的研究力和不竭的创新力，是国家课程实践化，学科育人素养化，践行立德树人根本任务，建设教育强国的具体表达。

一、深化课程改革是新时代教育的要求

过去的工业时代，技术崇尚的是高度标准化，教育倡导的是思想统一、行动一致、流水线似的快速人才培养模式，教育的目的在很大程度上在于为社会提供大批同质劳动者。随着后工业时代的到来，智能设备提供了人机无缝的衔接和互动，让人类的创意、灵活思维与机器的精确执行完美结合，人机协同和灵活生产已成为智能时代的核心特征，智能化和个性化已成为时代的追求。与科技和工业的快速革新形成鲜明对比的是，教育领域依然停留于传统的教学模式，灌输式教学和机械记忆仍为课堂的主流，虽然大家对未来的教育充满了期待与疑虑，但面对应试教育的铁律，在分数至上面前，学生的天赋和兴趣在标准化测试的压力下黯然失色，学生的个性化教育和全面发展的育人理念很难落地，教育的"内卷"更让学生被迫进入一场没有终点的竞赛，社会对教育的关注越来越大。

党的十八大以来，中央对教育提出了一系列新的要求。党的十八大报告明

确指出，要提高教育质量，立德树人是教育的根本任务；党的十九大提出，要建设教育强国，加快建设高质量教育体系；党的二十大提出，要加快建设教育强国，全面提高人才自主培养质量，着力造就拔尖创新人才；2023 年 5 月 29 日，习近平总书记重要讲话再次强调：加快教育强国建设，培养一代又一代可堪大用、能堪重任的栋梁之材。教育强国建设、创新人才的培养，是时代的使命，但追根溯源，根基在基础教育，在教育的理念、课程的设置和教学活动的开展。

从 2012 年开始，教育部陆续出台了普通高中和义务教育课程的相关文件，2020 年教育部印发普通高中课程方案和语文等学科课程标准（2017 年版 2020 年修订），2020 年，教育部印发《大中小学劳动教育指导纲要（试行）》，2022 年，教育部印发《义务教育课程方案和课程标准（2022 年版）》，2023 年，教育部印发《基础教育课程教学改革深化行动方案》，坚持因地制宜"一地一计"、因校制宜"一校一策"，把国家统一制定的育人"蓝图"细化为地方和学校的育人"施工图"，让国家课程下沉，生成适合学生的校本课程，大力推进育人方式的改革，突破学生自主力、探究力、创新力的提质发展，让学生从会做题转向会做事，从会做事到做好事，唤醒学生的内驱力，唤醒学生大爱情怀和高尚人格魅力的形成，培养学生成为可堪大用、能堪重任的栋梁之材是新时代教育的使命。

二、校本课程的育人观

课程教学改革的意旨在于育人，在于培养一个完整的、活泼全面发展的全人，对人的一生负责，它不是把知识当作一种符号和结论，试图通过灌输及"堂堂清""周周清""月月清"等反复解题训练得以解决。通用技术学科校本课程是将书本知识还原到真实生活、周遭的情境中，让学生做中学、用中学、创中学，从中感悟学科内在理智、人文情感、价值理念，唤醒学生对学科的热爱，促进知识向素养的转化，促进学生人生大智慧的形成。

首先，生命的唤醒。任何学科知识都包含自然界运行的规律，它的发现、它的存在都浸润着生命的内容。找到国家课程中凝结着生命的那些内容，下沉于孩子真实的生活实践中，鲜活地呈现在学生面前。不仅课程的内容饱含生命，而且课程的实施指向生命，课程的生成更让学生感悟生命。让学生身临其境，通过体验事件中的生命，引发学生尊重现实中的生命，点燃自身生命激情。用学科蕴藏的生命唤醒孩子内在的生命，这不仅是心与心的交流，更是对孩子个体生命的激活，也是对孩子不竭原动力的激活。

其次，智慧的唤醒。智慧源于反思，源于广域的实践与修炼，既有理智内容，又内涵人文情感。构建特色并充满挑战的进阶项目，引导孩子找到自己愿意主动为之探究的内容，唤醒孩子的好奇心、自学力。让孩子个性张扬、学会学习；收获自信、自尊；懂得自律、自省；成为一个具智慧、敢创新、会创造的未来建设者，实现由"用知识"到"创知识"，由"会知识"到"会创造"的升华，收获成长的智慧。

最终，灵魂的唤醒。当今时代，关注孩子的道德、品行的教育比历史上任何一个时期都显得更为重要，有能力而没有高度的自律和品德，将给社会带来不利因素。课程内容不仅关注孩子理智的习得，创新能力培养，更强调尊重关爱每个孩子，关注孩子个性禀赋，伦理道德，社会情感，职业与人生修炼。以立德树人为教育的宗旨，注重孩子完整人格的培养，将真实情境、感人事例、榜样的力量融于课程，让大爱、无私、奉献在课程中发生，从而唤醒学生高尚的灵魂，培养学生家国情怀、大爱与奉献精神，成为可堪大用、能堪重任的栋梁之材，从而实现课程育人的大境界。

三、校本课程的课程观

通用技术学科校本课程以国家课程为准绳，以落实课程核心素养为目标，重在探究课程的校本化、生本化和人文化，导向受教育者灵魂的觉醒，并促进其自由地生长，找回"人"的存在，唤醒孩子的生命感、价值感，让"人"获得自我的觉醒，形成终身生长的力量。

课程意旨："知识本位"转向"素养本位"。强调以学生为中心，以素养为本位构建课程。课程尊重学生的个性、天性、兴趣和对新知的探究欲，让学生能在充满自由、信任、尊重和包容的氛围中，获得独立的思考力、自主的探究力和蓬勃的创造力，同时关注孩子强健体魄、契约精神、面对未来不确定性的重要素养和关键能力的习得。以"立德树人"为价值取向，以核心素养为根本追求，以关键能力习得为课程建设的质量标准。

课程实施：以"大观念"统筹"点知识"。从以前"重点关注知识点的教学"走向"重点关注大过程大概念的体悟"。在课程实施过程中，把国家统一制定的育人"蓝图"细化为地方和学校的育人"施工图"，倡导以大项目、大单元和大任务为统领，在不断追问破题中承载学科的"点知识"；在不断探究、试错中搭建学科的素养；在不断凝练感悟中习得智慧，从而实现从生命的唤醒到智慧的唤醒，再到灵魂的唤醒。以"知识内容的问题化""问题呈现的情境化""情境推进的探究化""探究过程的实践化""实践体悟的素养化""素养习得的全人化"六大要素层级建构课堂。

课程形式：倡导以"学科实践"代替"坐而论道"。改变以"记忆、理解和掌握"为主"坐而论道"的育人方式，转向关注激励学生"发现、应用和创新"的"做中学"育人方式。将学科知识应用于解决生活中的问题，从人文、自然、社区、工厂、校园中去感受学科课程的魅力，让学生在真实世界中体验知识的旨趣，激发青少年好奇心、想象力、探求欲，提升学生解决实际问题的能力，发展学生科学素养、人文素养，让学生用整体、客观的眼光看待世界，理解传统文化的精髓，洞察未来科技、社会的趋势，形成解答未知的大智慧。

课程评价：以"禀赋增值"优化"过程评价"。2022 年版义务教育课程方案和 2020 年版普通高中课程方案都以贯彻落实立德树人根本任务，建构了以素养为导向的学业质量评价体系，它是课程实施评价的指南。为了让校本课程实施更加人文化、生本化，倡导"个体禀赋增值评价"与"群体共性的基础性评价"相结合，既重视共通性的评价，又发挥个体增值评价的激励作用。用"禀赋增值"优化"过程评价"，让孩子从始至终都得到关注，以"找差、助力、激活"为评价导向，充分激发学生的禀赋发展。不以简单的分数，统一的结论做出评判，而是在大尺度上对学生行为进行分析观察，针对学生完成任务的情况给予有效的建议，如果方向正确，要给予肯定，并积极鼓励，如果方法、价值观有偏差，要给出改进方法。评价应发生于项目的开始、进行、拓展、完成等全过程，教师评价的任务，是纠偏并将正确的信息反馈给学生，为学生下一步及后天的选择发展奠定基础。

四、校本课程的结构

根据教育部发布的《普通高中通用技术课程标准（2017 年版 2020 年修订）》及《基础教育课程教学改革深化行动方案》的要求，结合地方特色（西部齿轮城）、学校文化（礼知文化）、学生的个性特长及生活实际，在"主线上"对国家课程进行项目化、单元化，在具体教学内容上对"概念丛、知识丛"进行校本化、生本化和情境化，形成了普通高中通用技术学科校本课程——"基础""探究"和"拓展"三类校本课程。

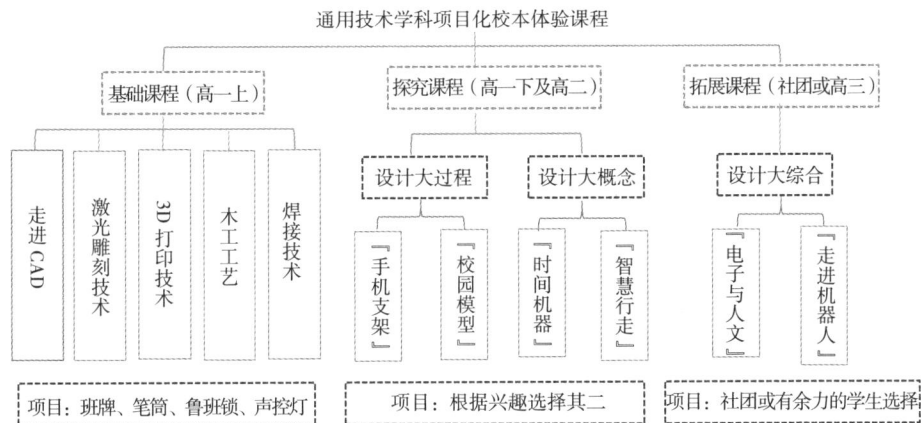

基础课程：既是修习通用技术学科五大素养"技术意识、工程思维、图样表达、物化能力、创新设计"的基石，也是打开学生通往科技素养的大门，是通用技术学科的入门课程。主要项目包括"走进 CAD""激光雕刻技术""3D

打印技术""木工工艺""焊接技术"等，我们通过让学生完成较为基础项目班牌、笔筒、收纳盒、鲁班锁、声控灯等设计制作来体验实施，让学生初步构建技术意识、技术素养。

探究课程：是通用技术学科必修课程，是必修一与必修二的校本化和实践化的课程。其内容都是结合学校特色（山水园林学校）和地方文化（綦江西部齿轮城）来规划构建的，其中必修一设计的大过程通过"手机支架设计""校园模型设计"两个项目承载；而必修二通过"时间机器设计""智慧行走"两个大项目完成，它们的实施都是在完成基础课程的基础上进行的，学生可根据需要选择探究。四个项目都按人文主线、历史背景，引导学生追寻技艺的时代精神，感知技艺对社会、人类发展的作用，让学生在亲历、试错、改进、优化中感悟科技的强大，人类智慧的伟大，点燃学生探索自然持之以恒的内生动力，习得技术课程特有的"工程思维""创新设计""图样表达""物化能力"等素养。例如"时间机器"，让学生去探索人类发展长河中时间的秘密，从日晷到水钟，从机械时钟到电子钟、原子钟等，用3D打印或激光雕刻设计还原出各个时代的时钟，从简单的模型到各个齿轮的精确控制，拓展了学生的思维，让学生感受了时间流逝的精妙，体验从数学建模到工程物化的过程，拓宽了学生的眼界和视野，感悟了自然物理和技术人文世界的智慧，在潜移默化中构建学科素养，实现学生智慧的唤醒。

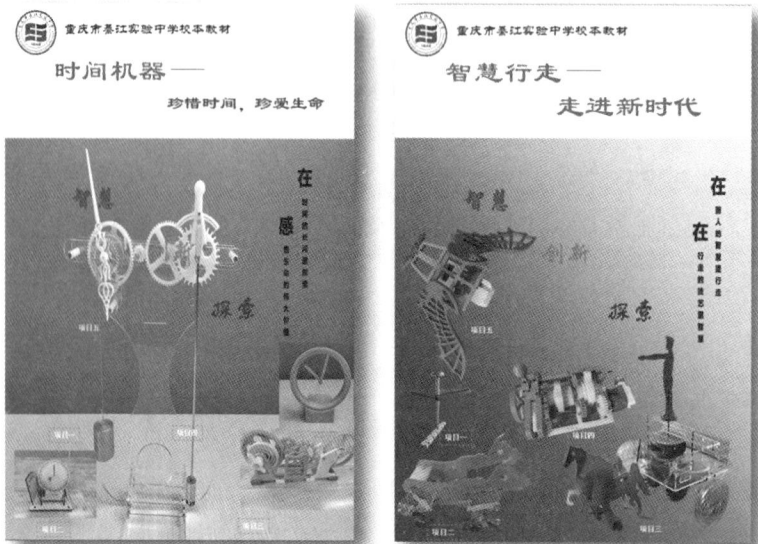

拓展课程：既是通用技术选择性必修重组优化的校本课程，课程注重学生品行、德性的内在修炼，又是激发学生涵养、自我价值得到彰显的课程。课程围绕学生的人生梦想，融入学校的礼知文化，经对通用技术选择性必修多门课程的系统分析选择重构形成，是探究学生"成长""成才"与"技术与人生"的课程，课程内容以学生身边既常见又陌生的"光"与"电"为主题，引导学生去探索科学中的人文和技艺，去体验设计师、科学家的奋斗精神、创新精神和奉献精神，让学生心灵得到升华，灵魂得到润泽，学会运用智慧的大脑，勤劳的双手去创新世界，为孩子的终身发展、人生职业规划、长大成人奠定坚实的根基。主要内容有"电子技术与人文""走近机器人"等内容。比如，"电子技术与人文"中的项目"寻找千里传音"是引导学生去追光、逐波、追电的过程，先让学生重温历史中的科技人文，再积极投入"测光速""做激光""搭建传音电路""工程控制"等的过程中，体验技术魅力，了解科学家身后的故事，学会像科学家那样实践、观察、反思，学习他们为发现世界真谛的坚持与执着、为探索真理忘我的奋斗精神、创新精神和奉献精神，培养学生高尚的德行，唤醒学生高尚的灵魂。

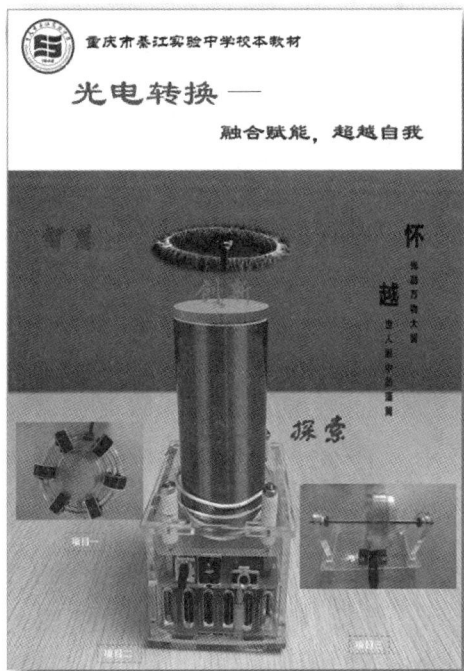

本项目带领大家认识光与电，探究光与电的联系，体验光与电在生活中的应用，感悟跨界学习融合的意义。

任务一"千里传音"：一、扬声器的设计与制作；二、激光信息发射器设计；三、光信号吸收器的设计与安装

任务二"智能光电"：一、认识光电传感器；二、认识光电显示器；三、太阳能小车创新与设计；四、声光控太阳能小车

任务三"激光机器"：一、伺服电机控制；二、运行结构设计；三、激光雕刻机的安装。

五、校本课程的实施策略

通用技术课程的开设需要学校有大格局，课程的实施教师要有大智慧。学校不能只着眼眼前的政绩，简单到只有分数和升学主导学校的发展，更多是给予整个校园生态尊重、自由和发展空间；教师是教学的执行人，教师的智慧在于把学科的知识激活，让学科内在的生命能量呈现出来。课程面向学生、尊重学生、包容学生，着眼学生无限潜力的诱发和未来大尺度上的长足发展。课程可与科技教育、劳动教育、综合实践相融合，采用"分课规划空间""分向张扬个性""分时激励评价"策略实施，配合学校社团活动有效开展。

分课规划空间——充分激活非正式学习时间。当今世界信息瞬间暴增，知识呈几何级数增长，人们获得知识的途径和方式都在默默变化。以前有课标、有计划、定时间、定内容的正式学习已被碎片化、非线性化的学习不断冲击，根据自己的兴趣或需要解决的问题，选择时空学习，自定时间学习，终身学习等已不断成为生活的常态。合理分配学习时空，五育均衡发展是教育改革值得关注的内容，校本课程的实施首先遵循国家课程要求，开足必修课，然后再结合学校开展的劳动课程、综合实践课程、科技教育等营造多元的学习生态，课程由课堂走向课外，以培养学生必备品格和关键能力为核心，形成多维的学习空间。具体安排是："基础"课程，在高一年级上期实施，共 20 节，主要目的是搭建学生技术素养的脚手架；"探究"课程，在高一下和高二年级开展，每周安排 2 节课程，必修一的设计大过程强调"做中学"，必修二的大概念强调"学中做"；"拓展"课程为通用技术选择性必修的"大综合"课程，可以根据学生的情况，在高三年级或社团活动中实施，主要面向有升学愿望或有余力再度深造的学生开展。

分向张扬个性——充分实施全人育人。好的教育是关注孩子的一生，完整的教育。它指向学生健全的人格，尊重学生个体差异，是赋能的教育，全人的培养。通用技术校本课程根据学生个性禀赋、兴趣特点不同设计不同路径、不同走向任务，即便是同一任务，因不同学生接受能力各不相同，也设计不同分支。让学生在不同的路径中选择、找寻，在不断体验感悟中理解智技的力量，生命的意义，构建正确价值观、人生观，唤醒学生高尚的人格、强烈的好奇心和永不停息的内驱力。比如，在进行《时间机器》项目中设计机械时钟这一任务时，就可依据学生兴趣的不同，引导学生参与不同任务。具有工程思维的可让他用软件进行齿轮的设计；喜欢技术的可让他进行齿轮安装；擅长表达的让他做好过程记录，完成展示与汇报；有领导才能的让他组织小组活动。整个过程让所有的学生都能乐在其中，都能得到反思与体验，得到成长。

分时激励评价——激活孩子成长的动力。评价的目的是让学生学会自我剖析，能正视自己不足，激励其找到自我前进的动力和方向，实现对其生命、心灵和智慧的唤醒。任务开始时，激励学生人人参与，个个有为，让每个学生都有参与感、任务感，重视兴趣激励、内驱诱发的评价；任务进行时，激励学生学会学习，勤于动手，乐于助人，敢于直面挑战，让每个学生都有参与感和价值感，重视个体认同赞许，小组互助协同的正向评价；任务拓展时，激励学生开拓与创新，坚持与执着，通过积极评价引导，激发学生探究真知的活力，直面挫折的勇气，唤醒学生应用知识生成知识的智慧；任务完成时，需进行综合全面的评估，既有过程中的肯定，又有今后的建议和方向指引，让学生建立责任感和使命感。

六、校本课程实施路线

课程的实施过程，是让学生在充满自由，尊重与包容的环境中，感知技术魅力，感悟人文情怀的过程；是让学生的禀赋、天性、好奇心、探求欲、思考力、研究力和创新力得到充分张扬发展的过程。不仅注重玩的智慧、爱的温馨、更注重孩子强健体魄的锻炼和契约精神的培养。课堂围绕知识内容追问，引导学生反思，在情境中开始探究实践，通过层级阶梯任务、引导学生层层剖析，格物明理，从而实现学生生命、智慧和灵魂的感悟。

通用技术校本课程具体实施路线由"知识内容的问题化→问题呈现的情境化→情境推进的探究化→探究过程的实践化→实践体悟的素养化→素养习得的全人化"六大要素层级建构。其中"知识内容的问题化"要素源于对课标的分析，源于课程中"点知识"的追问，其目的是引发学生对固有现象结论的反思，引导学生以主人翁的角色去思考探索，它是课程实施的起点；"问题呈现的情境化"即指呈现的问题要与学生的生活结合，与周遭的情境融合，不再是就知识问知识，就知识讲知识，而是找到承载知识发生的情境，找到能引导学生主动思考的情境，让学生具有主人翁的责任感，具有积极探索问题的使命感，引发学生对情境中问题的思考，唤醒学生对学科的兴趣，对事件本质和生命的思考；"情境推进的探究化"在情境中通过设计不同层级、不同类型的问题，引发学生独立选择，挑战自己，在跨越与成功，反思与突破中收获自信、收获智慧，唤醒学生积极持之以恒的心境；"探究过程的实践化""实践体悟的素养化"两要素特别强调技术学科的实践性，强调"学科实践"代替"坐而论道"，在反复试错不断优化的矛盾冲突中发现新问题，获得解决问题的新方案，在不断地体悟中构建必备的品格和关键能力，实现素养的搭建和智慧唤醒；"素养习得的全人化"要素贯穿整个课堂，以立德树人为教育的目标，强调人的全面发展，不仅关注理智习得的正向评价激励，更关乎高尚德行人格的形成，是学生灵魂的唤醒过程。比如，在讲授必修"探究"课程《时间机器》这一项目时，我们的课程从追问开始，我们从哪里来？将到哪里去？这是一个深奥的哲学问题。带着孩子思绪飞扬，去探究这个深奥的人类命题，学生就会感兴趣，时间是物质吗？时间在我们身边吗？时间到哪儿去了？能追回来吗？我们在不知不觉中又过了一天？面对如此多的问题，我们从"知识内容的问题化"开始，开启了对"时间"这一问题的探究，那怎样来衡量时间的流逝呢？不同位置的时间流逝的快慢一致吗？于是通过展示电视镜头中穿越的情境，带领学生追忆过去，去了解不同时代背景中的计时工具，并用现代化的激光、3D打印设备、建模软件等探索设计出不同时代的时钟，有标尺的、齿轮的、电子的，还有创意的，让学生在穿越的过程中理解科学与工程、人文与技术的魅力，在实践、物化的过程中放开自己的双手，磨炼自己的意志，学会用整体、客观的眼光看待世界，发现规律，创新世界，从而构建课程学科素养，搭建通用技术学科必修一"设计大过程"的学习。在"探究"课程《生活中的小创客》——校园文创手机支架的设计与制作实施时，我们让学生充分享用校园时空，给学生宽泛自由的时间。学生可以根据自己的兴趣选择导学案的内容和探究的任务，内容既可以是CAD建模造型，也可以是3D作品的固化或激光雕刻的物化；时间既可选择中午、下午课后，也可以统一为学校社团活动时间。学校的任务是给孩子提供自由发挥的空间和展示自我的平台，教师的作用是搭建课程任务，激励孩子的内驱力。通过"校园文创手机支架的设计与制作"任务的开展，校园文化的收集，手机的拍照，CAD上定格、描图、创意，激光的雕刻成型，不仅可以让学生走出教室，积极参与解决生活中实际问题，引发学生对校园文化的思考，让学生得到校园文化的熏陶，更可以让学生走近技术，运用技术，通过观察、测量、思考、设计、绘图等探究活动，体验新技术的魅力，感悟创新设计、高精技术赋予美好生活的独特价值，唤醒学生对技术创新与探索的欲望。通过学生对材料、结构、创意的不断优化参悟与反思，多层立体图案、着色美化点缀、支架灵魂生命等多种方案的优化，手机支架已不再是一次简单的设计制作，而是一次对学生学科生命力的唤醒，是一次"图样表达、工程思维、创新设计、物化能力"等学科素养润物无声的建构过程。

七、课程实施效果

课程从 2020 开始实施以来，学生的个性张扬，禀赋创新能力凸显，学生学习幸福指数不断提升，课程已成为学生的阳光乐园，已成为校园的一道风采，通过不同的平台，丰富的活动，可以让成千的学生在各级比赛中凸显自己的风采，让上万名学生超越自我，找到梦想的航向，为人生的发展奠定坚实的基石。课程的建设探究更为我国基础教育深化课程改革作出了应答。

智慧课堂内涵

　　教师的生命在课堂，课堂的生命在教师，课堂是教师的生命场，是教师职业的主战场。教学实施的灵动、课堂艺术的把控对学生的心智培养，价值观的养成有着潜移默化的影响。相同的课程，不同的课堂，学生会有不同的收获，不同的教师会带出不同思维的学生，上好每一堂课，是每一个教师基本的职责。课堂是师生思维碰撞，智慧生成的过程，那怎样构建课堂呢？

一、课堂构建有三个层次

　　第一层次——讲知识、教技能层次。我们认为是最低层次，是过去工业文明、大生产时代采用的教育模式，是快速培养人才和机械大规模统一培养人才最常采用的层次。

　　第二层次——注重知识的迁移与应用层次。我们认为现在很多教师的课堂都达到了这一层次，而且还做得相当极致，甚至把精准和数量做到了第一，只不过都停留在理论层面。

　　第三层次——思维素养的搭建层次。这一层次需要转变教育者的心态，最重要的是强调以孩子为中心、孩子的体验，把教育做成农业，让学生能体会到和风细雨的润泽。以孩子的视角来构建课堂，用生动的情境诱发学生对命题的思考，用层级阶梯的任务让学生进入其中深度体验，不断完成自我思维的更新与优化，从而习得面对未知不确定性的综合素养。这也就是我们倡导的智慧课堂。

二、智慧课堂本质

　　我们认为：智慧课堂一定是生活的课堂；智慧课堂一定是素养的课堂；智

慧课堂更是浸润灵魂的课堂。它不仅可让学生走近智慧、生成智慧、更可让学生创生智慧。

首先，智慧课堂一定是生活的课堂，课堂的内容来源于生活，课堂的情境应建立在真实的生活之上，课堂的任务是解决生活中的问题，课堂评价反映的是面对真实生活世界的观点。教育家杜威说：教育即生活。课堂就是教育现场的表达，构建课堂内容应与真实的世界链接，寻找课程、教材、知识在人类历史、当前生活及未来世界中的存在形式，既能收获前人在生活中的智慧，更能激励我们运用智慧，在未来生活中创生智慧。

其次，智慧课堂一定是素养的课堂。素养的课堂不仅是生活的课堂、更应是学生突破自我、自我学习、自我创新的课堂。学会生活是智慧课堂承载的重基础的主题，每一堂课，传递给孩子的是热爱、是呵护、是温暖、是积极面对生活的正能量。让孩子充满热情、充满激情面对每一天，无论成功与失败、挫折与顺利，都让孩子觉得是一次生命的成长，一次自我的革新，这是智慧课堂的价值；智慧课堂是学生自我的课堂，是学生实现自我突破，构建素养的课堂。课堂立足学生，学生是课堂的主角，课堂以学生的志趣为突破点，以深度学习、自主探究搭建学生自学、愿学、会学、懂学、终身学的习惯过程，每一节课后，让每一个学生都对下节课充满期待、充满希望，不竭的内驱达成素养的形成；学会创新是学生面对未来世界关键素养，人类进入智能时代，知识迅猛增长，背知识、套知识已交给了机器人，灌输知识分数的课堂将成为过去，新质生产力将影响身边的一切，引导学生学会分析和学习，构建系统思维、工程思维和创新思维，让学生习得有效应对和处理各类未知问题的能力，将会成为智慧课堂的愿景。

最后，智慧课堂更是浸润灵魂的课堂。我们认为：积极心态是灵魂的基石。有了积极的心态，无论是顺境还是逆境，我们都会把它当成一次人生成长的经历，面对成功，我们不必骄傲，对待失败，我们也不必灰心，我们每个人可能都有生活的不如意，甚至经历过变故、失败等沉重的打击，如果有了积极心态，我们定会把一切的不幸与收获都变成脚下的光，照亮自己前行的路，找到自己前行的方向，让每一天都充满希望和充满收获；不屈的韧性是灵魂的支柱。智慧的课堂是生活的课堂，生活中的磕磕碰碰是难免的，面对困难与失败要有强大的韧性，要相信万小时定律，平凡的工作，只要我们坚持，就能实现量变到质变的飞跃。正如习近平主席所说：伟大出自平凡，平凡造就伟大，只要踏实劳动、勤勉劳动，在平凡的岗位上也能干出不平凡的业绩。智慧课堂将榜样的力量，高尚的情操融入教学，让孩子在课堂中真切感受个人与小家、个人与国家、民族、人类发展的关系，从而构建家国的情怀，崇高的理想信念。这样的课堂将照亮一个人的精神世界，为其一生的奋斗进取提供源源不断的动力。

智慧课堂是一个生命唤醒一群生命，是一个灵魂浸润一个灵魂的课堂。教师是灵魂的工程师，是孩子灵魂的引路人。不仅引导孩子建构习得一生受用的素养，更让孩子学会感恩，学会分享，有强烈的使命感和家国情怀，在新时代建设中有韧性有担当。据此，智慧课堂有三大目标（传递三种气息）。

三、智慧课堂目标

目标一，传递着生命的气息（生命的唤醒）。课堂是一个生命唤醒一群生命，是一个灵魂去浸润一群灵魂的地方。所以苏霍姆林斯基在《致未来的教师》中写道："未来的教师，我亲爱的朋友！在我们的工作中，最重要的是要把我们的学生看成活生生的人。"教育要回归生命，就必须立足生活，对接生活，为孩子未来生活做准备。好的课堂，其情境应来源于生活、其内容应该向孩子传递生命的气息，其任务应该激励生命的激情，让每个孩子都想迫不及待进入课程；其评价尊重孩子个体生命，并尊重生命，彰显每一个不同个体生命的价值、让每一个生命都在愉悦中、阳光中、和谐中奋力生长。

目标二，传递着智慧的气息（智慧的唤醒）。课堂是构建思维、传递智慧，是引发所有的孩子主动加入，不断追问、寻求真解，积累智慧而非填装知识的场域。因为问题，步入课堂；追寻问题，生成课堂，解决问题、深化课堂；课堂的每一个环节，都体现了教师总体设计的智慧和即时应变处理的智慧。

（1）目标的设计体现全局智慧，不仅有本堂课的认知起点，更重要的是为孩子的学习指明方向和路径，其目标清晰可见，能测可评。

（2）而情境的设计重在读懂孩子，重在反思知识与生活，它是对以往"知识教学"的优化，是对知识原态的思考。应用生活中真实情境，更能引发孩子的认知冲突，从而找到知识的来处，明确知识的现在，追寻知识的未来。

（3）任务的引领便是思维智慧构建的核心。选择学生喜爱的项目，选择能承载知识的体验内容，选择具有挑战性螺旋上升阶梯任务，引导孩子能深入其中，让每个孩子乐意并愿为之努力，孜孜不倦主动进取，其过程一定不是强加，我认为这样的课堂才真正产生了"学习"，"学习"才成了"学生自己的事"，"学习"才成了生活、生命中最基本的（像每天吃饭一样）需求。

（4）即时的评价是师生智慧激活的过程。不仅需要教师完善自我，提高识人的智慧，更要教师能抓住课堂的瞬间，关注课堂中的每一个孩子，给予微笑、给予点头，给予禀赋的认可和成长激励。发自内心的点赞，发自内心的欣赏，发自内心的鼓励，定会激活一颗又一颗小星星，让其最终发出耀眼的光芒。

目标三，智慧课堂更要传递灵魂的气息（灵魂的唤醒）。教师的智慧、精神、观念、价值会影响孩子一生的成长。教师在课堂上的一颦一笑，一举一动，教师在课堂上的举手投足间，都在向孩子传递着教育的能量，生命的能量。所以北京十一学校校长李希贵说："我们学校的教师不是教学科的，是教人的。"因此，在智慧课堂实施时，不仅要把学科教学提高到学科教育的高度，还要找寻学科身后的人文、生命或故事，向学生传递生命的能量、爱与信息。更要在课堂中体现民主，弥漫温馨，彰显和谐与尊重。同时还要把课堂还给学生，回归人的教育。教师必须看到教育中的人，把学习的主动权还给学生。把以教为主的设计变成以学为主的设计。把以教得好为目的的策略转变成以学生学得好为目的的方略。

这样的课就会有生命、有智慧、有灵魂，而我们的孩子终会有目标、有方向、有动力、有毅力，从而学会学习、探究学习、能动学习、执着学习。

四、智慧课堂建构原则立场

在我看来，智慧课堂一定是以学生为中心，以素养为半径，以升华生命、智慧、灵魂为目标构建的课堂，教师的重要作用是平台的搭建、方法的指导和情感价值观的引领，构建智慧课堂坚持四个立场。

1. 坚持学生的立场

当今的孩子吃穿不愁，很多孩子不知道来到这世界上是为了什么，如果不正确引导，过于放纵，孩子可能骄纵蛮横，无视他人，无视生命；如果溺爱，就可能让孩子成为"巨婴"，饭来张口、衣来伸手；如果过于焦虑，孩子便成了提线木偶，终有一天会情感崩塌，做出意想不到的事情。因此，我们讲授的课程，应该是学生的课程，是学生认识自我、突破自我，由生命的唤醒走向智慧唤醒，直至构建高尚灵魂大厦的课程。

课堂的内容不仅能满足大多数孩子的需求，更能为不同个性的孩子提供发展的场域和空间，让课堂充满个性和延伸性，让每个孩子都能感到课堂的温馨。最好的状态就是，学生不想离开你的课堂，迫不及待想走进你的课堂，即使离开，他们最难忘记的也是你的课堂。

2. 坚持生活的立场

教育不是空中楼阁，教育就是解决生活中的问题，教育的目的就是让我们生活得更加美好，更加幸福。美国哲学家、教育家杜威提出"教育即生活"，就是要在教育中引入生活的要素，使儿童在生活中成长。陶行知从我国当时的国情出发，强调生活的过程就是教育的过程。

在很长时间里，教育中有一个突出的问题，即脱离生活，教育去生活化与生活脱节是功利教育和短视教育的结果。这种教育所培养出来的孩子除生活不能自理，生活能力差，对生活缺乏热情，没有积极的生活态度，对美好生活失去向往与追求外，更有可能的是出现"空心病"，精神颓废，情感虚无，道德沦丧，性格扭曲，人格分裂，甚至冷漠与践踏生命，荒芜与游戏人生。

好的课堂应该是立足生活的课堂，应该是以生活为本的课堂，应该是呈现真实生活场景的课堂，不仅有人们在过往生活中总结形成的经验总结，命题定律的真实回顾，更有这些理念学识等在现实生活中存在的意义、理由及表现的探究，以及它对未来生活的影响预测等。让课堂回归生活，让教育回归生活，就是为孩子未来生活做准备。通过课堂建构起与世界、与社会、与现实生活的一种镜像，一种有效的链接，一种活泼生动的联系，就会给教育教学烙上生活印记，使学生在学习过程中，不自觉地与生活世界联系，从而体验生活，感受生活，学会生活。

3. 坚持素养的立场

课堂育人不是短期行为，不能只看当前的分数，应立足于学生终身发展，未来的无限可能。课堂是让学生习得必备品格和关键能力的场域。

尊重孩子的差异，关注孩子的个性禀赋，看到孩子的每一个开心、每一次跨越，以高尚的人格和榜样的力量影响学生，教会孩子正确面对挫折，树立高远的志向和远大的目标，每一节课堂，就是孩子的生命场、智慧场和生长场。

每一堂课应以课标为准绳，以素养为目标，通过情境中的任务，引导学生成为课堂的主角，引导学生深度学习、自主探究，习得有效应对和处理各类未知问题的能力。

4. 坚持体验的立场

国家层面，2019 年 6 月 23 日，中共中央、国务院印发《关于深化教育教学改革全面提高义务教育质量的意见》，明确提出"坚持'五育'并举，全面发展素质教育"，对劳动实践，体验实践提出相关要求。2022 年 4 月 21 日，教育部颁布《义务教育课程方案（2022 年版）》，同时也明确所有课程中应该加入至少 10% 的体验内容，包括跨学科学习的内容。

美籍匈牙利数学家、教育家波利亚曾说过：学习任何知识的最佳途径是由学生自己去发现，因为这种发现，理解最深，也最容易掌握其中的内在规律和联系。这就是"体验"最大的意义，智慧课堂更关注学生的实践与体验，要让学生参与到真实的情境中，不仅有身的亲临、"心"的回应、更有"魂"的升华，在体验过程中"身、心、魂"三个维度都能得到和谐的发展，"强体、增智、育美、树德"在体验的过程中都能得到践行。

坚持体验立场，学生还可克服焦虑。北京师范大学的徐凯文教授说：现在很多孩子空心病严重、焦虑、无人生的目标，其很大的原因就是学习与生活脱节，没有真实的生活体验，学生只在"纸面上"完成所谓的"成长"，因此出现很多心理问题甚至极端现象时有发生。应让学生走进生活，体验生活，体验知识的价值，体验学习的意义，坚持体验立场，使智慧课堂进一步优化内容。

　　总之，智慧课堂是学生特别喜欢的课堂，总是迫不及待想进入的课堂，在课中总有值得留恋的内容、总能收获欣喜、增添智慧，让学生精神焕发，产生不竭原动力的课堂。

智慧课堂结构

    课堂，既是教师的生命舞台，更是他们智慧与激情的碰撞之地。如何在这方寸之间，演绎出教学的华章，让每一位学生都能沐浴在智慧的阳光下，是我们每一位教师，尤其是追求卓越的名师们，必须深入研究和探索的课题。

    一个真正智慧的课堂，它不仅是知识的传授场所，更是生活的缩影、素养的摇篮，也更是孩子们灵魂得以浸润和成长的沃土。课堂不仅能引领学生走进智慧的殿堂，更能让他们在其中生成智慧，创生智慧。完整的智慧课堂我们把它人为分成了三大环节，六大要素。

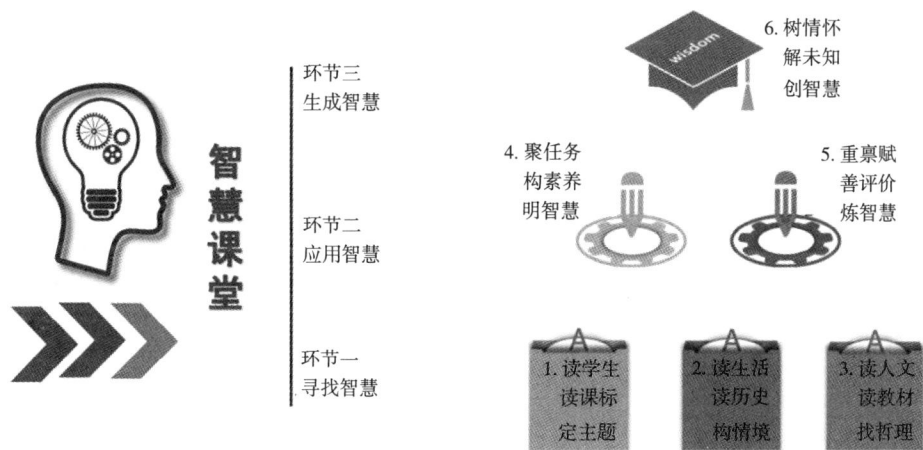

环节一——寻找智慧。这是一个人成长的必经阶段，也是获得前人智慧知识的过程。通过主题情境穿越时空，引发学生对已有智慧反思，让学生知道智慧来源于生活和自然，智慧就是对身边的规律、现象本质的提炼或高度模型化的表达。

    智慧的探寻过程，是对已知知识的回顾、审视和追寻的过程。在这一环节中，我们主张通过巧妙的情境引入，带领学生一同回望历史中的相关人文、定理、定律或结论，在情境中去发掘、体验前人智慧，从而启迪思维、激发孩子好奇心。

为实现这一目标，我们要精心设计一系列引人入胜的情境，这些情境既与课程内容紧密相连，又能够引发学生的共鸣和兴趣。例如，在教授数学课程时，我可能会创设一个探险家在古代文明中寻找智慧宝藏的情境。在这个过程中，学生会遇到各种与数学定理和结论相关的谜题和挑战，如通过解析几何图形来找到隐藏的通道，或者运用数列规律来解锁古老的机关。这样的情境引入，不仅使复习过程变得生动有趣，还能让学生在情境中感受到知识的力量和智慧的美妙。

在情境中，学生不仅会被引导去熟悉那些曾经学过的知识点，更重要的是，他们会被鼓励去挖掘其中蕴含的哲理和智慧。通过一系列启发性的问题，引导学生思考这些人文知识、定理定律背后的思想方法、科学精神及它们对人类社会的影响。例如，在回顾勾股定理时，我们会问学生："为什么勾股定理会被提出？它在古代和现代社会中有哪些应用？它体现了怎样的数学美和数学的思想？"这样的问题能够激发学生的深度思考，促使他们不仅仅停留在知识的表面，而是深入知识的内核中去探寻智慧的火花。

这样的回顾与启迪过程，不仅巩固了学生的知识基础，还培养了他们的批判性思维和创新能力。更重要的是，它为学生打开了通往智慧之门的第一把钥匙，让他们意识到智慧并非遥不可及的高深学问，而是蕴含在每一个知识点背后的思想和方法。

为方便其他教育人的参考与实施，笔者建议在设计情境引入时，注重以下几点：首先，情境要与学生的生活实际和兴趣爱好相结合，以引发他们的共鸣；其次，情境要具有挑战性和探索性，以激发学生的好奇心和求知欲；最后，情境要蕴含丰富的知识点和智慧元素，以便在回顾与审视的过程中，学生能够获得深刻的启迪和提升。

通过这样的教学方式，我相信每位教育工作者都能在自己的课堂上播下智慧的种子，引导学生在知识的海洋中航行，探寻智慧的宝藏。同时，这样的教学模式也为教育的创新与发展提供了新的思路和方向。

环节二——应用智慧。这是用前人智慧提升自我，不断成长的阶段，既是模仿、表达、运用的层次，也是知识的迁移应用的过程。

在这一环节中，我们特别强调将学生新获得的智慧与现实生活情境紧密结合，通过精心设计一系列具有阶梯性的任务，引导他们将理论知识应用于解决实际问题。例如，在教授物理做功这部分内容时，我可以设计一系列与日常生活紧密相关的层阶任务，如"如何计算家中电冰箱的一天的用电？""如何计算家中一个月的电费？""如何利用物理原理设计更高效的家居照明系统？"等内容让学生探究，这些层级的任务不仅涵盖了物理学的本部分的核心概念，更能够激发学生将理论知识应用于实际生活的兴趣。在实施这些任务的过程中，我们还可以鼓励学生进行小组合作，共同探索问题的解决方案。通过实地调研、数据收集、模型构建和实验验证等一系列的实战演练，学生不仅加深了对物理知识的理解，还培养了他们的团队协作能力、实践能力和创新思维。更重要的是，这样的学习过程能让学生更新自我认知，对知识重新审视，理解知识的存在不仅是为了应对考试，其更重要的价值是我们认识世界、理解和改变世界的工具。当学生看到自己的理论知识能够转化为实际成果时，他们的学习动力和自信心也会得到极大的提升。

总之，智慧课堂应该是生活课堂，是运用智慧解决现实生活问题的课堂。通过设计实用性的分层任务来引导学生进行实战演练，这样的教学过程不仅有助于学生加深对知识的理解和掌握，更能培养他们的实践能力和创新思维，为学生未来的学习和生活打下坚实的基础。

环节三——生成智慧。这是自我革命不断淬炼，形成独到见解，创造新思维构架，超越现实与自我的阶段；是个体对自然、生命、社会现象、客观规律的高阶体悟、深化、创造的过程。

智慧的最高境界，不仅在于掌握和应用知识，更在于能够创造新的智慧和价值。在这个环节中，我们致力于为学生搭建一个充满挑战与机遇的舞台，鼓励他们面对不断升级的任务和不确定性的问题，勇于挑战自我，生成自己独到的解决方案。这些任务不仅要求学生运用所学的知识和技能，还要求他们超越既有的知识框架，进行深度的思考和探索。例如，在教授科学课程时，我可能会提出一个关于环境保护的挑战性任务，让学生研究如何减少塑料垃圾对自然生态的影响。这个任务不仅涉及科学知识，还涉及社会、经济和文化等多个层面，要求学生进行综合性的思考和创新。

在这个过程中，学生需要学会如何收集和分析信息、如何提出假设和进行实验、如何评估和解决问题。更重要的是，他们需要学会如何创造问题，即从现有的知识和经验中提炼出新的、有价值的问题，这是创新思维的重要体现。通过不断挑战和探索，学生逐渐形成了自己的独到见解和创新能力，他们学会了以创新的视角审视世界，发现了解决问题的新方法和新途径。

为了促进学生的独到与创新，我还会营造一个开放、包容的学习氛围。我鼓励学生在课堂上积极发表自己的观点和想法，即使这些想法与传统的观念或知识有所不同。我会引导他们进行批判性思考，学会质疑和挑战现有的知识和理论，从而激发他们的创新思维和创造力。

在这个过程中，学生不仅学会了如何解决问题，更学会了如何创造问题、如何以创新的视角审视世界。他们逐渐完成了自我新质思维构架的升级，形成了独到的慧眼、慧行和慧能。这样的教学方式不仅培养了学生的创新能力和实践能力，还为他们未来的学习和生活打下了坚实的基础。他们学会了如何面对复杂多变的世界，如何以智慧和创新的力量去改变和创造未来。

以上是智慧课堂的三大环节，我们可进一步细化为六大要素。环节一寻找智慧，我们将其分为两大要素：第一要素，读学生、读课标，定主题；第二要素，读生活、读历史，构情境；第三要素，读人文、读教材，找哲理。环节二应用智慧，分为两大要素，第四要素，聚任务、构素养，明智慧；第五要素，重禀赋、善评价，炼智慧。环节三生成智慧，即为第六要素，树情怀、解未知，创智慧的过程。

第一要素：读学生、读课标，定主题。

主题是本节课的核心，是本节课构建的素养目标，它既是教师设计本堂课教学过程的起点，是本节课堂实施育人最终要达成的任务目标，也是学生学习评估评价的依据。只有在认真研究课标、认真研究学生的基础上，才能设计出满足学生成长所需的条件与目标，科学地确定课堂的主题。通俗来说，主题包括"教的目标"和"学的目标"两个方面的内容，教的目标强调的是教师在课堂的所有教学行为和策略；而学的目标强调的是学生在学习过程中应用的方法，实现的目标。如果是大单元，那大主题就需要细化到每一节课堂，让每一节课都有预期的目标和任务。

第二要素：读生活、读历史，构情境。

好的情境，好的引入，是一堂好课的开始。教师在明确本课主题目标的前提下，应查找生活、查找历史，找到与本主题相关的链接内容，用生动形象的情境，引领学生主动参与其中。苏霍姆林斯基说：如果教师不想办法使学生形成情绪高涨和智力振奋的内心状态，就急于传授知识，那么这种知识只能使人产生冷漠的态度。著名特级教师于漪也曾明确指出："课的第一锤要敲在学生的心灵上，激发起他们思维的火花，或像磁石一样把学生牢牢地吸引住。"建构一个充满情趣，值得学生跃跃欲试，引发学生深思，主动参与的情境，是课堂教学的重要环节，是一堂课得以成功的重要条件。

第三要素：读人文、读教材，找哲理。

这一阶段通常情况下是教师根据设计的情境提出要求，让学生主动参与去追寻智慧，获得前人已成功总结形成的经验、结论、哲理的过程。比如：数学的概念、模型建构过程，物理的公式、定律的发现过程，文学作品中人的思想变化，等等。这一过程，教师不能只简单停留在知识结论的告知上，更重要是引领学生重回这段历史，读人文、读教材，去领悟、体验前人智慧收获的过程，从中不仅要找到哲理，更要学会方法。

第四要素：聚任务、构素养，明智慧。

这一阶段是学生运用习得的知识、结论解决现有问题的过程，这一过程考查学生对已有知识的迁移运用和实践效果。在这一过程中，教师通过在情境中设计螺旋上升的任务，让学生挑战解决生活中真实的问题，让学生深度加入智慧的探究中，不仅可以让学生习得应用知识解决问题的能力，从而提升学生素养，使其获得成就感，同时可以让学生感知智知的魅力，为今后自主学习，能动学习奠定良好基础。

第五要素：重禀赋、善评价，炼智慧。

这个阶段考查教师对课堂现场应变智慧，既有对拔尖学生的前瞻性提示，更有对反应稍慢学生的支持与鼓励，学生在本节课堂中走出的每一步，教师都应给予肯定，让每个学生走出课堂时都有收获，都觉得又有了一次成长，这是第四、第五两个阶段应共同达成的最重要课堂目标，也是教师、学生共同修炼智慧的过程。

第六要素：树情怀、解未知，创智慧。

这是最后一个环节，是拓展升华与总结环节，通过这一环节，不仅可引导学生充分发挥想象力和创新力，更能让学生体验智慧得到生长，自我的成绩得到他人认可的幸福感，激励学生追逐知识与智慧的热情，树立远大的目标和高尚的情怀、去探究未知，解决未知，最终实现由用智慧到创智慧的质变。

智慧课堂的实施

智慧课堂是问题的课堂。因为问题，学生步入课堂；追寻问题，不断生成课堂；解决问题，最终深化课堂。智慧课堂有三大环节，六大要素，我们根据教师及学生的对应的行为，分为六个步骤。

一、读懂教材学生，精彩导入新课

课堂导入是本节课上课的开始，导入的第一要务是引出本节课的主题，让孩子主动积极参与进来。导入的话题应该与课堂教学的主题紧密衔接，把握节奏，时间合理，能迅速吸引学生的注意力，把学生的兴奋点转移到课堂学习中，为后续教学活动的顺利开展奠定基础。通常采用的导入方法如下。

（1）直接导入。此种方法简洁明了、易于操作，很多教师在平时上课时经常使用导入方法。该方法虽然可以让学生迅速进入正题，有效节省了教学时间，但往往过于笼统概括，刻板枯燥，缺乏足够的感染力和吸引力，难以激发学生的学习兴趣和热情。如果频繁使用，容易使课堂变得平铺直叙，难以让学生在短时间内集中注意力。

（2）复习导入。复习导入是帮助学生复习与即将学习的新知识有关的旧知识，从中找到新旧知识的关系，引出新知识的一种导入方法，由已知导向未知，过渡流畅自然。这也是教师在以往的教学中常用的方法。

（3）图片或课件导入。以与主题相关的图片为素材制作课件，以吸引学生的注意力和学习兴趣，引入与主题相关的内容导入新课。

（4）视频导入。通过播放与该课主题相关的视频内容，引导学生观察分析，引发学生思考，从而导入新课，能让学生在轻松的学习氛围中对新课产生吸引力。

（5）故事导入。故事对于学生来说有着一种特殊的魅力，通过讲述与本节课教学内容主题相关的小故事，可使学生的注意力高度集中，并引发学生的思考，迅速联系到新课的学习中。

（6）游戏或表演实验导入。因为游戏，学生热情高涨，更因为参与，学生将会全身心地投入。只是表演或游戏需要教师丰富的知识储备和课前大量的内容准备。

以上是六种常见的导入形式，其实，每一种好的导入，首先都要认真发掘课程的内涵，其次还要读懂学生，了解学生的思想实际和生活实际，最终才能达到两者的高度契合，一个好的导入要尽量做到合理、自然、循序渐进，并且形式灵活，具有艺术性，重在通过表象引起学生兴趣，引发学生深度的思考，从而激励学生进入主题，进入情境。

比如，我们在学习朱自清的散文《背影》这一课时。可以用简单的复习导入形式，"在上节课我们学习了鲁迅的《故乡》，回忆一下，那篇散文主要讲述了什么内容？表达了作者怎样的情感？今天我们要学习的《背影》也是一篇充满情感的散文，让我们看看朱自清是如何通过背影来表达情感的"。这是教师常用的导入方式，它能够帮助学生巩固旧知识，同时自然过渡到新知识。通过提问上节课的内容，教师引导学生回忆并思考，进而引出新课的主题和情感线索；如果采用图片或课件导入，教师展示一张父亲背影的图片或制作一个关于父爱的课件，然后说："这张图片或这个课件让我们感受到了父爱的深沉。今天我们要学习的《背影》就是一篇描写父爱的经典散文。现在，请大家跟随我一起走进朱自清笔下的背影世界。"通过这样的导入更能够为学生提供直观的视觉感受，帮助他们更好地理解和感受课文中的情感和场景；如果我们采用故事导入，教师讲述一个与父爱相关的小故事，如："有一个父亲，为了送儿子去上大学，冒着风雪背着行李走了很远的路。在儿子的眼中，那个背影显得格外高大和坚强。"然后教师说："这个故事让我们感受到了父爱的深沉和伟大。今天我们要学习的《背影》也是一篇描写父爱的散文，让我们看看朱自清笔下的背影有着怎样的故事。"这样的导入更能迅速吸引学生的注意力，并引发孩子的思考和共鸣，帮助孩子更好地理解和感受课文中的情感和主题；如果我们采用游戏或表演实验导入这一课，教师可以组织一个简单的小游戏，如"背影猜猜看"。准备几张不同人物的背影图片，让学生猜测这些背影可能是谁，并说出理由。然后教师引导学生讨论背影所能传达的信息和情感。最后，教师说："看来大家都能从背影中读出很多信息。今天我们要学习的《背影》就是一篇通过背影来表达情感的散文。现在，让我们一起走进这篇课文，看看朱自清是如何用文字来描绘背影的。"通过上面的游戏或表演实验的导入，不仅可以活跃课堂气氛，让学生在参与中体验和学习，还可引导学生关注背影这一细节，引发学生对生活及身边问题的思考，同时激发他们学习课文的兴趣和好奇心。

课堂的导入，需要教师用心，用情，它不但提出了主题相关的内容，更要引领孩子进入情境中，引发学生的探索与思考。

二、巧构情境悬念——引发主题思考

情境是学习的支架，是学生找寻知识，提升智慧的场域，不仅融合有一个个的知识场，更能提供给学生无限的智慧场。情境不仅能用来趣化学习内容，活化学习主题，深化生命体验，转化学生思维方式，还能引导学生关注教材与生活的联系，人类与自然的联系，课堂与社会的联系。通过情境教学，可以让学生习得的内容具有生命力，学习主题能够感动人，学习旨意能够激励人，让学生产生一种求知渴望，以积极主动的心态投入学习。所以李吉林先生早就提出了"情境教学"的理论。

好的情境是学生感兴趣的，是真实生活的再现，它能打开教室的大门，联系真实的世界；情境的内容是生动的，需要学生深度探索；情境的环节是连续的，从导入直到课堂的结束；情境的结构是可拓展的，既可横向融合，更可纵向延伸。

好的教学情境可打开学生心理的枷锁，敞开学生的心灵；可联系生命的经历，丰富认知的途径，引导学生的深度学习，形成智慧。

创设教学情境，既要服务学生的主体地位，又要呼应教师的主导地位。不同的学科、不同的主题都可以挖掘课程的内容、生活的内容、学生的兴趣进行情境的创设。创新的情境可来源于生活，能引起学生联想，启发他们思考情境，比如一段视频、一次演讲、一个故事、一段记录、一场辩论等，虽然看不见它的存在，但能让人进入其中。比如，一幅画、一篇字帖、一曲琴音、一首诗、一个小品等背后的人文都能给心灵引路。可以用人工智能、信息技术创设模拟情境，让学生身临其境；也可以编制精巧科技实验情境，让学生大开眼界；还可用课本剧，让学生进行角色扮演等情境让学生终生难忘；用生动的故事、优美的动漫等鲜活的情境打开学生的心灵对话，开启学习的智慧之门。

以下是针对物理学科中"力的合成与分解"这一节课，设计的几种不同的教学情境实施案例，旨在通过巧构情境悬念，引发学生对主题的思考。

案例一：生活实例情境

课程开始，教师展示一段视频，内容为建筑工人使用吊车吊装重物的过程。视频中，吊车通过调整不同方向的绳索来平衡和控制重物的移动。播放视频时，引导学生观察吊车是如何通过不同方向的拉力来吊装重物的，并提出问题："吊车是如何通过调整绳索来平衡和控制重物的？这背后涉及哪些物理原理？"学生分组讨论，尝试用已学的力的知识来解释。教师引导学生进入情境，完成本节关于力的合成与分解的探究与学习。

案例二：实验探究情境

教师准备多套力的合成与分解的实验器材，包括弹簧秤、细绳、重物等，并提出具体的探究要求，通过自己的示范实验，演示如何用两个不同方向的力来平衡一个重物，引发学生思考，然后让学生分组进行实验探究，通过调整力的方向和大小，探究力的合成与分解效果，并记录实验数据，分析讨论力的合成与分解在实际应用中的意义，如桥梁建设、建筑支撑等，通过这样的情境让学生来完成这部分内容的学习。

案例三：虚拟仿真情境

利用信息技术和虚拟仿真软件，创建一个力的合成与分解的虚拟实验环境。学生可以在虚拟环境中自由调整力的方向和大小，观察合成力的效果。学生在虚拟环境中进行实验，尝试不同的力的组合，观察合成力的变化。教师引导学生总结虚拟实验中的发现，并与实际物理原理进行对比和讨论。通过这一过程，让学生能从思维的模型上建构学科知识。

案例四：角色扮演情境

设计一场"工程师挑战赛"的角色扮演活动。学生分组扮演工程师团队，任务是设计并建造一座能够承受特定力和压力的桥梁模型。学生分组进行桥梁模型的设计和建造，完成桥梁模型后，进行压力测试。评估团队根据桥梁的承重能力和稳定性进行打分，并提出改进建议。通过这一角色情境，不仅让所有团队的设计思路和对力的应用这一课有了深刻的认识，更让学生理解了团队协作的重要性。

以上四种不同的教学情境实施案例，可以展示如何在物理课堂中巧构情境悬念，引发学生对"力的合成与分解"这一主题的思考。这些不仅能让学生主动进入情境中，更能激发学生的学习兴趣和探究欲望。

三、情境问题追问——深化主题探究

因为兴趣，学生进入情境，因为悬念引发学生对主题的反思与追问，于是在抽丝剥茧、层层递进的基础上构建任务，不断探究主题，让学生主动参与到以主题为首的各分支要素的体验与验证中，从而对原始的知识不断感悟。

情境的追问是对课程知识点的有机分解，每节课的内容不同，可能分解的方法措施各异，一般遵循从由浅到深、由低到高、从简单到复杂的认知逻辑。这个过程是在教师的引导下，学生主动投入的过程中完成的。

下面我们以历史学科《秦的统一》为例，介绍在历史学科中，怎样构建一个生动且富有启发性的教学情境来激发学生兴趣、引导学生深入探究的教学过程。

本课教师采用多媒体手段，结合地图、文物图片、影视片段等，创设一个"穿越回秦朝"的情境。具体步骤如下。

首先，视频导入。播放一段5分钟的秦朝历史纪录片片段，内容涵盖秦国的崛起、统一六国的战争、秦始皇的治国理念等。配以激昂的背景音乐和解说词，迅速将学生带入秦朝的历史氛围中。

其次，实物展示。展示秦兵马俑、阳陵虎符等文物的高清图片或复制品，让学生近距离观察这些历史遗迹的细节。引导学生想象自己是一名秦朝子民，感受秦朝的强大与统一国家的威严。

最后，地图辅助。利用大屏幕展示"秦朝疆域图"，标注出秦朝的四至范围，即东至东海、西至陇西、南至南海、北至长城。通过动画演示秦朝疆域的扩张过程，让学生直观理解秦朝的统一历程。

在情境构建完成后，教师需通过一系列精心设计的问题，引导学生逐步深入探究，深化对主题的理解。以下是问题追问的步骤。

1. 初步感知，激发兴趣

问题一："同学们，通过刚才的视频和图片，你们对秦朝的第一印象是什么？请用三个词来形容。"

问题二："为什么秦朝能够完成统一六国的伟业？请结合视频内容，从政治、军事、经济等方面进行分析。"

2. 逐层深入，理解统一措施

问题三："秦始皇为了巩固统一，采取了哪些具体措施？请阅读教材第×页至第×页，并归纳出至少五条措施。"

追问一："这些措施对当时的社会产生了哪些影响？请以小组为单位，选择一条措施进行深入分析，并准备一份简短的报告。"

3. 情境对比，深化理解

展示材料：利用教材的插图或自制PPT，对比展示文字、货币、度量衡在统一前后的不同形态。

问题四："统一文字、货币、度量衡后，给秦朝带来了哪些便利？请结合材料进行分析。"

追问二："如果没有这些统一措施，秦朝的社会经济文化会怎样发展？请设想一个可能的场景，并进行描述。"

4.挑战任务，提升核心素养

任务设定："假设你是秦始皇的谋士，负责规划驰道的建设路线和长城的防御工事。请考虑地形、资源、军事需求等因素，制定一份详细的规划方案。"

追问三："在规划过程中，你需要考虑哪些具体因素？如何平衡经济成本与军事需求？请举例说明。"

5.总结评价，反思提升

总结：引导学生归纳本节课的主要知识点，包括秦朝的统一背景、统一措施、历史意义等。

评价：采用小组互评和教师点评的方式，对学生的报告和规划方案进行评价，肯定优点，指出不足。

反思：鼓励学生分享自己的学习体会，思考如何将本节课的学习成果应用于其他历史问题的分析中，培养其批判性思维和迁移应用能力。同时，教师也应反思教学过程中的得失，以便不断优化教学方法。

通过以上情境的构建和问题追问，学生不仅能够深入理解"秦的统一"这一历史事件，还能在探究过程中不断挑战自我，提升历史学科核心素养。这种教学方法不仅符合学生的认知规律和心理特点，还能有效激发学生的学习兴趣和主动性，实现高效的历史课堂教学。同时，教师也应注重在教学过程中不断反思和调整教学策略，以更好地满足学生的学习需求和发展需求。

四、思维碰撞凝炼——体验智慧的伟大

此环节是本堂课生成的结论、理念、定理等知识的环节，以往的教育为了追求教学的高效化，往往放弃了学生参与体验，放弃了追问前人的顿悟思想的

过程，直接将结论塞给学生，学生没有从源头上厘清知识的内涵，得到的只是"死"的结论和数据，丢失了科学家、学者最应具有的思维和精神。本环节是在学生深度自主学习体验的基础上，通过教师的引导与点拨，成功收获前人智慧形成观点的过程。

下面以数学课堂"勾股定理"的数学实施来分析说明。

1. 情境构建：直角三角形的魅力

课堂一开始，教师用 PPT 展示了一系列精美的图片：古埃及的金字塔、现代的高楼大厦、稳固的桥梁结构……每一张图片都凸显出直角三角形的身影。教师引导学生观察并思考："为什么这些伟大的建筑都选择了直角三角形的结构呢？难道这背后隐藏着某种神秘的数学力量吗？"

2. 重返历史，引导探究：追寻毕达哥拉斯的足迹

接着，教师用生动的语言讲述古希腊数学家毕达哥拉斯的故事，描述他在研究音乐与数学的关系时，如何意外地发现了直角三角形的三条边之间存在的神秘关系。教师充满激情地引导学生："现在，让我们踏上探寻之旅，像毕达哥拉斯一样，去发现这个伟大的数学定理吧！"

3. 动手实践，发现规律：测量与探索

教师为每个学生分发一套预先准备好的直角三角形纸片，纸片上标有清晰的刻度。学生兴奋地拿起尺子，开始测量并记录每个三角形的三条边长度。在教师的引导下，他们开始观察数据，尝试找出三条边之间的数量关系。突然，一个学生惊喜地发现："教师，我发现这个三角形的两条直角边的平方和好像等于斜边的平方！"教师微笑着鼓励他："真的吗？那太棒了！你再多测量几个三角形，看看这个规律是不是普遍存在。"

4.思维碰撞，深化理解：小组讨论与质疑

当学生初步发现勾股定理的规律后，教师组织一场热烈的小组讨论。学生围坐在一起，兴奋地分享着各自的测量结果和发现。在讨论中，他们不断提出疑问和挑战："为什么只有直角三角形才满足这个关系呢？""这个定理在其他领域有没有应用呢？"教师鼓励学生大胆质疑，深入思考定理的本质和应用价值。

5.建构思维，体验智慧：定理的证明与应用

最后，教师引导学生一起总结勾股定理的内容，并详细讲解了几种不同的证明方法。学生聚精会神地听着，尝试着理解每一个步骤和逻辑。教师还进一步展示了勾股定理在现代科技中的应用，如卫星导航、建筑设计等。学生惊叹不已，纷纷感叹数学智慧的伟大和无穷魅力。

通过这样的课堂教学，学生不仅学到了勾股定理这一重要的知识点，更重要的是他们经历了像科学家一样探索未知、验证假设、形成理论的全过程。他们体会到了从具体到抽象、从特殊到一般的数学思维方法，真正体验到了智慧的伟大和无穷的魅力。这样的课堂不仅传授了知识，更培养了学生的探究精神和创新思维，为他们未来的学习和生活打下了坚实的基础。

五、结论迁移应用——感悟知识魅力

学习最美的意义，就是能解决生活中的问题。把刚形成的理念、观点应用于实践、应用于生活，帮助同学、家人、学校、社区、社会解决问题，不仅感知了知识力量的强大，体验了学习的意义，更能认识自我，增强自信。

在此环节中，不能把学生当作做题的机器，知识的迁移应用应从学生的实际出发，应密切联系生活，选择的内容作业应来源于生活，来源于真实情境中的问题。

下面是生物学科中一堂关于"光合作用"课的案例。

在课堂上学生通过实验观察了绿叶在光下的变化，深入理解了光合作用的过程、意义，以及它在生态系统中的重要作用。然而，理论知识的学习只是起点，真正的挑战在于如何将这些知识应用于实际，解决实际问题。因此，在本堂课的"结论迁移应用"环节，我们设计了一项既生动又富有挑战性的实践活动，旨在让学生利用光合作用的知识，帮助学校打造一个独特的"生态校园"，从而深刻体验学习的意义，实现自我价值。

案例实施的内容：打造校园"光合作用生态园"。

1. 活动背景

学校现有一个闲置的小花园，杂草丛生，缺乏生机。学生决定利用所学的光合作用知识，将这个小花园改造成一个充满生机、能够自给自足的"光合作用生态园"。

2. 活动目标

运用光合作用的知识，设计并打造一个能够自给自足、改善校园环境的"光合作用生态园"。提升环保意识，倡导绿色、可持续的校园生活方式。通过实践活动，体验团队合作的乐趣和成就感。

3. 活动过程

第一步，知识回顾与方案设计。回顾光合作用的知识，特别是植物如何通过光合作用产生氧气和有机物。分组讨论，设计一个适合校园环境的"光合作用生态园"方案，包括选择哪些植物、如何布局、如何维护、如何收集和利用产生的氧气和有机物等。

第二步，现场勘查与规划。对闲置的小花园进行勘查，测量面积、土壤质量、光照条件等。然后根据勘查结果和方案设计，进行详细的规划，包括植物种植区域、步行道、休息区等。

第三步，材料准备与实施。准备所需的植物（如各种果树、蔬菜、花卉等）、土壤、肥料、工具等。组织学生进行种植活动，按照规划布置"光合作用生态园"。安装太阳能灯具，利用光合作用产生的电能进行夜间照明。

第四步，监测与评估。使用空气质量检测仪定期监测"光合作用生态园"周围的空气质量。记录植物生长情况，评估生态园的自给自足能力和对校园环境的改善效果。

第五步，分享与展示。组织一次校园开放日活动，邀请师生和家长参观"光合作用生态园"。学生担任导游，讲解生态园的设计理念、实施过程和成果。举办一场小型的环保知识讲座，分享光合作用的重要性和环保行动的意义。

第六步，反思与总结。学生撰写活动反思报告，总结所学知识在实际应用中的体会和遇到的挑战。通过班级讨论，分享个人成长经历和对环保、可持续发展等的新认识。

本次实践活动不仅使学生加深了对光合作用知识的理解，还使学生学会了如何将知识转化为实际行动来改善校园环境。增强了学生的环保意识和创新能力，促进了绿色、可持续的校园生活方式推广。提升了学生的团队合作能力和社会责任感，为未来的环保行动和社会参与打下了坚实的基础。

这个生动的案例，不仅使学生体验到了知识的力量，还在实践中学会了如何将所学应用于生活及以解决实际问题。这样的教学活动既有趣又富有挑战性，真正做到了让学习服务于生活，让每位学生都能在实践中成长和进步。

六、评价小结拓展——浸润情感灵魂

智慧课堂的最高境界不仅能让学生收获智慧，更能让学生的灵魂得到浸润滋养，课堂中每位学生都能充满生命的热情和探究的激情。教师独到的慧眼能让每一个孩子充满希望，学生的每一个新发现，每一个闪光点，教师都需要及时点评，而学生的失误、失败更多的是需要教师提出建议，鼓励改进、默默守候。在课堂的实施中，教师可通过榜样的力量、名人的事迹、科学家的故事等拓展升华本节课内涵，让学生感悟领会智慧的力量、生命与灵魂的力量，学会帮助他人，关心他人，关心国家和社会，争做一个新时代有责任、有担当的好学生。

下面我们以化学学科"元素周期表"这堂课作说明。

本节课旨在引领学生掌握元素周期表的基本结构，理解元素性质的周期性变化规律。更重要的是，通过一系列精心设计的拓展活动，引导学生感悟科学的力量，激发他们对生命的敬畏感、对社会的责任感，让课堂成为滋养灵魂、启迪智慧的殿堂，步骤如下所述。

第一步，构建情境，引入新课。

课堂的内容以一场"元素周期表知识挑战赛"拉开序幕，教师提出问题，如"请说出第三周期的元素有哪些？""哪些元素属于碱金属族？"等，让学生抢答，答对者获得小奖励。这种形式既活跃了课堂气氛，又巩固了所学知识。

学生反馈：鼓励学生分享自己的学习心得或疑惑，教师及时点评，用生动的比喻和实例解释难点，如将元素周期表比作一首富有节奏的诗，每个元素都是诗中的一个音符。

第二步，亮点点评，鼓励激励。

发现闪光点。教师细心观察学生在课堂上的表现，特别是那些提出新颖见解或独特解题方法的学生，给予高度评价，并在黑板上设立"智慧之星"专栏，记录他们的名字和闪光时刻。

失误与改进。对于学生出现的错误或理解偏差，教师应采用鼓励性语言提出建设性意见，如"你的思路很独特，只是在这个地方稍微偏了一点，让我们一起来调整一下"。同时，设立"成长足迹"专栏，记录学生的进步和改变。

第三步，拓展升华，浸润情感。

科学故事分享。教师以生动的语言讲述门捷列夫发现元素周期表的故事，强调科学发现的艰辛与伟大。同时，展示门捷列夫的手稿和照片，让学生感受到科学家是真实存在的，以及他们的伟大贡献。

社会责任教育。结合元素周期表在日常生活、工业生产、环境保护等方面的应用实例，引导学生思考化学知识如何服务于社会。如通过展示一张受污染河流的照片，引导学生讨论哪些元素可能导致了污染，并思考如何减少这些元素的使用或寻找替代材料来保护环境。

人文情怀培养。通过介绍元素在生命体中的作用，如钙对骨骼的重要性、铁在血红蛋白中的功能等，让学生认识到化学与生命的紧密联系。同时，引导学生思考如何利用化学知识提高人类生活质量，如开发新型药物、提高农作物产量等，以促进人类社会的可持续发展。

第四步，情感升华，树立理想。

情感交流。鼓励学生分享自己对科学、生命、社会的看法和感受。设立"心灵之声"环节，让学生写下自己的感悟或愿望，并贴在教室的"梦想墙"上，与大家共同分享和激励。

树立理想。最后，教师总结强调，作为新时代的青年学生，不仅要掌握扎实的科学知识，更要具备高尚的情操和博大的胸怀。通过展示一些科学家和社会活动家的照片和事迹，如居里夫人、屠呦呦等，激励学生勇于承担社会责任，为实现中华民族伟大复兴的中国梦贡献自己的力量。

通过这样具体、生动的拓展环节的设计与实施，本节课不仅让学生深刻理解了元素周期表的知识体系，更重要的是使学生在情感上得到了浸润和滋养。他们学会了敬畏生命、关心社会、勇于担当责任，并树立了高尚的情操和博大的胸怀。这样的课堂才是真正意义上的智慧课堂，它不仅能传授知识、启迪智慧，更能滋养灵魂、塑造未来。

智慧课堂案例一：
通用技术必修一《激光雕刻新技术体验》

本节内容源自《普通高中通用技术课程标准（2017 年版 2020 年修订）》必修一《技术及其设计 1》，旨在引导学生了解并掌握一至两种数字化加工设备（如激光雕刻机、激光切割机、三维打印机）的使用方法。为此，我们精心设计了"创意手机支架的设计与制作"项目，以此为载体，深入探究并实践本节课的知识内容，旨在培养学生的"工程思维、物化能力、图样表达、创新设计和技术意识"等核心学科素养。

一、情境导入——生动有趣，引人入胜

课程伊始，我为学生播放了一段视频：一位学生在上网课时，手机因缺乏稳定的支撑物而滑落。这一场景立刻引起了大家的共鸣，因为很多人在使用手机学习时都曾遭遇过类似的困扰。我顺势提出问题："我们能否利用激光技术，设计制作出一个既实用又美观，还充满创意的手机支架呢？"

为了激发学生的兴趣和创作欲望，我展示了其他班级学生制作的精美手机支架，并现场演示了其功能。同时，我还详细介绍了两种激光雕刻机的工作原理和技术参数：一种是桌面型的，适合小件作品的精细雕刻，其激光功率较低，雕刻精度较高，适合精细加工；另一种是大功率的，适用于大型材料的切割和雕刻，其激光功率较高，切割速度较快，适合批量加工。我展示了它们的外形、操作界面及实际的工作过程，让学生对这些高科技设备有了更直观的认识。在此基础上，我明确了本节课的基本任务：设计制作一个创意手机支架，并具体提出了四个要求：实用性、美观性、文化性和创新性。

二、巧构情境悬念——引发思考，激发探究

在情境导入之后，我巧妙地构建了三个悬念问题，以引导学生深入思考。

①如何将片状的部件制作成立体造型的手机支架？

这涉及激光雕刻机的三维雕刻功能。我展示了如何使用配套的软件来设计三维模型，并通过激光雕刻机将其雕刻出来。我还解释了如何通过调整雕刻深度、速度和功率等参数来控制雕刻效果。

②如何设计制作部件？你将选择哪种连接方式？

我引导学生考虑材料的选择（如木材、亚克力、纸板等），并介绍了不同材料的雕刻特性和效果。对于连接方式，我展示了榫卯、胶粘、螺丝等几种常见的连接方式，并分析了它们的优缺点和适用场景。

③如何设计卡口？如何控制支架的倾斜度？

我解释了卡口的设计原理，并展示了如何通过激光雕刻机来精确控制卡口的尺寸和形状。对于支架的倾斜度控制，我介绍了使用可调节支撑杆或铰链等机械结构来实现的方法。

三、情境问题追问——深化主题，探究不止

第一版手机支架虽然能满足基本功能，但使用时角度不可调节。于是，我提出了第四个问题："怎样才能设计出一个角度可调节的手机支架呢？"这个问题旨在培养学生的工程思维，引导他们对现有作品进行反思，并在熟悉已有工艺和方案的基础上进行大胆的创新和改进。

学生积极修改设计方案，设计了依靠摩擦力来调节控制角度的手机支架。然而，经过现场试验，虽然达到了预想的功能，但在结构的稳定性和角度的可靠性方面仍然存在问题。于是，我引导学生利用三脚支架稳定性的特点对该设计进行升级，并介绍了如何通过激光雕刻机来实现更精确的加工和更强的结构稳定性。具体技术细节如下。

增加支撑杆：在支架的底部增加一根或多根支撑杆，以提高支架的稳定性。支撑杆的长度和角度可以通过激光雕刻机进行精确调整。

改变部件结构：对支架的部件结构进行优化，例如增加肋板或改变连接方式，以提高支架的强度和稳定性。

改进调节方式：采用更可靠的调节方式，如使用齿轮或铰链等机械结构来实现角度的调节。这些结构可以通过激光雕刻机进行精确加工和组装。

通过增加支撑杆、改变部件结构并改进调节方式，学生最终实现了稳定支撑、多挡调节、多部件配合、可折叠且能调整倾斜角度的手机支架。这一过程的体验，完全承载了本学科的五大素养的构建，把素养的培养浸润到了课程的行程中。学生收获的不仅是一种体验，更是一次新技术引领下的设计过程的反思和新质生产力的建构。

四、思维碰撞凝炼——体验智慧，张扬个性

以上的设计已经实现了手机支架的功能性，但学生更需要的是一个能张扬自我、展现个性的手机支架。于是，我再次点拨引导，以第一版手机支架为例，告诉学生应该如何联系生活、关注生活，如何选择校园及周边的元素，如何融入校园文化等，以形成有特色的手机支架。

这一过程引导学生跨学科学习和融合，学会自主学习。尤其是在艺术构图、数学建模、软件设计等领域，都需要学生不断熟悉和精进，这样才能设计出独创且心仪的作品。例如，在艺术构图方面，学生需要学习如何运用色彩、线条和形状来创造出具有视觉冲击力的作品；在数学建模方面，学生需要了解如何运用数学模型来优化支架的结构和稳定性；在软件设计方面，学生需要掌握如何使用激光雕刻机的配套软件来进行精确的设计和模拟。具体技术细节如下。

艺术构图：引导学生学习色彩搭配、线条运用和形状组合等基础知识，以提升作品的美观性。同时，介绍一些常用的设计软件（如 Adobe Illustrator、CorelDraw 等），并演示如何使用这些软件进行艺术构图。

数学建模：介绍一些基本的数学模型和算法（如三角函数、力学分析等），并引导学生运用这些知识和方法来优化支架的结构和稳定性。例如，可以通过数学建模来确定支撑杆的最佳长度和角度，以确保支架的稳定性。

软件设计：详细介绍激光雕刻机的配套软件（如 LaserDRW、RDWorks 等），并演示如何使用这些软件进行设计和模拟。引导学生学习如何导入图片、调整参数、设置雕刻路径等操作，以实现精确的设计和模拟。

五、结论迁移应用——感悟知识，魅力无限

为了让学生真正理解新技术、新科技、新质生产力的强大魅力，笔者展示了以地方特色齿轮为主题设计的"木牛流马""汽车传动模型"等激光雕刻的创新作品。这些作品不仅展示了激光雕刻技术的精确度和创造力，还让学生深刻感受到了新技术在实际应用中的无限可能。我引导学生思考这些作品是如何将传统元素与现代科技相结合的，以及他们在自己的设计中也可以尝试融入更多创新元素。

我还鼓励学生将所学知识和技能应用到更广泛的领域中去，比如家居设计、工业设计等。为此，我提供了一些实际案例和应用场景。

家居设计：引导学生思考如何利用激光雕刻技术为家居环境增添个性化和创意元素。例如，可以设计并制作独特的墙饰、灯具或家具配件等。

工业设计：介绍激光雕刻技术在工业设计领域的应用案例，如产品原型制作、模型雕刻等。鼓励学生尝试将所学技能应用于实际工业设计中，提升产品的创新性和竞争力。

六、评价小结拓展——浸润情感，滋养灵魂

这是本节课的最后一个环节，也是较为重要的一个环节。我首先构建了一个评价表格，让学生对自己设计的创意创新作品进行展示和评价。评价表格包括创意性、实用性、美观性、技术实现等多个维度，让学生能够全面、客观地评价自己的作品。

其次，我对每一位上台展示的学生都进行了详细的点评，让每一个学生都能收获成功感。在点评的过程中，我不仅肯定了学生的努力和成果，还给他们提出了下一步的要求和希望。我希望他们不仅能在这节课上收获智慧和

成长，更能收获灵感和信心，为未来的学习打开更广阔的思路。

最后，我引导学生思考如何将所学的知识和技能应用到更广泛的领域中去，比如家居设计、工业设计等。我鼓励他们保持对新技术的好奇心和探索精神，并不断学习和创新，为未来的社会发展贡献自己的力量。

激光造物，韵味无穷。本节课聚焦创意手机支架的物化与创新过程，通过设计螺旋上升的实验任务，实现了从思与想到模型物化的转换，实现了手机支架从平面到立体、从结构到工程、从人文到艺术的跃升。让学生在创作中刻下美好回忆，雕出精彩人生；在体验中感知新技术的魅力，提升核心素养。这不仅是一节课，更是学生创新之旅的新起点。

智慧课堂案例二：
通用技术必修二《流程设计》

　　本节课依据《普通高中通用技术课程标准（2017年版2020年修订）》必修二《技术及其设计2》第二章《流程及其设计》第2节的内容展开。在课程标准中，流程设计被视为技术活动中的重要组成部分，它要求学生能够理解流程的基本概念，掌握流程设计的步骤和方法，并能够将其应用于实际问题的解决中。因此，本节课的核心目标是帮助学生理解流程及其环节、时序的含义，学会识读和绘制简单的流程图，并通过实践活动培养他们的创新思维和解决问题的能力。

　　为了实现这一目标，我们将通过"创意桌面收纳盒的设计与制作"项目，将流程的知识融入实践之中。这个项目贴近学生的生活实际，不仅能够激发他们的学习兴趣，还能够让他们在亲身体验中感受技术课程的魅力，学会如何将理论知识应用于实际问题的解决中。

一、情境导入——生动有趣，引人入胜

1.播放视频，引发兴趣

　　走进课堂，我播放了一段自制的视频："能工巧匠大闯关——'盲盒'组装限时挑战赛"。视频中，各小组在紧张的时间内尝试组装一个收纳盒，但结果却大相径庭。有的小组迅速完成，收纳盒结构稳固、功能正常；有的小组则手忙脚乱，最终未能成功，收纳盒摇摇欲坠，甚至无法正常使用。

2. 提出问题，引发思考

在视频播放完毕后，我趁机提出两个问题，引导学生进入情境：①在这次限时挑战赛中，为什么有很多小组没有挑战成功？你认为主要原因是什么？②如果你也来参与这次比赛，你会取得成功吗？为什么？你会怎么做？

这两个问题迅速吸引了学生的注意力，他们开始热烈讨论，思考视频中的矛盾与冲突。他们纷纷表示，如果自己来参与比赛，一定会更加仔细地观察收纳盒的结构，提前规划好组装步骤，确保每个环节都按照正确的顺序进行。同时，他们也开始思考，为什么有的小组能够如此迅速且成功地完成组装，有的小组却屡屡失败。

3. 学生讨论，进入情境

在讨论的过程中，学生逐渐意识到，成功的关键在于对组装流程的熟悉和掌握。他们开始以主人公的角色迅速进入情境，开始本节课主题的探究，思考如何更好地理解和应用流程的知识。

二、巧构情境悬念——引发思考，探究不止

1. 初步认识流程

为了帮助学生更好地认识流程，我提出了以下问题：①我们为什么学流程？流程在我们的日常生活中有哪些应用？②流程究竟是什么？它有哪些基本的组成要素？

我利用导学案引领学生自学相关的概念及内容，让他们初步认识流程、走近流程。同时，我配合提问和举例，让学生能正确认识生活中的流程，并尝试列举身边的流程实例。比如，他们提到了每天早上的起床、洗漱、吃饭、上学等一系列活动，就是一个典型的流程。还有做饭、洗衣服等家务活动，也都需要按照一定的流程来进行。

2. 深度思考，探究流程

在学生初步认识流程的基础上，我提出了两个深度思考问题，引导他们进一步探究：①构成流程的必备条件是什么？一个完整的流程应该包含哪些要素？②环节与时序在流程中起着怎样的作用？你能用其他词语来描述它们吗？

这两个问题旨在让学生建构认识自然界和人类社会的方法，理解科学认识客观世界的过程。通过思考和讨论，学生逐渐明白，一个完整的流程应该包含若干个环节，这些环节之间按照一定的时序进行排列和组合，形成一个有机的整体。环节是流程的组成部分，时序则决定了环节之间的先后顺序和相互关系。他们开始尝试用其他词语来描述环节和时序，比如"步骤""顺序"等。

三、情境问题追问——深化主题，探究不息

为了让学生更深入地理解流程的设计和应用，我再次引导他们回顾视频，并提出以下问题。

1. 再次回顾视频，思考问题

①在视频比拼中，为什么有的组能够快速成功地组装出收纳盒？他们成功的关键是什么？②如果你来参与这次比赛，你会如何设计你的组装流程？你会考虑使用哪些有利因素来确保你的成功？

我分发事前准备好的实验器材（收纳盒部件），让学生现场探究。同时，我给出一定的建议和指导，比如怎样进行人员分工、怎样系统考虑部件的特征及分组、如何确定组装步骤等。我还鼓励小组讨论并尝试画出施工过程图。

2. 现场探究，绘制流程图

在学生探究和绘画的过程中，我实际上已进入了本节教学的另一个重要

内容——流程的表达。我引导学生思考如何将他们的组装流程清晰地表达出来，并介绍了几种常见的流程图表达方式，如文字描述、图表、流程图符号等。学生开始尝试用这些方式来表达他们的组装流程，有的用文字详细描述了每个步骤，有的则用图表来展示环节之间的关系，还有的用流程图符号来简洁明了地表示整个流程。

3. 引入流程优化，提升思维

在学生完成探究和绘画后，我进一步引导他们思考如何优化和改进他们的组装流程。我提出了以下问题：①在你的组装流程中，是否存在可以省略或合并的环节？②你的组装流程是否可以调整时序，以提高效率？③你是否可以借鉴其他小组的组装流程，进行改进和创新？

通过这些问题，我鼓励学生对自己的组装流程进行深入的分析和思考，并尝试找出其中的不足和可以改进的地方。同时，我也鼓励他们借鉴其他小组的优秀经验，进行改进和创新，以形成更加高效、实用的组装流程。

四、思维碰撞凝炼——体验智慧，张扬个性

1. 小组展示，分享经验

在每个小组完成探究和绘画后，我组织他们进行展示和交流。每个小组选一名代表上台展示自己的流程图、施工图，并阐述自己小组能够成功的原因和设计思路。在展示的过程中，学生积极发言，分享他们的经验和教训。他们提到了在组装过程中遇到的困难和问题，以及如何解决这些问题的方法和技巧。同时，他们也展示了他们绘制的流程图，并解释了流程图中的每个环节和时序的含义和作用。

2. 点评与总结，提炼智慧

在小组展示的基础上，我进行了点评与总结。我首先肯定了学生的努力和成果，然后针对每个学生的表现给出了具体的建议和希望。我强调了流程图在生产生活中的重要性，并引导学生思考如何将所学知识应用于实际生活中。同时，我也提炼了本节课的智慧和精髓，即流程设计的重要性和应用价值，以及如何通过优化和改进流程来提高效率和质量。

3. 鼓励创新，张扬个性

在点评与总结的过程中，我也特别鼓励学生在未来的学习和生活中继续运用和深化所学知识，鼓励他们将所学知识应用于实际问题的解决中，比如家庭日常活动的流程设计、学校活动的流程安排等。同时，我也鼓励他们在流程设计的过程中发挥自己的创新思维和个性特点，尝试设计出更加独特、实用的流程方案。

五、结论迁移应用——感悟知识，魅力无限

1. 案例分析，深化理解

为了让学生更好地感受流程知识的魅力和实用性，我提供了两个贴近生活的案例让他们进行分析和应用。

案例一：

网上购买了一辆散件的自行车，该如何组装？请设计一个简单的组装流程，并绘制流程图。

学生开始积极思考并讨论如何设计自行车的组装流程。他们首先确定了组装的环节，包括准备工具、安装车轮、调整刹车等。其次，他们按照正确的时序将这些环节进行排列和组合，形成了一个完整的组装流程。最后，他们用流

程图符号将这个流程清晰地表达出来。

案例二：

结合 2024 年语文高考的一道关于火箭升空、航天员进入太空的过程的题目，让学生分析并选择一个合理的答案，同时思考这个过程是否可以用流程图来表示。

学生开始认真分析题目中的火箭升空和航天员进入太空的过程。他们发现这个过程也是一个典型的流程，包含了一系列的环节和时序。他们选择了一个合理的答案，并用流程图符号将这个过程清晰地表达出来。通过对这个案例的分析和应用，学生更加深入地理解了流程的概念和应用价值。

2. 学生讨论与分享，拓展思维

在案例分析的过程中，我鼓励学生进行积极的讨论和分享。他们纷纷表示，通过这两个案例的分析和应用，他们更加深刻地理解了流程的概念和应用价值。同时，他们也发现生活中到处都存在着流程的应用，比如做饭、洗衣服、上学等。他们开始尝试将这些生活中的流程用流程图的方式表述出来，以更加清晰地理解和掌握这些流程。

3. 教师总结与提升，感悟魅力

在学生讨论与分享的基础上，我进行了总结与提升。我强调了流程设计在生活和生产中的重要性，并鼓励学生在未来的学习和生活中继续运用和深化所学知识。我告诉他们，流程设计不仅可以帮助他们更加高效地完成任务，还可以培养他们的创新思维和解决问题的能力。同时，我也希望他们能够将所学知识应用于实际问题的解决中，感受流程知识的魅力和实用性。

六、评价小结拓展——浸润情感，滋养灵魂

1. 全面评价学生表现

在课堂的最后环节，我对学生的表现进行了全面的评价和小结。我首先肯定了学生的努力和成果，对他们的积极参与和深入思考表示赞赏。其次，我针对每个学生的表现给出了具体的建议和希望，鼓励他们在未来的学习中继续努力、不断进步。

2. 强调流程设计的重要性

在评价的过程中，我特别强调了流程设计在生活和生产中的重要性。我告诉学生，无论是日常生活中的小事还是工作中的大事，都需要我们进行流程设计。通过合理的流程设计，我们可以更加高效地完成任务、提高工作质量、减少错误和浪费。因此，我希望学生能够在未来的学习和生活中继续关注和运用流程设计的知识和方法。

3. 拓展性任务与挑战

为了让学生更好地将所学知识应用于实际生活中，我还根据学生当前的情况，提供拓展性的任务和挑战——尝试设计并绘制未来人生的规划流程。我想通过本堂的教学内容，不仅让学生收获流程中的智慧，获得成长，更让学生能收获灵感，为未来的学习打开思路，构建学习的智慧。

智慧课堂案例三：
初中数学《探索勾股定理的奥秘》

本节课源自《义务教育数学课程标准（2022 年版）》，旨在引导学生探索并掌握勾股定理的内容及其证明方法，并通过实际应用培养学生的数学建模能力、逻辑推理能力和问题解决能力。为此，我们精心设计了"测量校园旗杆高度"的项目，以此为载体，深入探究并实践本节课的知识内容，旨在培养学生的"数学抽象、逻辑推理、数学建模、数学运算和直观想象"等核心学科素养。

一、情境导入——贴近生活，激发兴趣

进入新课，我为学生展示了一段视频：学校升旗仪式上，旗杆高高耸立，但旗杆的具体高度却是一个未知数。这一场景立刻引起了大家的兴趣，因为每个学生都对这个熟悉却未知的高度充满了好奇。我顺势提出问题："我们能否利用数学知识，特别是勾股定理，来测量出旗杆的高度呢？"

为了激发学生的兴趣和探究欲望，我展示了其他学校学生利用勾股定理测量建筑物高度的实例，并详细解释了勾股定理的基本概念和应用场景。同时，还介绍了勾股定理的历史背景和它在现实生活中的重要性，让学生对这个古老的数学定理有了更深刻的认识。在此基础上，我明确了本节课的基本任务：利用勾股定理测量校园旗杆的高度，并提出了四个具体要求：理解勾股定理、掌握测量方法、进行实际测量、撰写测量报告。

二、巧构情境悬念——引发思考，引导探究

在情境导入之后，我巧妙地构建了三个悬念问题，以引导学生深入思考。

第一：如何在没有直接测量工具的情况下，利用勾股定理测量旗杆的高度？

这涉及勾股定理的实际应用。我展示了如何利用直角三角形的三边关系，通过测量旗杆底部到地面上某一点的距离以及这一点到旗杆顶部的仰角，来计算旗杆的高度。我还解释了如何通过调整测量位置和角度来控制测量的精度。

第二：如何确保测量的准确性？你将选择哪种测量方法？

我引导学生考虑不同的测量方法，如利用影子长度、镜子反射等，并介绍了每种方法的优缺点和适用场景。笔者还强调了多次测量取平均值的重要性，以提高测量的准确性。

第三：如果旗杆不是完全垂直的，或者地面不是水平的，会对测量结果产生什么影响？如何调整？

笔者解释了这些因素对测量结果的影响，并展示了如何通过数学建模和三角函数的应用来修正这些误差。我还介绍了如何利用计算机软件进行模拟和计算，以得到更精确的结果。

三、情境问题追问——深化理解，探究不止

初步测量虽然能得到旗杆的高度，但学生发现这个测量结果存在一定的误差。于是，我提出了第四个问题："怎样才能减小测量误差，提高测量的准确性呢？"这个问题旨在培养学生的数学建模能力和工程思维，引导他们对现有测量方案进行反思，并在熟悉已有方法的基础上进行大胆的创新和改进。

学生积极修改测量方案，设计了利用无人机进行空中测量的新方法。然而，经过现场试验，虽然避免了地面不平整的问题，但在风向和无人机稳定性方面仍然存在问题。于是，我引导学生利用数学建模的方法对该方案进行优化，并介绍了如何通过数学建模来预测和修正风向对测量结果的影响。具体技术细节包括以下内容。

建立数学模型：利用三角函数和向量分析，建立无人机位置、风向和旗杆高度之间的数学模型。

数据模拟与预测：利用计算机软件进行模拟，预测不同风向和风速下的测量结果，并确定最优测量条件。

实时修正：在实际测量过程中，利用实时风向数据对测量结果进行修正，以提高准确性。

通过数学建模、数据模拟和实时修正，学生最终实现了对旗杆高度的精确测量。这一过程的体验，完全承载了本学科的五大素养的构建，把素养的培养浸润到了课程的行程中。学生收获的不仅是一种测量方法，更是一次数学建模和问题解决能力的建构。

四、思维碰撞凝炼——拓展应用，提升能力

以上的测量已经实现了对旗杆高度的精确计算，但学生更需要的是将所学知识应用到更广泛的领域中去。于是，我再次点拨引导，以测量旗杆为例，告诉学生应该如何将勾股定理应用到其他实际问题中，如测量建筑物高度、计算直线距离等。

这一过程引导学生跨学科学习和融合，学会自主学习。尤其是在物理学、计算机科学等领域，都需要学生不断熟悉和精进，这样才能设计出更精确、更实用的测量方案。例如，在物理学方面，学生需要学习如何利用光的反射和折射原理进行测量；在计算机科学方面，学生需要掌握如何利用编程软件进行数据处理和模拟。具体技术细节如下。

物理学应用：介绍如何利用光的反射和折射原理进行远距离测量，如利用镜子反射测量高楼高度。

计算机科学应用：引导学生学习如何利用编程软件进行数据处理、模拟和可视化，以提高测量的精度和效率。

跨学科融合：鼓励学生将数学知识与其他学科知识相结合，解决更复杂的实际问题。

五、结论迁移应用——感悟知识，魅力无限

为了让学生真正理解勾股定理在实际应用中的强大魅力，我展示了以勾股定理为主题设计的"桥梁跨度测量""建筑物倾斜度分析"等实际应用案例。这些案例不仅展示了勾股定理的广泛应用，还让学生深刻感受到了数学知识在实际应用中的无限可能。我引导学生思考这些案例是如何将数学知识与实际问题相结合的，以及他们在自己的学习和生活中也可以尝试应用哪些数学知识。

我还鼓励学生将所学知识和技能应用到更广泛的领域中去，如工程设计、地理信息系统等。为此，我提供了一些实际案例和应用场景。

工程设计：引导学生思考如何利用勾股定理进行工程设计和测量，如道路坡度计算、桥梁高度测量等。

地理信息系统：介绍勾股定理在地理信息系统中的应用案例，如地形测量、距离计算等。鼓励学生尝试将所学技能应用于实际地理信息系统中，从而提升数据的准确性和实用性。

六、评价小结拓展——浸润情感，滋养灵魂

这是本节课的最后一个环节，也是较为重要的一个环节。我首先构建了一个评价表格，让学生对自己设计的测量方案进行展示和评价。评价表格包括创新性、实用性、准确性、团队合作等多个维度，让学生能够全面、客观地评价自己的作品。

其次，笔者对每一个上台展示的学生都进行了详细的点评，让每个学生都能收获成功感。在点评的过程中，我不仅肯定了学生的努力和成果，还给他们提出了下一步的要求和希望。我希望他们不仅能在这节课上收获知识和技能，更能收获对数学的兴趣和信心，为未来的学习打开更广阔的思路。

最后，我引导学生思考如何将所学的数学知识应用到更广泛的领域中去，如科学研究、技术创新等。我鼓励他们保持对数学的好奇心和探索精神，不断学习和创新，为未来的社会发展贡献自己的力量。

　　勾股定理，魅力无穷。本节课聚焦勾股定理的探索与应用过程，通过设计螺旋上升的实验任务，实现了从理论知识到实际应用的转换，实现了数学知识从抽象到具体、从计算到建模的跃升。让学生在测量中体验了数学的魅力，在探究中提升了核心素养。这不仅是一节课，更是学生数学探索之旅的新起点。

课堂教学案例

高中物理《探究牛顿第二定律的实验设计》

本节课是高中物理课程中关于牛顿第二定律的一节实验课。牛顿第二定律是物理学中的基本原理之一，它描述了物体的加速度与作用力之间的关系。本节课的目标是让学生通过实验探究牛顿第二定律，理解并掌握这一重要原理。为了实现这一目标，我们将采用"三立足"的教学理念，即立足生活、立足学生、立足孩子未来，通过贴近学生生活的实验设计，激发学生的学习兴趣，培养他们的创新思维和解决问题的能力。

一、情境导入——生动有趣，引人入胜

1. 播放视频，引发兴趣

开始上课，我播放了一段自制视频："生活中的加速度——从汽车启动到火箭发射"。视频中展示了不同物体在不同作用力下的加速过程，如汽车启动、电梯上升、火箭发射等。这些生动的画面迅速吸引了学生的注意力，引发了他们对加速度的好奇心。

2. 提出问题，引发思考

视频播放完毕后，我提出问题："在这些不同的加速过程中，物体的加

速度与什么因素有关？你能否根据观察到的现象提出自己的猜想？"学生开始热烈讨论，提出各种猜想，如加速度可能与作用力的大小、物体的质量有关等。

3. 学生讨论，进入情境

在讨论的过程中，学生逐渐意识到，要验证这些猜想，需要通过实验来探究。于是，他们迅速进入情境，开始本节课主题的探究——如何通过实验来探究牛顿第二定律。

二、实验设计——立足生活，贴近实际

1. 选择实验器材

为了让学生更好地理解和应用牛顿第二定律，我选择了贴近学生生活的实验器材：小车、砝码、弹簧秤、长木板、打点计时器等。这些器材都是学生在日常生活中能够接触到的，因此他们感到非常亲切，也更容易投入实验中。

2. 设计实验步骤

在实验步骤的设计上，我注重引导学生的思考和探究，提出了以下问题来引导他们设计实验步骤：

①如何测量小车的加速度？

②如何改变小车所受的作用力？

③如何改变小车的质量？

④在实验中需要控制哪些变量？

学生开始积极思考并讨论这些问题。他们提出了用打点计时器来测量小车的加速度，通过改变砝码的数量来改变小车所受的作用力，通过在小车上增加或减少砝码来改变小车的质量。同时，他们也意识到在实验中需要控制一些变量，如保持长木板的倾斜角度不变等。

3. 进行实验探究

在实验探究的过程中，学生按照自己设计的实验步骤进行操作。他们先测量了小车的加速度，然后逐渐增加砝码的数量，观察并记录小车的加速度变化。接着，他们改变小车的质量，再次观察并记录加速度的变化。通过多次实验和数据的记录，学生开始尝试分析加速度与作用力、质量之间的关系。

三、数据分析——深度思考，探究不止

1. 数据整理与分析

在实验结束后，学生开始整理和分析实验数据。他们绘制了加速度与作用力、质量之间的关系图，并尝试用数学公式来描述这些关系。通过数据的分析和比较，学生逐渐发现了牛顿第二定律的规律：物体的加速度与作用力成正比，与质量成反比。

2. 深度思考与讨论

在数据分析的基础上，我引导学生进行深度思考和讨论。我提出了以下问题来引导他们进一步探究：

①在实验过程中，你遇到了哪些困难？你是如何解决的？

②你的实验结果与牛顿第二定律的表述是否一致？如果不一致，你认为可能的原因是什么？

③你能用牛顿第二定律来解释生活中的一些现象吗？比如在汽车刹车时

乘客为什么会向前倾？

学生开始积极思考并讨论这些问题。他们分享了自己在实验过程中遇到的困难和解决方法，也对比了自己的实验结果与牛顿第二定律的表述。同时，他们也尝试用牛顿第二定律来解释生活中的一些现象，进一步加深了对这一原理的理解和应用。

四、思维碰撞凝炼——体验智慧，张扬个性

1. 小组展示与交流

在每个学生完成实验和数据分析后，我组织他们进行小组展示与交流。每个小组选一名代表上台展示自己的实验过程、数据分析和结论，并阐述自己在实验过程中的体会和收获。在展示的过程中，学生积极发言，分享他们的经验和教训。他们提到了在实验过程中遇到的困难和问题，以及如何解决这些问题的方法和技巧。同时，他们也展示了他们绘制的加速度与作用力、质量之间的关系图，并解释了图中的规律和含义。

2. 点评与总结

在小组展示的基础上，我进行了点评与总结。我首先肯定了学生的努力和成果，然后针对每个学生的表现给出了具体的建议和希望。我强调了实验探究在物理学学习中的重要性，并引导学生思考如何将所学知识应用于实际生活中。同时，我也提炼了本节课的精髓，即通过实验探究来理解和掌握牛顿第二定律的原理和应用价值。

3. 鼓励创新与实践

在点评与总结的过程中，我也特别鼓励学生在未来的学习和生活中继续

运用和深化所学知识，鼓励他们将所学知识应用于实际问题的解决中，比如设计更高效的交通工具、优化机械设备的工作性能等。同时，我也鼓励他们在实验设计的过程中发挥自己的创新思维和个性特点，尝试设计出更加独特、实用的实验方案来探究物理学的奥秘。

五、结论迁移应用——感悟知识，魅力无限

1. 案例分析与应用

为了让学生更好地感受牛顿第二定律知识的魅力和实用性，我提供了两个贴近生活的案例让他们进行分析和应用。

案例一：

分析汽车刹车过程中的加速度变化。笔者引导学生思考。当汽车在高速行驶中突然刹车时，乘客为什么会向前倾？这个现象可以用牛顿第二定律来解释吗？学生开始积极思考并讨论这个问题。他们运用所学的牛顿第二定律的知识，分析了汽车刹车时乘客的受力情况和加速度变化，得出了正确的结论。

案例二：

设计一个简单的力学实验来验证牛顿第二定律。我要求学生利用所学的知识和实验技能，设计一个简单的力学实验来验证牛顿第二定律的正确性。学生开始积极思考并讨论实验方案。他们提出了用弹簧秤和小车来测量作用力和加速度，通过改变砝码的数量来改变小车所受的作用力，从而验证牛顿第二定律的正确性。这个实验方案既简单又实用，充分展示了学生对牛顿第二定律的理解和应用能力。

2. 学生讨论与分享

在案例分析的过程中，我鼓励学生进行积极的讨论和分享。他们纷纷表示，通过这两个案例的分析和应用，他们更加深刻地理解了牛顿第二定律的

原理和应用价值。同时，他们也发现生活中到处都存在着物理学的应用，只要用心观察和思考，就能发现其中的奥秘和乐趣。

3. 教师总结与提升

在学生讨论与分享的基础上，我进行了总结与提升，强调了实验探究和案例分析在物理学学习中的重要性，并鼓励学生在未来的学习和生活中继续运用和深化所学知识。我告诉他们，物理学不仅是一门科学，更是一种思维方式和生活态度。只有掌握了物理学的原理和方法，才能更好地理解和改变世界。同时，我也希望他们能够将所学知识应用于实际问题的解决中，感受物理学的魅力和实用性。

六、评价小结拓展——浸润情感，滋养灵魂

1. 全面评价学生表现

在课堂的最后环节，我对学生的表现进行了全面的评价和小结。首先肯定了学生的努力和成果，对他们的积极参与和深入思考表示赞赏。其次，针对每个学生的表现给出了具体的建议和希望，鼓励他们在未来的学习中继续努力、不断进步。同时，我也强调了团队合作和交流的重要性，鼓励学生在未来的学习中多与他人合作、多交流经验和心得。

2. 强调物理学习的重要性

在评价的过程中，我特别强调了物理学习在生活和生产中的重要性。我告诉学生，无论是日常生活中的小事还是工作中的大事，都需要我们运用物理学的知识和方法来解决问题。通过物理学习，我们可以更加深入地理解自然界的规律和现象，更好地应对生活中的挑战和问题。因此，我希望学生能够在未来的学习和生活中继续关注和应用物理学的知识和方法。

3. 拓展性任务与挑战

为了让学生更好地将所学知识应用于实际生活中，笔者还提供了一些拓展性的任务和挑战。

①尝试设计并进行一个家庭日常活动中的物理学实验，如测量楼梯的高度和长度、计算行走时的步速等。通过这个任务，学生可以将所学知识应用于实际问题的解决中，感受物理学的魅力和实用性。

②选择一个感兴趣的物理学话题进行深入研究，并撰写一篇小论文或研究报告。通过这个任务，学生可以进一步拓展自己的物理学知识和视野，培养自己的创新思维和解决问题的能力。同时，也可以为将来的学术研究和职业发展打下坚实的基础。

本节课通过"三立足"的教学理念，即立足生活、立足学生、立足孩子未来，引导学生通过实验探究和案例分析来理解和掌握牛顿第二定律的原理和应用价值。通过本节课的学习，学生不仅掌握了物理学的基本知识和技能，还培养了自己的创新思维和解决问题的能力。同时，他们也深刻感受到了物理学的魅力和实用性，为将来的学习和生活打下了坚实的基础。